國學談錄

谢桃坊 著

四川文艺出版社

图书在版编目（CIP）数据

国学谈录/谢桃坊著. —成都：四川文艺出版社，
2020.11
ISBN 978-7-5411-5732-5

Ⅰ．①四… Ⅱ．①谢… Ⅲ．①国学—研究—中国
Ⅳ．①Z126

中国版本图书馆 CIP 数据核字（2020）第 169638 号

GUOXUE TANLU
国学谈录

谢桃坊　著

责任编辑　张亮亮
封面设计　叶　茂
内文设计　史小燕
责任校对　蓝　海
责任印制　崔　娜

出版发行　四川文艺出版社（成都市槐树街 2 号）
网　　址　www.scwys.com
电　　话　028-86259287（发行部）　　028-86259303（编辑部）
传　　真　028-86259306

邮购地址　成都市槐树街 2 号四川文艺出版社邮购部　610031
排　　版　四川胜翔数码印务设计有限公司
印　　刷　成都东江印务有限公司
成品尺寸　140 mm×203 mm　　开　本　32 开
印　　张　11.25　　　　　　　　字　数　260 千
版　　次　2020 年 11 月第一版　印　次　2020 年 11 月第一次印刷
书　　号　ISBN 978-7-5411-5732-5
定　　价　68.00 元

自序

我们如果将国学理解为是关于中国传统文化的学问，这是可以的，但确切地说，它是关于中国传统文化中很独特的一门学问。1993年北京大学中国传统文化研究中心创办大型学术集刊《国学研究》，它在学术界产生了重大影响，标志着国学热潮再度在中国兴起。我对此刊极感兴趣，1999年在该刊第六卷发表了《魏了翁词编年考》，当时我还在研究词学。2006年我的《词学辨》（论文集）交付上海古籍出版社之后，我的词学研究告一大段落，我认为若继续下去则不可能有新的感觉，也可能不会有更大的成就了，于是转向了国学。凡是学者在自己的研究领域做重大的学术转移，与其知识结构有很大的关系。我虽然自1981年以来专致于词学，但性喜泛观博览，许多奇特而玄奥的学术问题均能引起我的兴趣，如果进入国学的学术园地，学术的范围更为广阔，可以探索某些深远的学术境界。2007年我参加中央文史馆举办的首届国学论坛会议，提交的论文是《论国学》，此文于同年在《学术界》发表，这是我国学研究的起点。

国学研究的基础涵盖了中国传统文化的各个方面，简单地说应该对中国的经、史、子、集中的重要典籍有所认识，尤其要具有考据学的功夫，否则难以进入这个学术园地。我初步估量自己的能力和知识结构，以为是可以转向这个新的园地的。我最初接触到"国学"这个概念，应是 1947 年在小学将要毕业时，为了报考中学而读升学复习指导之类的书，当时便读了一本《国学常识问答》，其条目涉及经史子集的诸多问题，例如"五经是什么""唐宋古文八大家""四书"等等。它只能使读者了解一些陌生的简单的传统文化知识的概念。小学毕业之后，1948 年秋，父亲送我到刘先生私塾学习。我见到刘杲新先生时，他已是一位古稀老人了。先生字少农，以字称，曾加入军幕，接受过维新思想，以楷书大字和学养深厚知名乡里。先生极佩服梁任公，于川中则佩服赵尧生。他晚年隐退于成都外东牛市口场外，自耕八亩田，生活十分清贫，门口贴的对联是："自知性僻难偕俗，且喜身闲不属人。"父亲领我拜见杲新先生，向至圣先师行礼，然后入学攻读。先生待我甚厚，不要求我同其他学童那样死记硬背，让我在正书房里读书，读朱熹的《四书集注》，有时为我讲解一两段文字，令我细阅注释。我于半年之内读完《四书集注》，继读《唐诗三百首》《草堂诗余》《古文观止》。我从成都春熙路广益书局购得新版的《周易》《庄子》《左传》《战国策》《孙子兵法》等书，常带到私塾里读，但每本都未读完。我想读一本能指导我人生道路的有益的书，却没有找到。先生叹息说，能读懂一本书就行了。我座位的后面是先生的书架，只有三部书：《古今说部丛书》和《香艳丛书》，是笔记杂书，具有消闲的性质；另一部是珂罗版的《清代八贤手札》。我翻阅后，它们为我开启了一个广阔的知识世界，于是想读一切的书，对知识有一种渴求的欲望。杲新先生开启了我的智慧，是我真正的启蒙师尊，他对我寄予了很大的希望。

新中国成立后，我们全家从成都外东牛市口迁回成都东北郊八里庄老家务农。这时我十五岁了，自觉地学习农活，有意肩负家庭责任。在村里我算是文化较高的青年，迅即参加农协会工作，任文教委员，1952年秋为成都市工农业余教育学校专任教员，1954年转到成都市郊区第三中心小学任语文与历史教员。这段时期接受新文化，自学文学理论、哲学、历史和逻辑学；因此于1956年以同等学力考入西南师范学院中国语文系。我立志从事文学理论批评工作，为此准备建立深厚的理论基础，首先考虑的是系统地自学中国学术思想史，于是以学习《中国思想通史》和《中国政治思想史》为主线，参阅自先秦迄于晚清的有关原典，泛览《白文本十三经》《四史》《资治通鉴》《诸子集成》《宋元学案》以及蜀中学者廖平的《六译丛书》，至今尚保存有数万字的读书札记《中国思想史纲》，这为我奠定了治国学的基础。目录学是治学的切入点，记得入学之初到中文系教师阅览室第一次见到中华书局聚珍版《四部备要》时的狂喜心情，立即抄下全部目录，继在历史系阅览室见到《四库全书总目提要》和《中国丛书综录》亦抄下其中的要目，又读了姚名达的《中国目录学史》后，对中国传统文化典籍有了大概的认识，这使我的学术研究有了广阔的视野。1957年7月，我的专业方向发生巨大变化，我放弃了从事文学理论批评的愿望，转向纯学术的词学研究，继又涉猎哲学社会科学的各学科书籍，以及外国文学作品，这样就使后来从事词学专业研究工作时，有了一定的理论指导和外国文学的参照，因而取得一些成就。如果按照郭沫若先生早年的看法，国学即是考据学，国学家即是考据学家，那么我在词学研究中关于词人事迹的考证、词人作品编年考证、词集的考证等便可算作国学研究了。然而真正具有明确的国学意识以研究国学应是始于2007年《论国学》的发表。

在西南师范学院读书时，我读到德国经济学史家维尔纳·桑巴特的经典著作《现代资本主义》，他将其方法概括为"理论的历史的"。西方近代学术界存在"抽象的理论的"和"经验的历史的"两个学派，实即重义理的和重考据的。桑巴特试图在著述中将二者统一起来，他以为"只有对全部科学材料作根本深入的探讨，才能发现诸现象中最普遍的联系"。桑巴特提倡的方法给我留下很深刻的印象，后来我慢慢对它有进一步的理解与运用，即尝试以史学家的态度考察学术问题，重视资料的搜集与文献的考证，使经验的事实逐步上升到理论的概括，始终保持独立的理性判断。在我转向国学研究时，便采取了理论的历史的方法去考察20世纪初在中国兴起的国学运动的理论与历史。我最初认为国学即是中国的学术，但考察了国学运动之后改变了我的看法。我发现国学运动存在两种基本倾向，即国粹派和新倾向派。国粹派认为儒家的政治伦理学说是国粹，弘扬国粹的目的在于改变世道民风，以抵制西学东渐。新倾向派则主张以科学方法整理国故，以纯学术的批判态度研究中国传统文化。新倾向派成为了国学运动的主流，而古史辨派和历史语言学派则是其两大流派，体现了中国新兴的实证主义思潮，对学术界产生了重大的影响；然而国粹主义却又始终存在于国学运动之中。当我翻阅了《国学季刊》《古史辨》和《历史语言研究所集刊》发表的论文之后，显而易见它们的共同特点是以科学考证方法研究中国历史与文献存在的狭小的学术问题，即基本上是考证性的论文。我自知由这样的认识而引出的关于国学的定义似乎过于狭隘，但它是建立在事实考察的基础上的，因而是不容易被否定的。学界友人中有的明确地表示不赞同我的意见，我请他们批评，但他们大概尚未找到充足的理论和证据表示反对；也有友人认为我的工作在于对国学运动主流的意义的阐释。我以为后一种意见是较客观的学术判断。自从国学热潮再度在学术界兴起以来，人们对 20 世纪国学运动的历史颇为生疏，因而很难认识国学的性质与意义，尤其是它成为热潮之后很快被世俗化和商业化，也将国学研究与国学基本知识混为一谈，尤其在弘扬国粹时使国渣泛起，所以我们很有必要重新认识国学的性质、对象和方法及其学术意义。

国学研究是非常专门的学术问题，其成果所形成的论文基本上是考证性的，极为烦琐，故不具备普及的性质，难为一般读者所接受。凡热爱中华传统文化的读者——尤其是年轻的朋友们对近世兴起的国学热潮颇感兴趣，希望从真正的学术意义上认识国学，甚至对国学研究的某些问题亦感兴趣，由此以扩大知识范围，从更高的学术意义上认识中华优良的学术传统，因此国学史知识的普及应是学者义不容辞的职责。然而近年以通俗方式谈国学的著作，大都是对中华传统经典或儒家常识的介绍，仅属于有关国学的基础知识。十余年来，我在完成系列的国学史论著时，亦考虑到写一本向青年朋友们谈国学和国学史的小书。因此我谨遵循学术小文通行的习惯，务将困难的学术问题以简明的方式叙述，尽可能略去烦琐的考证，不在文外另加注释，文内亦不详注引文出处，而且力求每篇小文的行文流畅，独立而完整，以便读者阅读。我自来认为写作小文是特别困难的，故努力欲写好，但只能尽到努力而已。我希望此集能引起读者对国学产生学术的兴趣，进而从一个方面去认识中华优秀的传统文化。我敬祈学界师友和读者的批评与教示。

谢桃坊

2018 年 5 月 20 日

于成都百花潭侧之爽斋

目　录

国学与儒学

国学运动主流的意义

国学是什么

    自 1993 年北京大学中国传统文化研究中心主办的大型学术集刊《国学研究》创办以来,各种国学书籍、国学期刊、国学院、国学讲习班纷纷涌现,这标志着国学热潮再度在中国兴起。在这新的文化条件下,一般将国学等同于儒学而提倡普遍读经,或将国学理解为中国传统文化而大力宣扬传统文化知识,或以国学涵盖中国一切传统学术而继承国粹。在此热潮中曾有《国学宣言》主张发挥国学的重大社会作用,以为"国学中高扬着人类至善至美的人格典范,并以数千年的历史证实着其创造永久和平的基本素质,确定着人类健康发展的方向",因此它将"载负起'人类精神'引向天府的重荷,并拯救人类于现代文明设置的罪恶陷阱之中"。这种宏伟的愿望十分令人钦敬,然而"国学是什么"却是近十余年来令学界亦感困惑的问题。20 世纪初中国学术界曾出现国学运动,历时半个世纪。当时人们对国学的认识是甚为清楚的。我们只有追溯这段历史,才有可能认识国学的真实性质。

    国粹主义是国学运动初期的基本倾向。国学保存会于 1903 年冬倡议,于 1905 年初在上海正式成立,以"研究国学,保存国粹"为主旨,刊行《国粹学报》,设立国粹学堂。《国粹学报》的主要撰稿人有邓实、刘师培、章太炎、黄节、罗振玉、王闿运、廖平、孙诒让、郑文焯、柳亚子、黄侃、张采田、郑孝胥等五十余人。邓实负责日常事务，在他看来国学即是儒学。他在《国学通论》里说："盖自汉以降，神州之教为儒教，则神州之学亦为儒学。"关于国学的基础学习，章太炎主张"以讨论儒术为主，取读经而会隶"。他们以儒家经典为立国的根基，是国民道德之源，于是视儒学为国粹，借以提倡儒家政治伦理观念。国粹学者们在国粹观念的指导下研究中国传统文化，采用传统的注疏方法，商量旧学，寻求传统文化的精神。辛亥革命后，《国粹学报》于1912年停刊，国粹主义思潮衰落，却又有某种社会势力支持，故一直存在于国学运动之中。当国粹思潮衰落后，国学运动立即出现了新思潮。

1919年2月1日胡适在《新青年》发表《新思潮的意义》，宣称"新思潮的精神是一种评判的态度"，其目的是"再造文明"，因此提出："研究问题，输入学理，整理国故，再造文明。"1922年8月1日北京大学校长蔡元培主持召开北大季刊编辑会议，成立国学组，胡适为主任。他随即代表国学组同人撰写《〈国学季刊〉发刊宣言》，于1923年1月刊出。胡适认为"国学"即"国故学"，主张扩大研究范围，提出"整理国故"的方案和号召。自此，以科学方法整理国故成为国学运动的方向和具体内容，得到学术界的广泛响应。在北京大学的带动下，东南大学成立国学院，北京师范大学成立国学学会，清华学校成立国学研究院；国学杂志与国学研究论文大量出现。1925年12月曹聚仁在《春雷初动中之国故学》里分析国学运动的新倾向说：

近顷之治国故学者，虽取舍不同，准的非一，使非极端守旧，局守宋儒之陋见者，其用力之所在，必不离于考订名物训诂诸端，群力所注，则国故之各各资料，必由一一考证而日渐正确……国故学之新倾向，昭然显现于吾人之前。新考证之盛行，即昭示吾人以国故学中心之所在。

这种新倾向很快在国学运动中居于主导地位。胡适自 1920 年发表《红楼梦考证》和《水浒传考证》之后，陆续对中国长篇白话小说作了系列考证，为中国白话文学树立了语言典范，在学术界影响巨大。1926 年由顾颉刚主编的《古史辨》第一册出版，标志古史辨学派的兴起。此派有顾颉刚、胡适、钱玄同、魏建功、容庚、马衡、姚名达、周予同、冯友兰、罗根泽、钱穆、梁启超、余嘉锡、高亨、唐钺、刘盼遂、吕思勉、童书业、谭戒甫、唐兰、郭沫若、杨向奎、蒙文通、杨宽等数十位学者。他们以疑古的态度考证古史、先秦学术史及先秦文献等重大学术问题，以之作为国学研究的对象。1927 年全国最高学术研究机构中央研究院于南京成立，傅斯年任历史语言研究所所长，形成了中国历史语言学派，聚集了李方桂、李济、董作宾、岑仲勉、芮逸夫、全汉升、张政烺、董同龢、夏鼐、周法高、逯钦立、杨志玖、何兹全、严耕望等数十位学者。他们重视史料考辨，采用科学的实证方法，对中国文献与历史的细小问题进行研究，具有浓厚的学院特色。由于胡适的白话小说考证，顾颉刚等古史辨学派和傅斯年领导的历史语言学派的学术成就，使国学运动新倾向得以大大发展，亦使国学研究成果辉煌。关于这种新倾向的性质，我们可以从反对者的意见里得到最简明的认识。新文学家成仿吾认为从事国学运动的有三种人，即学者名人、名儒宿学及一些盲从者。他们的性质稍有不同，但共同点是："他们的方法和态度，不外是承袭清时的考据家……我看我们这种所谓国学运动，充其量不过增加一些更烦琐的考据学者。"郭沫若早年也是反对国学的，他曾说："我们常常向朋友们说笑话，说我们应该努力做出些杰作出来，供百年后的考据家考证——这并不是蔑视考据家或者国学研究家的尊严，实在国学研究或考据、考证的价值原只是这样。"学衡派的孙德谦是主张经世之学的，极力反对支离破碎的考证。他说："今之世，将一无治国学者乎？曰彼以汉学家言，而谓合于科学方法者，则考据之学是也。"他们都简单地将国学研究等同于考据，将国学家等同于考据家。国学运动新倾向提倡的考据之风，在20世纪40年代曾风靡学术界，所以蜀中学者蒙思明在《责善半月刊》1941年2月发表《考据在史学上的地位》批评说：

> 在科学方法整理国故的金字招牌之下……竟变成了学术界唯一的支配势力。学者们高谈整理国故，专崇技术工作，使人除考据外不敢谈史学。评文章的以考据文章为优，倡学风的以考据学风为贵，斥理解为空谈，尊考据为实学。

因此，在国学运动的反对者的认识里是将国学运动新倾向等同于考据的。自新倾向成为国学运动的主流之后，它最能体现国学运动的本质特征，所以我们现在认识国学的性质，应当以新倾向的性质为依据。这样，考据即是国学运动新倾向，国学即等同于考据。此种认识是很浅表的，却又最接近国学的本质。

国学研究的对象很特殊，它是中国文献与历史存在的若干狭小而困难的学术问题。我们中华民族在三千多年前已有很成熟的甲骨文字，而且用以记载史事，这表明中国有了真正的历史并进入了文明社会。从公元前841年西周共和开始有了中国历史的确切纪年，并一直绵延下来。这两项事实已经确定中国为世界文明古国之一。在中国浩繁的文献和悠久的历史上存在着若干狭小的学术问题，这是国学家最感兴趣的。兹且举三个例子：

（一）《红楼梦》是中国古典小说名著，自它传世之后引起学者们关于小说主要人物的种种附会，如以为是为清世祖与董鄂妃而作；或以书中女子多指汉人，男子多指满人，具有政治寓意；或以为是写纳兰成德的故事。当时关于小说作者、版本、历史背景等情况皆甚感茫然。胡适自1921年5月至1924年4月曾辛勤地收集有关资料，于天津图书馆所藏《楝亭全集》摘抄曹寅的材料，托张中孚抄寄《雪桥诗话》中之曹雪芹事迹，顾颉刚抄寄《八旗氏族通谱》及《皇朝通志》之曹氏家族材料，购得《八旗诗抄》摘出敦诚赠曹雪芹诗四首，购得《八旗文经》获得高鹗资料，顾颉刚抄寄《甘泉乡人稿》之曹寅资料，购得《四松堂集》获新的曹雪芹资料。顾颉刚感慨地说："我们处处把实际的材料做前导，虽是知道事实很不完备，但这些事实极确实的，别人打不掉的。我希望大家看着旧红学的打倒，新红学的成立，从此悟得一个研究学问的方法。"胡适完成了系列的考证论文，第一次解决了作者曹雪芹的家世，其中涉及作者是曹寅之子或其孙，曹氏家族与清皇室的关系，八十回本与一百二十回本的关系，续书的作者等等问题。胡适晚年追忆说："我三十年前指出的'作者自叙'……确定此论点之后，全靠历史考证方法，必须先考得雪芹一家自曹玺、曹寅至曹颙、曹𫖯，祖孙四代四个人共做了五十八年的江宁织造，必须考得康熙六次南巡，曹家当了'四次接驾之差'；必须考定曹家从极繁华富贵的地位败到树倒猢狲散的情况——必须先做这种传记的考证，然后可以确定，这个'作者自叙'的平凡而合理的说法。"这些关于《红楼梦》的考证，不是文学研究可以解决的，而是国学研究的对象。

（二）《老子》属于哲学著作，但关于此著的真伪及作者则是一系列复杂的学术问题。自 1922 年梁启超发表《论〈老子〉书作于战国之末》引发争论，历时十二年之久，参加讨论者有张煦、张寿林、罗根泽、顾颉刚、唐兰、高亨、钱穆、冯友兰、胡适、马叙伦、叶青、郭沫若等。西汉司马迁在《史记》里记述老子事迹即混杂了道家和儒家之说，出现矛盾的和难以确信的事实，如"老子者楚苦县厉乡曲仁里人"，"或曰老莱子亦楚人也，著书十五篇，言道家之用，与孔子同时云"，"或曰儋即老子，或曰非也"，"盖老子百有六十余岁，或言二百余岁"。司马迁所述已属传闻，自北宋以来即有学者对《老子》及其作者产生怀疑。国学家们根据孔子前无私人著述之事，《老子》非问答体，从思想系统、文字、术语、文体的特点及从《吕氏春秋》用《老子》文辞最多而不说明所用之书等等，提出诸种假设，例如：老聃确长于孔子，《老子》为其遗言，成书在《孟子》《墨子》时代；《老子》成于宋钘、公孙龙或稍后，作者是詹何；《老子》是战国初期作品，成书于《吕氏春秋》与《淮南子》之前；老聃尊孔子为师，《老子》是关尹即环渊所记老聃语录；老聃即太史儋，《老子》即其所著。学者们考证这些问题，不仅引用先秦两汉典籍，辨析有关材料，还考证相关注疏及清人成果，达到极其烦琐的程度。然而这些问题并未得到一个公认的结论。这系列的考证，不是哲学研究可以解决的，而是国学研究的对象。

（三）顾颉刚于 1923 年发表《与钱玄同先生论古史书》引发了一场大规模的学术讨论，参加者主要有顾颉刚、钱玄同、胡适、刘掞藜、胡堇人、丁文江、吕思勉、杨向奎、童书业、蒙文通、缪凤林、钱穆、陈梦家等。关于中国古史世系的"三皇""五帝"及"禹"是否属于历史真实，此问题涉及极广的学术领域和大量的古籍，是非常复杂而困难的，远远超出史学的范围。顾颉刚将"三皇""五帝"在典籍中出现的顺序加以排列，发现"禹"出现于东周初年，东周末出现了"尧""舜"，战国至西汉又在"尧"之前加了许多古帝。这样对古帝世系的考辨是采取史学的方法，然而这些"古帝"在典籍中记载的文字非常古奥，须做烦琐的考证。此外，大量的工作是辨伪，即讨论所依据的典籍是否真实可靠；如果辨明所据者为后世伪造，则"古帝"存在的根基便崩溃了。此项工作涉及大量的古籍辨伪，需用科学的考证方法来解决。关于古史辨伪，不是历史研究可以解决的，而是国学研究的对象。

在中国文献与历史中类似以上狭小而烦琐的学术问题极多，概括起来例如典籍的真伪、版本的源流、文本的校勘、文字的考释、名物的训诂、人物的生卒年及事迹、作品本事、历史地理的变迁、金石碑文的解释、文化交流的线索、历史的疑案、家族的世系，等等。每类之任何一个狭小的问题，将它作为学术研究对象时，所涉及的学术领域可能是很广阔的。这正如近世蜀中学者刘咸炘在《幼教论纲》里所说："盖国学与科学不同。科学程序、性质，均固定分明……吾国学则四部相连，多不可划疆而治。"因此研究这些问题必须熟悉中国的四部书——经、史、子、集，对中国传统文化有深厚的修养，具有文献学知识，这样才能在长期的专业研究中发现问题并采用科学考证方法去解决。这里强调的是狭小的学术问题；若宏观的理论的问题，则必然归属于各学科，而非国学研究的对象。

国学研究的基本方法是科学考证方法，它是国学运动新倾向的学者们所创造的。这是对中国传统考据学的继承，同时引入了西方近代的实证主义方法，使二者结合为一种新的方法。清代乾嘉学派的戴震、王念孙、王引之、段玉裁、钱大昕等学者发扬清初顾炎武与阎若璩的治学精神，治学以考据见长。他们在著述中凡立一义必凭证据，以原始证据为尚，孤证不为定说，罗列事实进行比较，做窄而深的研究，表述朴实简洁。乾嘉之学被称为考据学或朴学。乾嘉学者考据时使用了文字学、音韵学、训诂学、目录学、版本学、校勘学作为工具，对中国文献与历史材料进行注疏、训释、校证。他们使用的方法和工具为国学家所继承，用以整理国故。胡适在《考证方法之来历》里说：

> 这种考证方法，不用来自西洋，实系地道的国货。三百年来的考据学，可以追溯至宋，说是西洋天主教耶稣会士的影响，不能相信。

乾嘉考据学亦为国粹学者所用，如黄节、刘师培、罗振玉、马叙伦、黄侃等都成功使用了传统的考据学，然而国学新潮的学者们却超越了传统的考据学，如顾颉刚说："清代的学者辛辛苦苦，积聚了许多材料，听我们使用。我们取精用宏，费了很少功夫即可得到很大的效力。然而清代学者大都是信古的，他们哪里想得到传到现在，会给我们做疑古之用……他们的校勘训诂是第一级，我们的考证事实是第二级。"新的考证方法是吸收了西方近代的实证主义方法。胡适于1919年即介绍了美国杜威的实验主义方法，经他多次的改进与简化，于1928年形成一种简便实用的方法，其要点是"尊重事实，尊重证据"，于应用是"大胆的假设，小心的求证"。顾颉刚的理解是："我先把世界上的事物看成许多散乱的材料，再有了这些零碎的科学方法实施于各种散乱的材料上，就喜欢分析、分类、比较、试验，寻求因果，更敢于做归纳，立假设，搜集证成假设的证据而发表新主张。"这种按合理的程序进行研究的方法是近代西方自然科学的实验方法，它对于从事文献与历史的具体事实的考证具有切实的指导意义，其作用在古史辨派的考证性论文里成功地体现。傅斯年则引入了西方近代历史语言学派的方法，它实际上是将实证主义方法用于史料的考证。傅斯年注重对史料——文献的比较研究，他在《历史语言研究所工作之旨趣》里说："历史事件虽然一件事只有一次，但一件事实即不尽只有一个记载，所以各个事件在何种情形下，可以比较而得近真，好几件的事情又每每有相关联的地方，更可以比较而得其头绪。"历史上的某个问题、某个事件，当比较了各种性质的文献记载之后，便可能发现矛盾、疑难和真伪等问题，从而寻求历史的真实。傅斯年说："我们反对疏通，我们只是要把材料整理好，则事实自然显明了。一分材料出一分货，十分材料出十分货，没有材料便不出货。两件事实之间，隔着一大段，把它们联络起来的一切设想，自然也多多少少可以容许的，但推论是危险的事，以假设可能为当然是不诚信的事。"关于科学研究中的假设，傅斯年的态度十分谨慎。他不主张大胆假设，以为在两件事实之间，容许一定的联想和推论；如果在材料不齐备或主体大胆假设之时，便可能以主观的判断作为立论的前提，而导致判断的失误。所以在考证时，他主张搜集材料，比较材料，辨析材料，保存真实可靠的材料；通过研究材料而考证事实，关注真实的细节，揭示历史事件的真实，不发表议论与评价。中国历史语言学派仅仅停留于事实与材料的研究层次，更与国学新倾向相契合。胡适、顾颉刚和傅斯年所说的科学方法，虽然具体论述略异，但皆出自西方近代实证主义，体现了近代科学精神。这种科学方法在国学研究中具有方法论的意义；但在面对中国文献与历史的具体问题时，必须采用中国传统考据学所使用的方法，而且得贯通中国的经、史、子、集，继承乾嘉学派的方法。西方近代科学方法与传统考据学的结合便是科学考证方法，它是国学异于其他学科，亦是国学新倾向学者异于国粹派的研究方法。

关于国学研究的意义，梁启超于1923年发表的《治国学的两条大路》里说："我们因为文化太古，书籍太多，所以真伪杂陈，很费别择，或者文义艰深，难以索解。我们治国学的人，为节省后人精力，而且令学问容易普及起见，应该负一种责任，将所有重要古典，都重新审定一番，解释一番。这种工作，前清一代学者已经做得不少，我们一面凭借他们的基础容易进行，一面我们因外国学问的触发，可以有许多补他们所不及。"胡适于1924年发表的《再谈谈整理国故》里说："我们各种科学莫有一种比得上西洋各国，现在要办到比伦于欧美，实在不容易，但国故是我们自己的东西，总该办起来比世界各国好。"国学是20世纪初年在中国兴起的一门学科，它是中国学术系统的一个组成部分。国学家对文献与历史的狭小问题的考证，可以为哲学、史学、文学、地理学、社会学、文献学及自然科学提供事实的依据。这些事实依据很可能动摇某学科的基础理论，可能澄清历史的重大疑案，可能清除传统文化观念中诸多的谬误，其力量是无比坚实而巨大的。从中国学术系统来看，我们必须有少数的以考据见长的国学家。中国涉及文献与历史的狭小学术问题是需要考据家来解决的，由此可以体现中华民族是很有学问的。国学是中国学术的命脉，如果我们现在回顾中国各学科的学术成就，寻求有关中国学问的渊源，则不难发现 20 世纪国学运动新倾向形成之后，许多狭小学术问题的考证在中国现代学术发展中的重大意义，它们往往是传统学术转向现代学术的起点。

国学运动的两种基本倾向

　　国学运动是 20 世纪初在中国兴起的一种学术思潮，它经历了半个世纪，至新中国成立后结束。1923 年成仿吾以新文化的观点发表《国学运动的我见》，他说："国学运动！这是怎样好听的一个名词！不但国粹派听了要油然心喜，即一般的人听了，少不了也要点头称是。然而他们这种运动的精髓可惜只不过是要在死灰中寻出火烬来满足他们那'美好的昔日'的情绪，他们是想利用盲目的爱国的心理实行他们倒行逆施的狂妄。"这是对国学运动初期国粹派的批评。清末年一大批学者——黄节、邓实、章太炎、郑孝胥、郑文焯、王闿运、廖平、刘师培、黄侃、马叙伦、谭献、罗振玉、张采田等，面临清政府的腐败，西学的东渐和新学的兴起，出自爱国的热忱，力图发扬中国传统文化精神，以拯救国家于危难，守卫传统文化，发起国学保存会。1905 年由该会在上海出版《国粹学报》。黄节在《国粹学报叙》里说："夫国学者，明吾国界以定吾学界者也。痛吾国之不国，痛吾学之不学，凡欲举东西诸国之学以为客观，而吾为主观以研究之，期光复乎吾巴克之族，黄帝尧舜禹汤文武周公孔子之学而已。"他是将国学理解为中国学术，而期望复兴的是汉民族的圣学——儒学的传统。邓实在《国学通论》里对国学即儒学的观念做了阐释，他说："神州学术，春秋之前归于鬼神术数，春秋以降归于史，汉以后归于儒，归于儒而无所归矣。盖自汉以降，神州之教为儒教，则神州之学亦为儒学，绵绵延延，历二千余年而未有变也。"他继而认为中国学术"大抵以儒家为质干，以六经为范围，舍儒以外无所谓学问，舍六经以外无所谓诗书"。民族文化保守主义者们非常强调国学的现实社会意义，以国学为立国的基础，它影响到国家的存亡，似乎只有弘扬国粹，宣扬儒家伦理道德，才可能改变世道民心以救中国。章太炎因此提出国学之统宗，他说："今欲卓然自立，余以为非提倡'儒行'不可。《孝经》《大学》《儒行》之外，在今日未亡将亡，而吾辈亟须保存者，厥为《仪礼》中之《丧服》。此事于人情厚薄至有关系。中华之异于他族亦即在此。余以为今日而讲国学，《孝经》《大学》《儒行》《丧服》，实万流之汇归也。不但坐而言，要在起而行矣。"儒术的核心是"修己治人"，是关于社会实践指导的学问，儒术的要旨散在儒家经典之中。《孝经》为《十三经》之一，是孔子弟子们所著，宣扬孝道，以孝为封建伦理的基础。《大学》是《礼记》之一篇，乃秦汉之际儒家所著，讲述儒家之道在"修身""齐家""治国""平天下"，表述儒家的政治理想。《儒行》亦是《礼记》之一篇，通过鲁哀公与孔子的问答，说明儒者应遵守先王之道的社会行为准则。《丧服》是《仪礼》之一篇，记述古代居丧所穿的衣服——丧服制度，以亲疏为差等，体现封建的礼制。章太炎以为学习这四种经典，可以树立儒家政治理想，接受儒家伦理道德观念，了解古代封建礼制。章太炎的意见并未得到国粹派学者的支持，但国粹派学者确是以儒家政治理想和伦理道德作为中国文化精神之所在的国粹。然而国粹派毕竟是一个学术群体，并非政治家或政客。他们是在弘扬国粹、复兴儒学的思想指导下，从事学术研究的。《国粹学报》开创了中国现代学术论文的新风尚，在商量旧学时是有一些成就的。《国粹学报》刊发的重要学术论文如黄侃《春秋名字解诂补正》、刘师培《读左札记》、廖平《公羊验推补正凡例》、郑文焯《金史补艺文志叙》、谭献《国史儒林文苑传目》、缪荃孙《永乐大典考》、孙诒让《卫宏诏定古文官书考》、刘宝楠《论孟集注附考》、胡蕴玉《离骚补释》、王闿运《水经注札记》等。他们在经学、小学和旧史学的范围里，采用传统的注疏和考据方法，探讨和重复着陈旧的课题。1911年辛亥革命之后《国粹学报》停刊，表明国粹派走向衰微。稍后顾颉刚说："老学究们所说的国学，他们要把过去的文化作为现代人生活的规律，要把古圣遗言看作'国粹'而强迫青年们去服从。他们的眼光全注在应用上，他们原是梦想不到什么叫作研究的，当然谈不到科学，我们也当然不把国学一名轻易送给他们。"这代表了国学运动新思潮派的观点对国粹主义倾向的批评。

倡导新文化的学者们考虑到怎样对待传统文化的问题时，他们是反对国粹主义的。新文化运动发起者胡适首先提出"整理国故"的号召。他于1919年2月1日的《新青年》第七卷第一号发表《新思潮的意义》，将新思潮的根本意义理解为是对新文化的态度，即"批判的态度"，主张"研究问题，输入学理，整理国故，再造文化"。他认为对中国旧学术思想的积极主张是"整理国故"。在"整理国故"的工作中他特别提倡"要用科学的方法，作精确的考证"。毛子水同时发表《国故和科学的精神》，他说："用科学的精神去研究国故，第一件事就是用科学的精神去采取材料。凡考古的学问和他种的学问相同，最重要的事情就是精确的材料。

论断的价值和材料有密切的关系，材料不精确，依据这个材料而立的论断，就没有价值了。"这是国学运动兴起以来出现的新倾向。1922年8月1日北京大学校长蔡元培主持召开北大季刊编辑讨论会，成立国学组，胡适为主任，计划出版《国学季刊》。胡适代表北京大学国学组同人，于1923年1月发表《〈国学季刊〉发刊宣言》。他从新文化的观念对国学作了界说，以为它是"国故学的缩写，它是研究中国的一切过去的历史文化的学问"。他提出扩大国学研究的范围，进行系统的整理工作。这样，以科学方法整理国故成为国学运动的方向和国学研究的内容，得到学术界广泛的响应。在北京大学的带动下，东南大学成立国学院，北京师范大学成立国学学会，清华学校成立国学研究院；以科学方法研究国学的论文在各种学术杂志上刊发。我们回顾这一时期整理国故的成就，它在学术界产生巨大的影响是：

（一）新材料的研究

自19世纪末至20世纪初的三十年内，中国有五项重大的发现：19世纪末河南安阳殷墟甲骨文的发现，1900年甘肃敦煌藏经洞敦煌文书的发现，1908年新疆及甘肃的汉晋木简的发现，1909年清代内阁大库档案的发现，1889年蒙古的古代中亚民族遗文的发现。王国维说："今日之时代可谓发现的时代，自来未有能比者也。"以新方法研究新材料成为一时的学术趋向，北京大学《国学季刊》即发表了罗福成《宴台金源国书碑考》、马衡《汉熹平石经论语尧曰篇残字考》、罗福苌《敦煌博物馆敦煌书目》、陈垣《摩尼教入中国考》、伊凤阁《西夏国书论》、王国维《韦庄的秦妇吟》等，开辟了国学新课题，使人耳目一新。

（二）白话小说考证

从中国正统文学观念看来，小说托体甚卑，非学术研究的对象。胡适发起新文学运动，提倡白话文学，其最大的功绩是从中国白话文学传统中找到了新文学的标准，而且以为《水浒传》《西游记》《红楼梦》《儒林外史》是白话文学的语言典范。为了推广它们，上海远东图书馆大力支持，自1920年开始出版系列的新式标点本长篇白话小说。在出版这些小说时很有必要向读者介绍作者、版本和历史背景，但因资料难得和历史线索模糊而成为很困难的学术问题。胡适自1920年完成《水浒传考证》之后，迄于1925年完成的论文有《水浒传后考》《红楼梦考证》《西游记考证》《镜花缘的引论》《跋红楼梦考证》《水浒续集两种序》《三国演义序》《三侠五义序》《老残游记序》。这些小说考证论文是以新方法整理国故的典范。

（三）古史的讨论

自1920年起顾颉刚在胡适的启发下开始古籍辨伪工作，以作为国学新思潮的学术突破。1923年顾颉刚发表《与钱玄同先生论古史书》，提出"层累地造成的中国古史"之说，对中国远古历史传统做了颠覆性的论断。钱玄同继发表《答顾颉刚先生书》表示支持。刘掞藜的《读顾颉刚君〈与钱玄同先生论古史书〉的疑问》和胡堇人的《读顾颉刚先生论古史书以后》，对顾颉刚的观点进行辩论。胡适说："《读书杂志》上顾颉刚、钱玄同、刘掞藜、胡堇人四位先生讨论古史的文章，也做了八万字，经过了九个月，至今还不曾结束。这一事件可算是中国学术界一件极可喜的事，它在中国史学史上的重要一定不亚于丁在君先生们发起的科学与人生观的讨论在中国思想史上的重要。"古史讨论遂在国学运动中兴起了以疑古为特点的古史辨派，陆续出现了一批辨伪与疑古的论文，大大震动了中国学术界。

1925年国学新倾向所体现的新思潮已经形成，曹聚仁在《春雷初动中之国故学》里说："近顷之治国故学者，虽取舍不同，准的非一，使非极端守旧，局守宋儒之陋见者，其用力之所在，必不离于考订名物训诂诸端，群力所注，则国故之各各资料，必由一一考证而日渐正确……国故学之新倾向，昭然显现于吾人之前。新考证之盛行，即昭示吾人以国故学中心之所在。"这断定新思潮派以科学方法考证中国文献与历史上存在的学术问题是国学运动的主流了。它取代了国粹派在国学运动中的地位，大大推动了国学的发展。1926年1月，顾颉刚发表《北京大学〈国学门周刊〉发刊词》，进一步发展了新思潮派的观点，重申胡适的纯学术的主张，摒弃势利成见，不考虑研究成果的社会应用价值，回应了学术界的种种责难。此年4月，顾颉刚完成《古史辨第一册自序》，它是国学运动中古史辨派的宣言。《古史辨》第一册于1926年由朴社出版，至1941年共出七册。其中作者有胡适、钱玄同、顾颉刚、丁文江、魏建功、容庚、傅斯年、马衡、缪凤林、姚名达、周予同、冯友兰、刘复、罗根泽、梁启超、余嘉锡、高亨、唐钺、刘盼遂、吕思勉、童书业、谭戒甫、唐兰、郭沫若、杨向奎、蒙文通、杨宽等数十位学者。他们以疑古的态度讨论古史而形成了一个庞大的学派。他们讨论的内容是古史，但更多的是关于先秦典籍的辨伪、诸子的考辨和秦汉学术史的问题；他们将传统的考据学与科学方法结合。国学的新倾向和国学研究的新方法在古史辨派中得到集中的体现。古史辨派的学者们以疑古的态度对先秦典籍——包括儒家经典的辨伪，将中国远古的传说与信史分别开来，否定了"三皇""五帝"的存在，推翻了儒家典籍的神圣性，以科学的态度重新认识中国传统文化，真正做到了学术的独立与自由。古史辨派的辨伪工作起到了对传统学术思想的破坏作用。周予同于1926年说："辨伪的工作，在现在国内乌烟瘴气的学术界，尤其是在国学方面，我承认是必要的，而且是急需的……辨伪虽是国学常识，但也是第一步工作。"这种辨伪的破坏，实质上是对国学运动中国粹主义理论的动摇。《古史辨》收入的论文如顾颉刚《论禹治水故事书》，钱玄同《论〈庄子〉真伪考》，钱穆《论〈十翼〉非孔子作》，张寿林《〈诗经〉不是孔子所删定的》，俞平伯《论〈离骚〉的年代》，冯友兰《〈中庸〉的年代问题》，张西堂《陆贾〈新书〉辨伪》，朱希祖《〈墨子·备城门〉以下十二篇系汉人伪书说》，钱穆《关于〈老子〉成书年代之一种考察》，罗根泽《晚周诸子反古考》，吕思勉《盘古考》，顾颉刚、杨向奎《三皇考》，陈梦家《夏世即商世说》等，皆是振聋发聩，开一代风尚之作，使新考证倾向得以发展。古史辨派的这些考证，虽然从表象上看来十分琐细，但疑古的精神特别鲜明，的确表现了新文化光照下的新思潮，起到了解放思想的作用。

1927年11月国立中央研究院成立于南京，蔡元培任院长，傅斯年任历史语言研究所所长。《历史语言研究所集刊》创办于1928年，标志国学运动中历史语言学派的兴起。此刊自1928年迄于1949年共出版二十本，此大型连续出版物是纯学术性的，如研究所的名称一样，具有鲜明的学术特色。傅斯年理解的"历史"是广义的，"语言"已具文献的意义。他创立的中国历史语言学派与欧洲近世的历史语言学派颇为相异，仅限于历史与文献的事实考证的层面。他说："历史学和语言学在欧洲都是很近才发生的。

历史学不是著史，著史多多少少带点中古中世的意味，且每取伦理家的手段，作文章家的本事。近代的历史学只是史料学，利用自然科学借给我们的一切工具，整理一切可以逢着的史料。"这里"史料"即历史文献。傅斯年从中国传统考据学找到了与历史语言学的契合，于是提出判断学术价值的三项标准：一、对材料作直接的繁丰细密的研究；二、能扩张所研究的材料；三、扩充研究时所应用的工具。他特别强调材料和事实的研究，要求原创性的研究和体现研究方法的进步。历史语言学派的宗旨贯彻在《集刊》里，如其典型的论文：董作宾《跋唐写本〈广韵〉残卷》、陈寅恪《灵州宁夏榆林三城译名考》、黄淬伯《慧琳〈一切经音义〉反切声类考》、傅斯年《战国文籍中之篇式书体》、徐中舒《耒耜考》、赵荫棠《〈康熙字典·字母切韵要法〉考》、孟森《清始祖布库里雍顺之考订》、陈乐素《〈三朝北盟会编〉考》、周一良《论宇文周之种族》、黎光明《明太祖遣僧使日本考》、王明《〈周易参同契〉考》、陈槃《战国秦汉间方士考论》等。这些论文与《古史辨》的论文都是对中国文献与历史的若干狭小的学术问题，以科学的方法做细密的考证。它们实是国学运动新倾向的体现，是属于国学研究性质的。我们如果将《古史辨》与《历史语言研究所集刊》的主要论文进行比较，则不难见到：二者虽然皆以中国文献与历史的若干狭小问题为对象，皆采取科学考证方法，但前者关注的问题限于汉代以前，以先秦古史古籍为重点，其课题关涉中国传统文化的许多重要的基本的事实问题，编者的思想倾向极为明显；后者的课题十分广阔，涉及自古以来各种各样琐细的学术问题，编者并不具某种倾向，亦不迎合时代思潮，而是沉潜地进行研究。此两派均属国学运动新倾向的流派，因他们丰硕的研究成果才促进了国学的繁荣昌盛。

自1925年国学新倾向形成以来，除《古史辨》和《历史语言研究所集刊》两种大型学术集刊而外，其余具有国学性质的刊物纷纷出现。其中较有影响的是：《北大国学月刊》（北京大学，1926年）、《国学》（上海大东书局，1926年）、《国学年刊》（无锡国学馆，1926年）、《国学专刊》（上海群众图书公司，1926年）、《中山大学历史语言研究所周刊》（中山大学，1927年）、《国学论丛》（清华研究院，1927年）、《厦门大学国学研究院周刊》（厦门大学，1927年）、《燕京学派》（燕京大学，1927年）、《中央大学国学图书馆年刊》（中央大学，1928年）、《辅仁学志》（辅仁大学，1928年）、《师大国学丛刊》（北京师范大学，1930年）、《国学丛编》（北平中国大学，1931年）、《国学汇编》（齐鲁大学，1932年）、《国学商兑》（国学会，1933年）。这段时期国学运动极兴盛，新的考据之风影响着一代学术。1941年12月，四川史学家蒙思明应钱穆之邀在成都的齐鲁大学国学研究所讲演，他在谈到新的考据风尚时说："学者们高谈整理国故，专崇技术工作使人除考据之外不敢谈史学。评文章的以考据文章为优，倡学风的以考据风气为贵，斥理解为空谈，尊考据为实学。"他对科学的考证成为学术界的支配势力和学术风尚表示忧虑和指责。这反映了"新考证之盛行"确为国学运动的主流和强势了。

当新思潮成为国学运动主流时，国粹主义的残余仍有很大的势力和社会基础。1935年萧莫寒论治国学之门径，以为："宋之理学，诚是上承五代以上学问家研究之结晶，启元明清后代治国学之门径。故吾人研究国学者，得宋儒理学为辅佐，则无异获得第一把锁钥也。"同年何键在湖南国学院讲研究国学的方法与应具之眼光时说："我们今日研究国学，要抱着'致用而读经'的目的，处处都抱读经书应用到应事接物上，才算得通经，也才能算确实提倡国学。"1942年陆德懋论国学的正统时说："凡人的道德及才能，皆受先天的遗传之限制，亦无可讳言。然在中上之才，如能留心于修养及致用之学，皆能有所成就。及其成也，皆所谓'明体达用'之学，亦即所谓'内圣外王'之学，斯即正统的国学之所尚。"他们坚持弘扬国粹，以国学为儒家"修身""致用"之学，而且以为这才是国学的正统。

从上述可见，国学运动发展过程中确实存在国粹派和新思潮派两种基本的倾向。历史已表明，在新文化思想引导下的新倾向是国学的主流。当国学运动终结四十余年之后，中国学术界又兴起"国学热"时，原来的两种基本倾向的地位，在新的历史条件下发生了转换的变化。1993年由北京大学中国传统文化研究中心主办的大型学术集刊《国学研究》问世，它继承了《国学季刊》的传统，坚定纯学术的宗旨，标志国学热潮再度在中国学术界兴起。由于历史的断裂，致使在新的国学热中，人们对曾经是国学运动的主流倾向淡忘或模糊了。《国学研究》所代表的纯学术倾向，渐渐在"热潮"中处于次要的地位，而国粹主义却以变形的态势居于主导的地位了。改革开放以来，随着国力的逐渐强大，在弘扬中华传统文化精神以呼唤民族的伟大复兴，努力建成文化强国的历史背景下，国学热以国粹主义的特色走向世俗化和商业化。国学被理解为以儒学为核心的中国学术，国学的宗旨在于提倡传统文化的价值观，倡导普遍的读经，宣扬儒家的伦理道德，试图恢复经典教育制度。许多学者联合发表文化宣言，宣称："我们确信，中华文化注重人格，注重伦理，注重利他，注重和谐的东方品格和释放着和平信息的人文精神，对于思考和消解当今世界个人至上、物欲至上、恶性竞争、掠夺性开发的及种种令人忧虑的现象，对于追求人类的安宁与幸福，必将提供重要的思想启示。"国学似乎可以担当重大的社会使命，"要在'科技'无法涉足的广阔之域，载负起将'人类精神'引向天府的重荷，并拯救人类于现代文明设置的罪恶陷阱之中"。这从弘扬国粹的愿望出发，使国学脱离学术的轨道而成为儒家政治伦理的宣教。我们回顾国学运动的历史经验时，可以证实国粹派的弘扬国粹的使命感及改变世道人心的善良愿望，在新民主主义革命时期实为背离现代文明的逆流而不可能实现。国学运动的主流是新思潮派开拓的新的学术道路。他们将国学研究视为纯学术的工作，不负担政治伦理的使命，是在更高的学术境界里寻求真知，而且不主张将这些高深的学问普。国学是以将西方近代科学方法与中国传统考据学相结合的科学考证方法，研究中国文献与历史上的若干狭小而困难的学术问题。它向许多学科提供事实的依据，这些依据可能动摇某学科的理论基础，可能澄清历史与文化的重大疑案，可能清除传统文化观念中的诸多谬误；其力量是无比坚实巨大的。国学研究的水平最能体现中华民族的智慧和所达到的学术境界。新时期以来的学术繁荣过程中，有许多从事高深而困难的国学研究的学者，他们默默地为中国学术做出贡献，继承和发展了国学运动的纯学术传统。当前的国学热应当"退热"，脱离商业化，避免庸俗化，走出国粹的迷误，回到纯学术的道路上来，这样才可能真正为弘扬优良的传统文化起到应有的作用。

回顾对国学运动新倾向的批评

　　清代学术可分为汉学与宋学两大派：学者们治学注重事实考据的有似汉代的古文经学派；注重义理与实践的有似宋代的理学家。范皕海甚不恰当地将国学新潮视为汉学，而将国粹派视为宋学。他于1923年说："国学有两派，一派是重知的，一派是重行的。大约说来，所谓汉学家属于知的方面，所谓宋学家大概属于行的方面。汉学家终生孜孜于声音训诂名物的考订，但是这种学问，无论怎样淹博，返诸自己的身心，没有什么益处。"这里他所批评的注重"声音训诂名物的考订"的国学一派即指国学新潮派。同年，成仿吾第一次认定国学思潮已经形成"国学运动"。他批评国学新倾向说："他们的方法与态度，不外是承袭清时的考据家。所以他们纵然拼命研究，充其量不过增加一些从前那种无益的考据……我看我们这种所谓的国学运动，充其量不过造出一些考据死文字的文字，充其量不过增加一些更烦碎的考据学者。"成仿吾明确地指出国学新倾向的学者们是承袭清代的考据学，国学研究的结果是产生一些无益于社会现实的考据文字和考据学者。郭沫若于1924年曾以嘲讽的语气说："研究莎士比亚与歌德的书车载斗量，但抵不上一篇《罕谟列特》和一部《浮士德》在文化史上所占的地位。千家注杜，五百家注韩也何曾抵得上杜甫、韩愈的一诗一文在我们文化史上有积极的创造呢？我们常向朋友们谈笑话，说我们应该努力做出些杰作出来，供百年后的考据家考证——这并不是蔑视考据家或者国学研究家的尊严，实在国学研究或考据、考证的价值原是只有这样。"一个国家或民族的文化是一个系统，既需要有伟大的文学作品，也需要有对它的考释的学术研究，两者的价值各有不同。郭沫若的意见虽然偏颇，但非常明显地将国学研究等同于考据，将国学家等同于考据家。我们还应注意到，郭沫若所说的"国学研究"，已有意将它与国学基础知识讲习相区别，使两者不致混淆。20世纪40年代国学运动臻于鼎盛时期，胡适的中国白话小说考证不仅开创新的学风，还为白话文学提供了文学语言的标本，推动了新文学运动；顾颉刚发起的以疑古辨伪为特点的古史辨派和傅斯年领导的以实证研究为特点的历史语言派，均在国学研究中取得辉煌的成就。这时，国学运动新倾向的特征愈益凸显了，而反对者的意见亦愈尖锐。陆懋德持国粹主义的观点，认为国学新潮派并非国学的正统。他说："自民国初年以来，一时学者忽倡'为学问而治学问'之论，由是全国风靡，群趋于考证名物，而轻视明体达用。真有如汉人所谓'讲论曰若稽古四字而至数万言'者。此固国学之一端，而究非国学之正统也……民国以来治国学者，多循一时之尚，而入于琐碎考证之学，故三十年之结果，竟无全才可用。"陆懋德仍认为"通经致用""经义治事"而固守儒家政治伦理的国粹派才是国学的正宗，但他也承认民国初年以来考据之学已为一时之崇尚，达到"全国风靡"的程度了。蒙思明从史学的角度批评了当时的学术风气，他说：

中外学术交通的结果，是一批所谓的学者们，在中国不能继承公羊家的经学，而继承了考据派的经学；在西洋不能吸收综合派的史学，而吸收了考据派的史学；于是双流汇合，弱流竟变做了强流，在科学方法整理国故的金字招牌之下，有如打了一剂强心剂，使垂灭的爝火，又将绝而复燃，竟成了学术界唯一的支配势力。学者们高谈整理国故，专崇技术工作，使人除考据外不敢谈史学。评文章的以考证文章为优，倡学风的以考证风气为贵，斥理解为空谈，尊考据为实学。

蒙思明不同于其他诸家的批评，他指明国学新倾向的考据之渊源一是中国的传统考据学，一是西方近世的历史考证学派。考据在学术中本属于弱势，但国学运动以来竟成为支配学术界的势力；他以为这不是正常的现象，同时亦指出崇尚考据之风的一些弊端。他并不反对学术的考据，但反对过度的崇尚，而且以为学术界尚需那种有目的之考据，更精密的考据，更具特色的考据家。国学运动新倾向的反对者们很清楚地见到国学研究的基本特征是考据，考据之风已风靡学术界，新倾向已成为国学的主流。我们可以认定国学新倾向的特征是能够体现国学性质的。这样国学的特征应是：以科学考证方法研究中国文献与历史上存在的狭小而困难的学术问题。

关于中国传统文化的若干狭小的困难的学术问题的烦琐考证，这有什么学术价值呢？20世纪的上半叶正值中国的辛亥革命、北伐、共和国制度建立、抗日战争、解放战争，社会处于大动乱、大变革的时代：这是国学发展的历史背景。在这个时代就文化与思想而言是迫切需要新文化和新思想的，因此某些新文化学者指责国学的烦琐考证存在弊端，一是无结果的争议，一是不能提供新知。

学者们用科学方法做出的研究成果，并不一定就是符合科学精神的，因在研究过程中可能存在某些重要资料的缺失，主观的大胆假设，判断的失误，使用了不可靠的证据，这都将使得其结论经不起学术的验证；而且不同的学者用同样的材料，采用同样的方法，也可能得出迥然相异的结论。学术研究往往会将问题弄得纷乱复杂，而国学研究尤其如此。自 1923 年顾颉刚发表《与钱玄同先生论古史书》而展开一场大规模的学术讨论，参加者有钱玄同、胡适、刘掞藜、胡堇人、丁文江、张荫麟、吕思勉、杨向奎、童书业、蒙文通、缪凤林、钱穆、陈梦家等，共发表论文二十余篇。关于中国古史世系的"三皇""五帝"及"禹"是否属于历史真实，学术界分为信古和疑古两派意见。这一问题涉及广博的学术层面和众多的古籍，是非常复杂而困难的学术问题，大量的工作是对古籍记载的辨伪，即讨论古史世系所依据的典籍是否真实可靠，如果辨明所依据的乃后世伪造的典籍，则"古帝"存在的基础便动摇了。顾颉刚说："第一，要一件一件地去考伪史中的事实是从哪里起来的，又是怎样变迁的。第二，要一件一件地考伪史中的事实，这人怎样说，那人怎样说。把他们的话条列出来，比较看看，同审官司一样，使得他们的谎话无可逃遁。第三，造伪史的人虽彼此说的不同，但终有他们共同遵守的方式，正如戏中的故事虽各个不同，但戏的规律却是一致的，我们也可以寻出他们造伪的义例来。"本次讨论虽以国学新潮派的意见居于优势，否定了古帝的世系，但此结论似乎有伤中华民族的情感，人们宁愿相信传说，故现在仍难为社会主流文化所接受，因而讨论尚无结果。顾颉刚追忆说："《古史辨》本不独占一个时代，以考证方式发现新事实，推倒伪史书，自宋到清不断地在工作，《古史辨》只是承接其流而已。至于没有考出结果来，将来还得考。"古史的考辨太困难太烦琐了，这有必要吗？魏建功当时即感到："'国故'能教人钻不出头，我始终这样想，虽然顾颉刚先生很有些不谓然，因为我们不能解决这个治'国学'的人们中间的问题：'何年何月可以扫除因袭与谬妄的大病？'"扫除中国传统文化中的因袭与谬妄，这能体现中国社会的文明进程，它应是国学研究的价值所在。胡适关于这场讨论的意义说："这一件事可算是中国学术界的一件极可喜的事，它在中国史学史上的重要一定不亚于丁在君先生们发起的科学与人生观的讨论在中国思想史上的重要。"古史讨论虽然难在学术界达成较可公认的结论，但它是成功的，而关于《老子》的讨论则更意见纷乱了。自 1922 年梁启超在《晨报副刊》发表《论〈老子〉书作于战国之末》引发争论，历时十二年之久，参加讨论者有张煦、张寿林、唐兰、高亨、黄方刚、钱穆、冯友兰、胡适、张季同、罗根泽、顾颉刚、马叙伦、陈清泉、孙次舟、王先进、郭沫若等。学者们提出种种假设，例如：老聃长于孔子，《老子》为其遗言，成书在《孟子》《墨子》时代；《老子》成书于宋钘、公孙龙或稍后，作者为詹何；《老子》是战国初期的作品，成于《吕氏春秋》与《淮南子》之前；老聃是孔子之师，《老子》是关尹或环渊所记老聃语录；老聃即太史儋，《老子》即其所著。学者们考证这些问题，不仅引用先秦两汉典籍，辨析有关材料，还考证相关注疏及清人成果，达到极其复杂的程度。当时的讨论，不仅未得出一个公认的结论，反将问题弄得愈益纷繁。叶青指责说："十几年来的老子考，在方法上虽是科学的，然而却是机械的物质论的，没有运用过优于科学的辩证法。因此考证方法不外乎是牵强附会，割裂断取；而考证的成果，只是外观上有二十几万字罢了，至少半属谬误，一点也不能解决问题。"由于考证的结果异常分歧，故以为是方法的错误，而事实上国学家们都采用科学考证方法，并运用得很好，因此是问题本身存在资料不足的困难，而非方法的错误。胡适说："我不反对把《老子》后移，也不反对其他怀疑《老子》之说。但我总觉得这些怀疑的学者都不曾举出充分的证据……我只能说，我至今还不曾寻得老子这个人或《老子》这部书有必须移到战国或战国后期的充分证据。在寻得这种证据之前，我们只能延长侦查的时期，暂缓判决的日子。"胡适的意见是较为公允的，他批评了某些考证在方法上存在的缺憾。关于《老子》的考证虽无结果，却尚难指出明显的错误，而关于屈原的考证则出现了颇为严重的失误。1922年胡适发表《读〈楚辞〉》，怀疑屈原的存在，他认为《史记》本来不很可靠，《屈原传》叙事不明确，因此屈原仅是南方民族神话故事里的一部分。郭沫若举出汉代初年贾谊的《吊屈原赋》和刘安的《离骚传》，证实屈原的存在，又据《离骚》和《哀郢》提出的历史线索，考证出屈原的生卒年。因此他批评说："胡适的论断是有依据的，因他是一位地道的实验主义者。自'五四'以来，提倡实验主义不遗余力，他主张一切都要有真凭实据，不过问题就在于他的凭据是不真实的……主张用科学方法批判文化遗产是好的，但他用的方法并不科学。"胡适的失误，这在国学研究中不是极个别的例子，它说明要成功地使用科学考证方法并非易事。国学研究解决了中国文献与历史上许多狭小而困难的学术问题，大多数是可以作为定论的。我们所举以上三个例子，可见考证是难以有定论和结果的，有的则可能出现严重的错误，这在学术研究中都是正常的现象。以上三个例子中，古史的讨论已大大超越了史学的范围，《老子》真伪的辨析并非哲学研究的课题，屈原的考证更非文学研究可能解决的问题；对它们的考证均牵涉大量的文献资料，而且得用科学考证方法。它们是国学研究的典型课题，能够体现国学研究的特殊性质。

　　显然国学研究是在故纸堆里商量旧学，这些烦琐的考证能为中国文化提供新知识吗？这是国学备受责难的一点。郭沫若最早指出国学研究不能创造新价值，他于 1924 年说："国学的范围如果扩大到农艺、工艺、医药等，那情况又不同，但一般经史子集的整理，充其量只是一种报告，是一种旧价值的重新估评，并不是一种新价值的创造。它在一个时代的文化进展上，所效的贡献殊属微末。"郭沫若并不完全反对整理国故，只是认为这是少数学者的事，而国学研究在整个国家文化系统中的地位也确属"微末"，但又是必不可少的。他认为胡适所主张扩大国学的范围，若扩大到实用科学技术，将会有益于社会经济的发展。国学其实也将中国古代实用技术作为研究对象之一，但关注的是它在文献与历史上存在的狭小的学术问题，例如《诗经》农事诗的考释、茶引的起源、《黄帝内经》的作者等问题。关于国学能否创造新价值，这是国学研究成果有无学术意义的问题，如果某项成果具有重大学术意义，则它便创造了新价值。1922 年徐浩对国学的批评比郭沫若更激烈而深刻。他于《现代》杂志发表文章攻击"整理国故"，以为从西方文明角度来看待中国文明，整理国故让人们失去幻想，见到的只是空虚。他说："所以国故整理家给国故所下的结论，才是在那半生不死的国故动物的喉咙里杀出去的最后一刀。"胡适同意"那'最后一刀'完全得让国故学者来下手"，还指出在古老的"烂纸堆"里有无数吃人、迷人、害人的"鬼"，因而国故学者应"打鬼""捉妖"；所以整理国故的结果，"它的功用可以解放人心，可以保护人们不受鬼怪迷惑"。这是胡适整理国故的最终目的，表现了对传统文化的批判精神，经过一番科学的剖析之后给予彻底的否定。胡适的回答偏离了其纯学术观点，转注重其思想意义，因而他的态度是矛盾的：既然知道"烂纸堆"里没有什么好东西，为何又要费很大精力去整理呢？所以当时激进的新文化学者西滢带着嘲讽的意味，指出整理国故的结果是"线装书的价钱涨了二三倍"，这有必要吗？西滢说："我们目前的急需，是要开新的窗户，装新的地板、电灯、自来水，造新的厨房，辟新的茅厕，添种种新的家具。新的有用的来了，旧的无用的自然而然地先被挤到一边去，再被挤到冷房子里去，末了换给打估的人了。所以只有一心一意地去寻求新道德、新知识、新艺术，然后才能'在那半生不死的国故动物的喉咙里'，杀最后的一刀。"胡适对此尖锐的诘难是感到不易回答的。这次争论中，他们都将儒家政治伦理所代表的传统文化精神与对这种文化的学术研究混为一谈，因而从对传统文化的批判的视角而否定学术研究的意义。国学研究是不关心传统文化价值的，它通过对传统文化中若干狭小的学术问题进行考证而做出的结论，可能成为新的事实依据，创造了新知，由此可以扫除历史上存在的谬妄或迷信，求得一种真知。1931年顾颉刚谈到古史考辨的意义说："这些工作做完的时候，古史材料在书籍里的已经整理完工了，那时的史学家，就可根据这些结论，再加上考古学上的许多发现，写出一部正确的《中国上古史》了。"胡适 1952 年回顾其白话小说考证的意义说："我二十几年来,以科学方法考证旧小说,也替中国文学史上扩充了无数新的证据。"国学研究的成果是为诸种学科提供新的事实证据,这在中国整个学术研究中是不可缺少的一部分工作。当国学新倾向形成之后,曾有许多学者指责国学缺乏社会实用价值,顾颉刚曾回答说:

> 老学究们所说的国学,他们要想把过去的文化作为现代人生活的规律,要把古圣遗言看作"国粹"而强迫青年们去服从,他们的眼光全注在应用上,他们原是梦想不到什么叫做研究的,当然谈不到科学,我们当然不能把国学一名轻易送给他们。

这继胡适之后坚持了国学的纯学术性质,而且将国粹主义者所说的"国学"排斥于国学运动之外,以促进国学新倾向的健康发展。20 世纪 40 年代新文学家许地山在《国粹与国学》里批判国粹主义,也批评国学新倾向。他认为新学术不大可能从旧文化中产生出来,"新学术要依学术上的问题底有无,与人间底需要底缓急而产生,决不是无端从天外飞来底"。他针对国学研究而指出:"世间无不死之人,也无不变底文化,只要做出来底事物合乎国民底需要,能解决民生日用底问题底就是那民族底文化了。要知道中国现在底境遇底真相和寻求解决中国目前底种种问题,归根还要从中国历史与其社会组织、经济制度底研究入手。"新学术的确是应从研究社会现实问题中提出解决现实民生日用的方案,由此产生新的理论;但这仅是新学术的来源之一。学术和科学一样均有基础理论研究和实用研究两大类之分，一个国家和民族的学术结构中固然迫切需要政策、经济、法律、科技、军事等有现实意义的研究，但从长远利益考虑必须发展纯学术的基础研究，才能使这个国家和民族获得文化生命的相对独立的意义。国学研究的对象和价值是很有限的，它不具备政治学、社会学、伦理学和经济学在社会中的实用性，它仅是对中国文献与历史上存在的狭小的学术问题进行考证，为各学科提供新的事实的证据。我们纵观新文化运动以来的新哲学、新史学、新文学等学科的建立与发展，它们无不吸收了国学研究的成果以作为新学科基础理论的事实依据，例如新史学不再以"三皇""五帝"为中国历史的起点，新红学不再走索隐派的老路。

中华民族在世界上因有悠久的历史与丰富的文献而感到自豪，但其中存在着若干狭小而困难的学术问题，它们又须以科学考证方法才能解决，而且只有依赖最熟悉汉语和中国文献与历史的中国学者才可能解决得最成功，这便需要国学们来进行研究。国学研究是纯学术的性质，不具功利性和实用性，其学术意义在于扫除中国传统文化中的谬妄和迷信，为其他各学科提供事实依据，寻求学术的真理。学术的承传是一个国家和民族的命脉，我们弘扬中华民族优秀传统文化，建设文化强国，则国学研究将在此过程中体现其特殊的学术意义。现在当国学热潮再度在中国兴起时，我们回顾对国学运动新倾向的批评，可能有助于对国学的特质和价值有一个历史的认识。

中国古典文学与国学

　　国学沉寂四十余年之后，于1993年以北京大学中国传统文化研究中心主办的大型学术辑刊《国学研究》的问世为标志，再度成为中国学术热潮。中国古典文学与国学有无关系呢？它是否为国学的对象？它在国学研究中处于怎样的地位？我们治古典文学是否应具备国学的基础呢？对于这些问题的认识，需要我们作历史的追溯。

　　中国晚清时期由于西学东渐的加剧，在学术界引发了中、西学和新、旧学之争。一些具有民族主义思想的学者们力图保持中国传统文化，视之为"国粹"，于是涌现国粹思潮。1903年冬，邓实等在上海倡议成立国学保存会，1905年2月刊行《国粹学报》。1906年，日本东京的中国留学生组织国学讲习会，由章太炎主讲。1910年，章太炎将国学论文辑为《国故论衡》由日本秀光社排印出版。1911年，北京国学研究会出版《国学丛刊》。1912年，四川国学研究院在成都出版《四川国学杂志》。1914年，北京清华学校国学研究院刊行《国学丛刊》。1919年，北京大学成立国学社，刊行《国故月刊》。这一段时期的国学运动，志在保存国粹，以抵制西学的传播和新文化运动的开展。1922年8月1

日，北京大学校长蔡元培主持召开了北大季刊编辑讨论会议，成立国学组，胡适为主任，计划出版《国学季刊》。胡适在1922年8月26日的日记里写道："我们的使命是打倒一切成见，为中国学术谋解放。"他随即撰写了《〈国学季刊〉发刊宣言》，于1923年1月由《国学季刊》第一卷第一号刊出。自此，国学运动的一种新思潮形成，它使国学的发展走上一条新的道路。

任何一种学术思潮只有在发展到一定程度时，人们对它的性质才会有较明确的认识。"国学"的概念是极宽泛的，它似乎可以涵盖整个的中国传统文化或中国学术，这在当时国学大师之间即有不同的理解。而从他们的不同理解中，可以见出它与中国古典文学的关系。

章太炎将国学等同于儒学，提倡儒家伦理道德。他在《国学之统宗》里说："今欲改良社会，不宜单讲理学，坐而言，要在起而行。周、孔之道不外修己治人，其要归于'六经'。"怎样最简要地领会"六经"的精神呢？他说："余以为今日而讲国学，《孝经》《大学》《儒行》《丧服》，实万流之汇归也。"《孝经》是《十三经》之一，《大学》和《儒行》是《礼记》中之两篇，《丧服》是《仪礼》中之一篇，它们是讲述儒家之道和儒者行为规范的。章太炎在各处讲国学的主要内容是通过小学（文字、音韵、训诂）以了解儒家经典，旁及历史、制度、宋明理学和佛学。他与一些由经师而讲国学的学者们都是无文学观念的。胡适在《〈国学季刊〉发刊宣言》里说："国学的使命是要大家懂得中国过去的文化史，国学的方法是要用历史的眼光来整理一切过去文化的历史，国学的目的是做成中国文化史。"中国文化史包括哲学史、艺术史、文学史、宗教史、民族史等。这样，文学是属于国学对象之一的。顾颉刚在《北京大学〈国学门周刊〉发刊词》里说，国学"是中国的历史，是历史科学中的中国的一部分。研究国学就是研究历史科学中的中国的一部分，也就是用了科学的方法去研究中国历史的材料"。在中国历史的材料中，古典文学仅是一种材料，并不含有文学的性质。钱穆是将国学理解为中国学术思想史的，他在《国学概论·弁言》里以为治国学"其用意在使学者得识二千年来本国学术思想界流转变迁之大势"。这是将文学排斥于国学之外的。

从上述四种国学观念可见，文学或者是国学对象之一，或者与国学毫无关系，它是处于尴尬境地的。

我们再看国学大师们开列的国学书目中的古典文学情形。1923年胡适在《东方杂志》发表《一个最低限度的国学书目》，计181种典籍，其中文学史之部自《诗经》迄《老残游记》为77种，占总数的40％。这里所列典籍过于繁多，远非一般青年可在三五年内读完的，所以随后他又拟了一个"实在的最低限度的书目"，计有：

《书目答问》《中国人名大辞典》《九种纪事本末》《中国哲学史大纲》《老子》《四书》《墨子闲诂》《荀子集注》《韩非子》《淮南鸿烈集解》《周礼》《论衡》《佛遗教经》《法华经》《阿弥陀经》《坛经》《宋元学案》《明儒学案》《王临川集》《朱子年谱》《王文成公全书》《清代学术概论》《章实斋年谱》《崔东壁遗书》《新学伪经考》《诗集传》《左传》《文选》《乐府诗集》《全唐诗》《宋诗抄》《宋六十家词》《元曲选》《宋元戏曲史》《缀白裘》《水浒传》《西游记》《儒林外史》《红楼

梦》

以上 39 种，古典文学 13 种，占总数的三分之一。梁启超指出胡适所拟书目偏重哲学与文学，其中有许多是没有国学常识的青年不能读的；又如让青年去读《全唐诗》和《宋六十家词》还不如选读几种著名诗集和词集为当。因此他重新拟了一个《国学入门书要目及其读法》，计收典籍 126 种，其中韵文类书 36 种，继而又拟了"真正之最低限度"书目：

　　《四书》《易经》《书经》《诗经》《礼记》《左传》《老子》《墨子》《庄子》《荀子》《韩非子》《战国策》《史记》《汉书》《后汉书》《三国志》《资治通鉴》《宋元明史纪事本末》《楚辞》《文选》《李太白集》《杜工部集》《韩昌黎集》《柳河东集》《白香山集》

以上 25 种，其中古典文学 8 种，占总数的三分之一。我们且不评论这两家所拟书目的优劣，但可见其真正最低限度书目中古典文学均占三分之一的比例。这些书目是青年学习国学的必读的基本典籍，则古典文学是国学基础之一。1924 年章太炎在《华国月刊》发表了《中学国文书目》，实际所拟青年应读的国学典籍，计 39 种，它们为儒家经典、诸子、理学和小学书，除儒家经典《诗经》之外，竟无一种文学书。这反映了国学思潮中一种守旧的态度，它在整个国学运动中一直存在影响，但自 1923 年之后已非国学的主流。

在各种国学刊物里，我们能见到一些古典文学研究的论文，例如：王国维《清真先生遗事》（《国学丛刊》1910 年）；李万育《说词》（《国学丛刊》1923 年）；胡怀深《韩柳欧苏文之渊源》（《国学》1926 年）；冯沅君《南宋词人小记二则》（《北大国学月刊》1926 年）；冯沅君《南宋词人小记》（《北大国学月刊》1927 年）；颜虚心《陈同甫生卒年月考》（《国学论丛》1927 年）；王国维《唐宋大曲考》（《国学论丛》1928 年）；王敦化《宋词体制考略》（《齐大国学丛刊》1929 年）；梁启超《跋四卷本稼轩词》（《国学论丛》1929 年）；罗根泽《郭茂倩〈乐府诗集〉跋尾》（《国学论编》1931 年）；史乃康《江西宗派之人物及其诗体》（《国学论衡》1933 年）；张尊五《北宋词论》（《国学季刊》1933 年）；夏承焘《姜白石议大乐辨》（《国学论衡》1934 年）；俞振楣《欧阳修文渊源考》（《国专月刊》1936 年）；赵宗湘《苏诗臆说》（《国专月刊》1936 年）；阮真《评两宋词》（《国专月刊》1936 年）。这些仅是关于宋代文学的论文，说明古典文学是国学的研究对象之一。上述论文属于纯文学研究的不多，而大都是从文献与历史的角度对文学作品与作家进行考证。我们如果将国学刊物发表的关于古典文学的论文进行统计，必然会发现属于从文献与历史角度作的考证居多。这可说明古典文学作为国学研究的对象是不同于纯文学研究性质的。不仅古典文学的情况如此，其他中国哲学、历史、政治、地理、语言等作为国学研究对象时也是如此。

"国学"这个概念是较为模糊的。1926 年，钱穆说："'国学'一名，前既无承，将来亦恐不立。特为一时代的名词。其范围所及，何者应列国学，何者则否，实难判别。"许多学者皆有类似的感想。1932 年 7 月北京大学研究院成立，设自然科学部、文史部和社会科学部，原研究所国学门为文史部取代。"文史"代替了"国学"，学术界立即有所响应：1933 年 6 月国立暨南大学出版《文史丛刊》，1935 年

3月中山大学研究院文科研究所出版《文史汇刊》，1935年7月安徽大学文史学会出版《安大文史丛刊》，1941年1月重庆文史杂志社创办《文史杂志》。显然"文史"比"国学"概念较为狭小，但"文史"绝非"文学"与"史学"的组合，它是中国学术新概念。1946年10月天津《大公报·文史周刊》创刊，胡适在《〈文史〉的引子》里说明此刊宗旨：

> 《文史》副刊是我们几个爱读书的朋友们凑合的一个"读书俱乐部"。我们想在这里提出我们自己研究文史的一些小问题，一些小成绩。……我们用的"文史"一个名词，可以说是泛指文化史的各方面。我们当然不想在这个小刊物里讨论文化史的大问题，我们只想就各人平时的兴趣，提出一些范围比较狭小的问题，做一点细密的考究，寻求一些我们认为值得讨论的结论。……文史学者的主要工作还是只寻求无数细小问题的细密解答。

这是对"文史"学术规范的说明，是对国学研究经验的总结。胡适此后不再谈"国学"，而是谈"文史考证"了。1952年胡适为台湾大学和台湾师范学院文科学生讲《治学方法》，他以为："中国的考证学，所谓文史方面的考证是怎样来的呢？我们的文史考证同西方不一样。"这种方法源于宋代，至清代乾嘉学派而完善。胡适特别以其对于中国古典小说的考证为例说："我用来考证小说的方法，我觉得还算是经过改善的，是一种'大胆的假设，小心的求证'的方法。我可以引为自慰的，就是我做二十多年的小说考证，也替中国文学史家与研究中国文学史的人，扩充了无数的新材料。"他对《红楼梦》的考证用力最多，时间最长，发表有《红楼梦考证》(1920)、《跋〈红楼梦考证〉》(1922)、《考证〈红楼梦〉的新材料》(1928)、《跋乾隆庚辰本〈脂砚斋重评石头记〉抄本》(1933)、《俞平伯的〈红楼梦辨〉》(1957)、《所谓曹雪芹小像的谜》(1960)、《跋乾隆甲戌〈脂砚斋重评石头记〉影印本》(1961)等十余篇论文。他谈心得说："《红楼梦》的考证是极不容易做的，一来因为材料太少，二来因为向来研究这部书的人都走错了路。他们怎样走错了道路呢？他们不去搜求那些可以考定《红楼梦》著者、时代、版本等等的材料，却去搜罗许多不相干的零碎史事来附会《红楼梦》的情节。……我觉得我们做《红楼梦》考证只能在这两个问题上着手（著者和本子），只能用我们力之所能搜集的材料，参考互证，然后得出一些比较的最近情理的结论。"胡适正是采取文史考证的方法在《红楼梦》研究方面取得最卓越的学术成就的。文史研究的对象是中国古代文献与历史和中国学术中存在的细小问题，它在方法上采用清代乾嘉学派的传统的考据学，并吸收近代科学的实证方法进行细密的考证。由此可以解决中国文化史和中国学术中存在的某些细小的、疑难的、深奥的学术问题，它们必须是具有关于中国传统文化深厚修养的并具专业优长的中国学者才可能解决的。20世纪30年代中国学术界关于《老子》成书的年代问题，自钱穆提出后，冯友兰、顾颉刚、胡适等都参加了争论。这是典型的文史考证问题，所以西方汉学家对此感叹说："中国学术问题需由中国人自加论定。"

新中国成立后，学术界虽然在新的思想指导下继续研究中国传统文化，但"整理国故"工作成为"古籍整理"了，没有再谈"国学"了。1962年10月由《新建设》编辑部主编、中华书局出版的学术专刊《文史》创刊，卷首的"编者题记"云：

> 《文史》所收辑的文章大抵偏重于资料和考据。学术研究是一个认识过程。积累资料和辨析资料是不可缺少的第一步。大量占有资料，才能使研究工作建立在坚实的基础之上。考据就是对资料进行鉴别，去伪存真，辨其精粗美恶。……《文史》准备收辑研究我国古代和近代文学、历史、哲学、语言和某些科学技术史等方面的文章。

同年，中华书局上海编辑所创办了《中华文史论丛》辑刊，其宗旨与《文史》相似。中国新时期以来的《文史》和《中华文史论丛》仍保持了最初的宗旨，而1993年北京大学中国传统文化研究中心主办的《国学研究》亦继承了《国学季刊》的传统。因此我们可以说：国学即是文史研究或文史考证。它们并无实质性的区别，只是因时代学术观念的变化而出现的不同名称而已。古典文学已是国学——文史研究的重要对象之一。中国古典文学中的文学家生卒年问题、作家事迹考、文学总集和别集的成书年代与真伪问题、作品的系年、作家的交游关系、文学典籍的版本源流、文学史上的未决公案、文学现象的历史线索、重要作品的文字训诂、韵文的音韵问题、文学专门术语的考释、作家遗事的追溯、作品的辑佚与疏证等等文献与历史的细小问题的考证皆属于国学研究的范围。虽然这些问题是与中国文学研究有关的，但却非文学研究所能解决的。因此国学视野中的古典文学是古典文学史上存在的某些细小的、综合性的、边缘性的学术问题。这样，中国古典文学研究与国学的对象存在部分叠合的关系。我们治古典文学如果使用文学的研究方法仅关注文学语言、艺术形象、文学形式、文学意象、文学结构、文学情节、作家风格、作品艺术性、文学流派、文学现象、文学思潮等，而忽视了许多非常重要的文史考证的学术问题，或者只能借助他人的考证成果，则这种研究是缺乏新的证据而不会深入的，也反映了其基础的不牢固。当然学者治学各有所长，长于论辩、长于考据、长于辞章，或长于笺注辑佚，但能兼善则更可能达到学术高境。总之，我们对古典文学与国学关系的考察，使我们能清楚地认识到学习和研究古典文学必须具备一定的国学基础。

现在谈到"国学"，每每在观念上仍感模糊与宽泛，将它等同于儒学、中国传统文化、中国学术，或传统的经、史、子、集四部书的知识。这是因为把研究、研究基础和知识普及不分学术层次地混为一谈了。国学研究是很高深的学问，是少数专家的工作，不是民众可能而又应该了解的，所以顾颉刚不赞成国学的普及工作。他在1926年作的《北京大学〈国学门周刊〉发刊词》里说：

> 我们研究的主旨是在于用科学的方法去驾驭中国的历史材料，不是要做国粹论者。我们不希望把国学普及给一班民众，只希望得到许多真实的同志而互相观摩，并间接给研究别的科学的人以工作的观感，使得将来可以实现一个提携并进的境界。

当然这样的研究成果是会推进中国学术发展和弘扬中国传统文化的，在中国文化史上具有重大的意义。国学研究尽管是关注文献与历史的狭小的问题，但要对它们进行细密的考证却是非常困难的，特别需要有广博的传统文化知识，熟悉经、史、子、集的重要典籍。《四库全书》共收 3461 部典籍，然而估计中国典籍的总数在八万种以上，故而要熟悉如此浩如烟海的典籍实不可能，但在形成中国传统文化过程中发生过重大影响的典籍，却是研究国学必备的基础。自 20 世纪 20 至 40 年代，商务印书馆陆续出版了《国学基本丛书》，计收典籍 287 种，其中诗文总集 16 种，诗文别集 75 种，词曲 11 种，传奇小说 12 种，共 114 种，这是中国古典文学研究的专业基础书籍。此外治古典文学尚需国学的基础知识，以下典籍是必读的：

　　《清代学术概论》《直斋书录解题》《四库全书总目》《通志略》《四书集注》《经学通论》《周易集解》《荀子集解》《庄子集解》《老子本义》《墨子闲诂》《宋元学案》《韩非子集解》《礼记集解》《尔雅义疏》《说文解字注》《广韵》《日知录集释》《文史通义》《尚书今古文注疏》《春秋左传诂》《史记》《汉书补注》《后汉书补注》《三国志》《资治通鉴》

　　阅读以上二十余种典籍便可形成中国传统文化观念，再治古典文学时则能与中国文化根基相联系而进入深层的学术境界。学术的普及工作是很有必要的，这对于提高国民的文化素质会有积极的作用。国学是不必普及的，然而中国传统文化知识是应向民众普及的，其中自然包括古典文学知识了。在当前国学热潮再度兴起之际，我们回顾中国古典文学与国学的历史关系，有助于我们从国学的角度认识古典文学研究性质和方法的复杂性，以便提高古典文学的研究水平和开拓广阔的道路。

国学研究的科学考证方法

考据学的兴起

中国新文化运动以来，由于西学的大量输入与新学的逐渐兴起，学术思想极为活跃。冯友兰于 1937 年论及史学界的趋势时说："我曾说过中国现在史学界有三种趋势，即信古、疑古和释古。就中信古一派，与其说是一种趋势，毋宁说是一种抱残守缺的人们的残余势力，大概不久即要消灭……疑古一派的人所作的工夫，即是审查史料。释古一派所作的工夫，即是将史料融会贯通。就整个史学说，一个历史的完成，必须经过审查史料及融会贯通两个阶段，而且必须到融会贯通的阶段。"这是对近世中国史学趋势的概括。我们若考察中国学术的发展过程，其实对待古代典籍及古代历史的基本态度也存在信古、疑古和释古的三种趋势。在宋代以前，学者们的信古曾达到痴迷的程度，把儒家经典奉为神圣，而于其他古籍——包括其中的神话传说，均信以为真。他们也释古，是以信的态度去发掘经典的微言大义，或作章句的训诂注释。古代学者并不怀疑或不敢怀疑典籍或儒家学说的真伪，也不去追索所述事实的矛盾的议论依据。他们如果立论著书，则是对圣贤之训或诸家之说的阐发，而引以为据的均为未经检核的古史古事，甚至是荒诞的神话传说。西汉史学家司马迁在《史记》

卷六十一《伯夷列传》里说："夫学者载籍极博，尤考信于六艺。《诗》《书》虽缺，虞夏之文可知也。"在撰著《史记》时，他也注重搜集资料，甚至实地考察，关于五帝、老子及先秦人物的记述留下存疑的意见，却未进一步去考信。东汉学者王充在经学极盛的时代，认为"儒者说《五经》多失其实"，又说"世儒学者，好信师而是古，以圣贤所言皆无非，专精讲习，不知难问"。他有疑经疑古的思想，但未认真去考实根核。北齐学者颜之推在《颜氏家训》的《书证》里，对古代词语、名物和典籍有所考证，表现出求真的精神。然而在古代像王充和颜之推这样的学者毕竟极为罕见。中国学术思想与方法的巨大变化是始于北宋时期的。

清代乾嘉时期考据学盛行，追溯其渊源则始于北宋。近世胡适认为："考据的学风是两宋开始了的，并不是近三百年的事，欧阳修的《集古录》、司马光的《通鉴考异》、赵明诚的《金石录》、朱熹、洪适、洪迈，并不'把情感压下去'，他们是考据学的开山人，因为他们生在学术发达的时代，感觉有辨别是非真伪的必要了，才运用他们的稍加训练纪律的常识，用证据来建立某些新发现的事实。这才是考据学的来源。"傅斯年追溯新史学——史料学的渊源认为："当时（宋代）史学最发达，《五代史》《新唐书》《资治通鉴》即成于是时，最有贡献而趋于新史学方面的进展者，《通鉴考异》《集古录跋尾》二书是为代表，前者所引之书多达数百种折中于两种不同材料而权衡之，后者可以代表利用新发现之材料以考订古事，自此始脱去八代以来专究史法之学的窠臼而专注于史料之搜集、类比、剪裁，皆今新史学之所有事业也。"胡适和傅斯年认定中国考据学兴起于北宋，它为近三百年考据学之发创：这是中国学术史的重大发现。

考据学的兴起是以北宋嘉祐八年（1063）欧阳修完成《集古录跋尾》十卷为标志的。此著考释与研究古代钟鼎彝器文字与墓志碑刻文字，属于金石学。清代是中国金石学的最盛时期，而追溯此学的渊源则始于欧阳修。宋人蔡絛记述金石学之兴云：

> 虞夏而降，制器尚象，著焉后世。由汉武帝汾阳得宝鼎，因更其年元。而宣布于扶风得鼎，款识曰："王命尸臣，官此栒邑。"及后和帝时，窦宪勒燕然还，有南单于者遗宪仲山甫古鼎，有铭，而宪遂上之。凡此数者，咸见诸史记可彰灼者。殆魏晋六朝隋唐，亦数数言获古鼎器。梁刘之遴好古爱奇，在荆州，聚古器数十百种，又献古器四种于东宫，皆错金字；然在上者初不以为事。独国朝来，寖乃珍重，始则有刘原父侍读公为之倡，而成于欧阳忠公。

刘敞字原父，曾得先秦彝鼎数十之铭文释读，以考古代制度。欧阳修与刘敞是好友，受其影响而搜集金石碑刻拓片。他与刘敞书简云："余家所藏《集古录》，尝得故许子春为余言：'集聚多失，此物理也，不若举其要，著为一书，谓可传久。'余深以其言为然。昨在汝阴闲居，遂为《集古录目》，方得八九十篇，不徒如许之说，又因得与史传相参验：证见史家阙失甚多。"欧阳修不仅好古收藏，而且重在对金石文字的考释，纠正史籍记载之失误，借以求史事的真实。他关于石鼓文的考释是极重要的一篇考古论文。石鼓是在唐代初年出土的十块鼓形石，上刻籀文（大篆）四言诗，每鼓十首为一组。关于刻石的时代，唐代张怀瓘、韦应物、韩愈都以为是周宣王时的遗物。欧阳修记述了石鼓出土以来的情况，对唐人之说提出三点怀疑意见，但肯定其文字为大篆，这为后来学者考定其时代为秦刻提供了重要的学术线索。古器物与墓志碑刻，凡见于史籍记载者，欧阳修皆采取实物与史籍相互参验的方法，辨析了诸多史籍之失。战国时秦昭襄王诅楚怀王之罪于神之刻石为《秦祀巫咸神文》，俗称《诅楚文》，其文字今存。欧阳修将石刻文字的内容与《史记》关于秦国与楚国的记载相比较，考定为所诅的对象是楚国顷襄王熊横。《后汉太尉张宽碑》与《后汉书·张宽传》所记张宽的仕历有异，欧阳修进行比较："碑云'大将军以礼胁命拜侍御史，迁梁令，三府并用博士征，皆不就。司录校尉举其有道，公车征拜议郎司徒长史。'而传但云：'大将军辟，五迁司徒长史。'今据碑文止四迁尔，博士未尝拜也。"关于汉献帝逊位的时间，欧阳修据《魏受禅碑》与各种史籍的记载，以碑文证史籍之误。《集古录跋尾》中如上述以出土实物资料证史籍记载的缺失与讹误之例甚多。近世王国维谈到研究古史采用的二重证据法说："吾辈至于今日，幸于纸上之材料外，更得地下之新材料。由此种材料，我辈固得据以补正纸上之材料，亦得证明古书之某部分全为实录，即百家不雅驯之言，亦不无表示一面之事实。"我们若读了《集古录跋尾》，不难见到此种二重证据法，早在欧阳修已经使用了。在欧阳修考证金石文字的影响下，吕大临于北宋元祐七年（1092）完成《考古图》十卷，《续考古图》五卷。他谈到此著的缘起时说："汉承秦火之余，上视三代，如更昼夜，梦觉之变，虽遗编断简，仅存二三。然世态迁移，人亡书残，不复想见先王之绪余，至人声欸。不意千百年后，尊彝鼎敦之器，犹出于山岩屋壁，田亩墟墓间，形制文字，且非近世可能知，况能知所用乎……予于士大夫之家，所阅多矣，每得传摹图写，寝盈卷轴，尚病窾繁未能深考。暇日论次成书，非敢以器为玩也。观其器，诵其言，形容仿佛追三代之遗风，以见其人矣。以意逆志，或探其制作之原，以补经传之阙亡，正诸儒之谬误。"他研究古鼎器物的目的在于补正经传和辨正诸儒之误，因其博览群书，故其考证甚为精审。北宋后期王黼的《重修宣和博古图》三十卷，于每器物有总叙，再列图详考。宣和本为北宋殿名，内藏青铜器极富。蔡絛说："太上皇帝（宋徽宗）即位，宪章古始，眇然追唐虞之思，因大崇尚。及大观初，乃仿公麟《考古》（李公麟《考古图》）作《宣和殿博古图》。凡所藏者，为大其礼器，则已五百有几……时所重者，三代之器而已，若秦汉间物，非特殊盖亦不收。至宣和后，则咸蒙贮录，且累至万余。"王黼为宋徽宗的亲信重臣，曾为宣和殿学士。他在《宣和博古图》的基础上进行增修和考证。北宋学者关于青铜器铭文及墓志石刻文字的考证为历史文献的研究开拓了新的思路。

司马光的《资治通鉴考异》三十卷应是中国考据学的典范著作。最初司马光编著《通志》八卷为战国至秦末的编年史，表奏于朝廷，英宗皇帝甚为重视，于治平三年（1066）诏置书局于崇文院，由司马光继续编撰，参加者有刘恕、刘攽和范祖禹，历时十九年，至元丰七年（1084）完成二百九十四卷，目录三十卷；神宗皇帝赐书名为《资治通鉴》。司马光在编纂过程中，凡遇到某史事有疑难问题存在者，随时考证，留下札记，因成《资治通鉴考异》。此著考证史事异同而辨其正误，计引书二百余家，此外又博采谱录、正集、别集、墓志、碑碣、行状、别传等资料，以求史事的真实，因而被誉为"千古史法之精密，实未有过于是者"。在这部著作中，诸多条史事辨析皆是谨严的考证论文，例如卷一

"慎靓王二年（前319）魏惠王薨，子襄王立"，辨惠王的卒年引用《史记》《春秋后序》《古书纪年篇》《魏世家注》《世本》，计三百八十字。卷一"（汉高祖）欲使太子系黥布，太子客使吕释之夜见吕后"，辨司马迁所记汉高祖听四位高士之言而立太子，证以《汉书》以为皆非事实，计八百三十四字。卷十一圣历元年（698）"二月狄仁杰劝太后如庐陵王，吉顼说张易之、昌宗"，关于立庐陵王之事，引用《狄梁公传》《谈宾录》《御史台记》《新唐书·狄仁杰传》《朝野佥载》，采众之可信者存之，计一千一百三十余字。卷十三开元二十四年（736）"四月张九龄谋诛安禄山"，在比较《玄宗实录》《肃宗实录》《安禄山事迹》《西齐录》《旧唐书·张九龄传》《新唐书·张九龄传》诸记载之后，采用《玄宗实录》所记，计一千一百四十四字。卷十四天宝十四年（755）"丙午颜杲卿杀李钦凑、擒高邈、何千年，河北十郡皆归朝廷"，比较《河洛春秋》《颜杲卿传》《肃宗实录》《玄宗实录》《唐历》《颜氏行状》诸记载之后，以《玄宗实录》和《肃宗实录》所记为实，计二千六百四十字。卷十六上元二年（761）"又杀朝清（史思明之子）"，辨《肃宗实录》及《蓟江纪乱》记事之误，以《河洛春秋》与《新唐书》所记为实，计四千五百三十九字。以上的考证弘博精审，实前所未有。司马光在编撰《资治通鉴》时与范祖禹通信，谈到编纂处理史事之疑难问题的方法说：

> 若彼此年月事亦有相违戾不同者，请选择一证据分明，情理近于得实者修入正文，余者注于其下，仍为叙述所以取此舍彼之意。先注所舍者云某书云云，今按某云证验云，或无证验，则以事理推之云云，今从某书为定。若无以考其虚

实是非者，则云今两存之。其实录、正史，未必皆可据，杂史小说，未必皆无凭，在高鉴择之。

司马光所谈到的处理史事疑难问题的方法，也是他在《资治通鉴考异》里所采用的考证方法，我们可以概括为四种：

（一）比较史料。某史事在诸家记载不同，选择合情理者为准。

（二）推断事理。某史事在诸家记载甚为矛盾，则以推断其事之理以作为定论。

（三）疑者两存。某史事出现不同的记述，或无确证的情形下，采取存疑的方式处理。

（四）鉴择杂史。杂史及笔记小说，多具传闻性质，其中所记之事真伪混杂，经鉴别后可使用以作为佐证。

司马光在编撰《资治通鉴》的过程中留下的札记，考辨了众多史传及各种杂书记载史事的真伪，是一部体大思精的杰作，体现了谨严的求真精神。

北宋至和元年（1054）仁宗皇帝诏欧阳修重修《唐书》。欧阳修编纂本纪、志、表，宋祁编纂列传，于嘉祐五年（1060）完成，计二百五十卷。欧阳修又私自重修《五代史》。他以正统观念，严遵史法，特重体例，使《新唐书》和《新五代史》具有超越旧史的成就，但关于史事的记述，则无《资治通鉴》之严密，以致存在一些问题。徐无党曾从欧阳修学习古文辞，于皇祐中登进士第。他甚具史才，为《新五代史》作注释，阐明其中所体现的史法，并对一些史事作了补充和考证。《新五代史》无志、表，欧阳修特作《司天考》和《职方考》，但此两考仅是关于天文现象和地理疆域的考证结果的记述，略去了考证的过程。徐无党的一些考证是翔实而精深的。关于周世宗征南唐的年代，徐无党考订为后周显德二年（955）。十国之中的楚、闽、东汉三国的存在年代，诸家之说颇异，徐无党的考证文字达一千三百余字，采取史料比较法和统计法，对楚、闽、东汉的年次的考证极为确切。同时的年轻学者吴缜也是长于史才的。宋人王明清于《挥麈后录》卷二记述："嘉祐中诏宋景文、欧阳修诸公重修《唐书》，时有蜀人吴缜者初登第，因范景仁而请于文忠（欧阳修），愿预属官之末，上书文忠，言甚切。文忠以其年少轻佻拒之。缜鞅鞅而去。逮夫《新书》之成，乃从其间指摘瑕疵，为《纠谬》一书。至元祐中，缜游宦蹉跎，老为郡守，与《五代史纂误》俱刊行之。"吴缜希望参加重修《唐书》的工作，在遭到欧阳修拒绝后，甚为气愤，待《新唐书》和《新五代史》问世后，他专门指摘它们的错误，完成《新唐书纠谬》二十卷和《五代史纂误》三卷（辑本）。此两著在校勘与考证方面均为典范之作，故得到朝廷的赏识。吴缜《新唐书纠谬序》云：

　　史才之难尚矣，游、夏（子游、子夏）圣门之弟，而不能赞《春秋》一辞。自秦汉迄今千余百岁，若司马迁、班固、陈寿、范蔚宗者，方其著书之时，岂不欲曲尽其言，而传之无穷，然终于未免后人之诋斥。至唐独称刘知几，能于修史之外，毅然奋笔，自为一书，贯穿古今，议评前载。观其以史自命之意，殆以为古今绝伦，及取其所尝记者，而考其谬庆，则亦无异于前人。由是言之，史才之难，岂不信哉！必也编次事实，详略取舍，褒贬文采，莫不适当。稽诸前人而不谬，传之后世而无疑，燦然如日星之明，符节之合，使后学观之，莫敢轻议，然后可以号信史。……窃尝寻阅《新书》，间有未通，则必反复参究，或舛驳脱谬，则笔而记之。

吴缜对古代史学家的著作以为皆存在谬戾与错误，在感到史才之难时，力求考证历史真实，使之成为信史。他的仕宦并不如意，沉沦于州县，图书条件甚差，因而在指摘《新唐书》之谬误时，仅据该书所记事实进行比较以发现问题，尤其因欧阳修与宋祁的分工而造成纪、表、志与传在记事方面的矛盾，遂发现各类严重失实的记载。他将它们归纳为二十门，计四百余事，分别加以考订。吴缜对于史事极为熟悉，善于发现记载之误，以推理方式考辨史事，有理有据。例如卷一辨李吉甫谋讨刘辟事计九百六十字；卷三辨郑絪作相时事之不实处计九百五十字，并列表以示；卷十辨苏味道与刘锡传之误计二千零四十字：这些都是很好的考证论文。《五代史纂误》原为五卷，辨讹误二百余事，清代四库馆臣辑得一百一十四事，分为三卷。在北宋考据风尚的影响下，出现了徐无党和吴缜这样杰出的年轻学者，他们关于史事的考证已达到很高的学术水平，可惜他们的史才尚未得到充分的发挥。

北宋庆历以来学者们在求真精神的引导下，从儒家经典的产生与流传过程的考察，怀疑其作者及其与儒家的关系，否定儒家经典的神圣性。他们进而以史料学的研究方法考辨尚古神话传说，探求中国历史的真正起点。只有学术思想的解放，才可能以求真的精神对中国文献与历史的诸多学术问题做细密的谨严的研究。欧阳修、刘敞、刘恕、司马光、刘攽、徐无党、吕大临、吴缜等学者对儒学经典、历史事实、金石碑刻的考辨，其基本方法可以概括为：

（一）发现记载相异的事实，或不明确的事实，并不预先作出假设，而是广泛搜集证据，并以新发现的史料考订古事，又旁采小说杂史，力求资料的完备。

（二）对记载之事实进行考证，比较诸家记载的异同，排比事实，或进行数据的分析统计，或作文献的校勘，采用合理的细密的研究程序。

（三）从事实的情理对考证之事实进行推论，以求得定论，难以为定论者则存疑，或两说并存。

我们若将北宋学者和清代乾嘉学者的治学方法相比较，不难见到他们存在共同的特点，即重证求真的细密考据。这表明由北宋疑古思潮推动下兴起的考据学，使中国学术进入了一个求真的时代，亦标志着一种纯学术风尚的兴起。求真的精神与纯学术的风尚是中国学术的优良传统，它在 20 世纪初兴起的国学运动中得以发扬光大。

国学研究与清代考据学

　　中国的考据学兴起于北宋，盛于清代乾嘉时期。胡适说："这种考证方法，不用来自西洋，实系地道的国货，三百年来的考据学，可以追溯至宋，说是西洋天主教耶稣会士的影响，不能相信。我的说法是由宋渐渐的演变进步，到了十六七世纪有了天才出现，学问发达，书籍便利，考据学就特别发达了。"考据学也称为实学，傅斯年说："近千年来之实学，一炎于两宋，一炎于明清之际。两宋且不论，明中世后焦竑、朱谋㙔、方密之实开实学之风气。开风气者为博而不能精……（清代）亭林（顾炎武）、百诗（阎若璩）谨严了许多。然此时问题仍是大问题，此时材料仍不分门户也；至乾嘉而大成。"顾颉刚则从先秦古籍的辨伪工作而肯定清代考据学的意义，他说："清代辨伪的主流，无疑是要把从战国到三国的许多古籍的真伪和它们的著作时代考辨清楚，还给它们一个本来面目。他们的优点是不受传统的束缚，敢于能触犯当时的'离经叛道，非圣无法'的禁条，来打破封建统治阶级为了自己的利益而歪曲造成的历史，所用的方法也是接近于科学的。"国学运动的新倾向逐渐在国学运动中居于主流的地位，这些学者们在国学研究中继承和发展了清代的考据学，同时吸收了西方近代的实证主义的科学方法而形成科学考证方法，所以学术界往往将国学等同于考据学，将国学家等同于考据家。二十余年来，国学思潮再度在我国兴起，我们在考察 20 世纪国学运动的历史和近年的国学热潮时，实有必要探讨国学与西方科学方法及清代考据学的内在的学术渊源。

一

考据是中国传统学术的一种治学方法，它在对中国文献与历史上存在的若干狭小的学术问题进行考索研究时，以客观的态度，注重证据，以求真知。自北宋以来兴起了疑经疑古的思潮，开创了学术的求真时代；以后经明代的发展，至清代终于形成了一门学问——考据学。清代初年学者们在研究经学时采取考据的方法取得突出的成就，至乾隆和嘉庆时期考据学蔚然成风，由经学向史学、诸子学、小学、音韵学、地理学、金石学、图谱学、天文、数学等学术发展；虽然在清代中期以后今文经学复兴，但考据学仍然绵延，并为国学新倾向的学者们所承传。清代著名的考据学家有顾炎武、阎若璩、胡渭、卢见曾、朱筠、万斯年、惠栋、江永、戴震、段玉裁、王念孙、王引之、钱大昕、王鸣盛、赵翼、俞正燮、翁方纲、毕沅、阮元、孙星衍、卢文弨、武亿、洪亮吉、凌廷堪、孔广森、焦循、陈澧、王昶、江藩、郝懿行、崔述、全祖望、孙诒让、俞樾，等等。他们的努力使考据学成为清代诸种文化中最有成就和最富时代特色的学术。考据学在传统学术中属于义理之学、经济之学、词章之学后的新兴之学，关于它与其他学术的关系，王鸣盛说：

夫天下有义理之学，有考据之学，有经济之学，有词章之学。譬诸木然，义理其根也，考据其干也，经济则其枝条，而词章乃其葩叶也。譬诸水然，义理其原也，经济则疏引灌溉，其利足以泽物，而词章则波澜沧漭，瀁洄演漾，足以供人玩赏也。四者皆天下所不可少，而能兼之者则古今未之有也。……是故义理与考据，常两相须也；若夫经济者事为之末，词章者润色之资，此则学之绪余焉已尔。

这合理地说明了考据学在诸种学术中的意义，并说明了它与诸种学术的关系。然而我们回顾清代学术史时，考据学的意义确是特别突出的。

考据学在清代有多种别称，或称之为"朴学"，因其以朴实学风见长，而与虚谈义理者相区别，如翁方纲说："今日经学昌明，学者皆知奉朱子为正路之导，其承姚江（王阳明）之说者固当化去门户之见，平心虚衷以适于经传之训义，而又有由荀（爽）、虞（翻）、马（融）、郑（玄）博涉群言以为朴学：此则考证之学又往往与朱子异者。"考据学又名"实学"，以其重证求实之故，黄承吉说："自汉晋以来，经学集成于本朝，而邃学者尤以徽、苏两郡为众盛，即吾扬（州）诸儒亦皆后出。徽（安徽）自婺源江氏（永）首倡，戴氏（震）出于休宁继之，歙金氏（榜）、歙程氏（瑶田）等又继之。苏（江苏）则惠氏（周惕）研溪犹出顾氏（炎武）之后，而顾更远出于徽众氏之前，然则论实学者，莫或顾之先矣。"考据学又在清代称为"汉学"，梁启超谈到清代正统的考据派时说："正统派则为考证而考证……其研究范围以经学为中心，而衍及小学、音韵、史学、天算、水地、典章制度、金石、校勘、辑佚，等等；而引证取材多极于两汉，故亦有汉学之目。"此外考据学常等同于考证学，或考订学，名称虽异，其实相同，而通称为考据学。

清代诸帝王都是崇尚宋明理学的，理学成为统治思想，科举考试沿袭明代以八股文取士，而考据学是一种纯学术，它与统治思想无关，也与科举考试无关，乃是无社会现实效益的学问。清代统治者们实际上并不支持，亦不反对，让它自由发展。然而汉族学者却不计现实的功名利禄而从事这种纯学术的研究工作，固然由此可以远离政治，亦可满足真正的学术兴趣。考据风尚得到汉族某些官员以及富商大贾的支持，他们赞助考据著作的刊行，这应是他们为保存中华传统文化而作出的努力，只要汉民族文化存在，汉民族便有复兴的希望。汉代的经师、南宋后期至明代的理学家们受到朝廷的重视，在社会上有尊荣的地位。李慈铭将考据学与明代以来的理学相比较，以为"若我朝诸儒之为汉学也，则违忤时好，见弃众议，学校不以是为讲，科举不以是为取"。这样考据学既违背清王朝诸帝王之好尚，不为朝廷议论，不为学校讲授，不为科举考试所取，实为无社会实效的无用的东西。因此李慈铭考察了数十位考据学者在清代的社会命运后叹息说："诸君子之抱残守阙，龂龂缛素，不为利疚，不为势诎，是真先圣之功臣，晚世之志士，夫岂操戈树帜，挟策踞坐，号召门徒，鼓动声色，呶呶陆王之异辞，津津程朱之弃唾者所不同年语哉！"考据学者们孜孜以求的学术不会给他们带来财富利禄，不能通向科举入仕之路，但他们凭着学术的使命所产生的信念，以毕生的精力致力于学术的事业。众多的学者们在师生、朋友、同僚、亲戚、同年和同学之间，以学术互通声气，互相讨论，互相支持，造成良好的学术风气。例如朱筠的门人有陆锡熊、程晋芳、任大椿、戴震、汪中、孙星衍、洪亮吉、江藩。戴震师事江永，其同年及友人有程瑶田、金榜、惠栋、纪昀、王昶、钱大昕、姚鼐、秦蕙田、王鸣盛、卢文弨、是仲明、卢见曾、任大椿，其弟子则有王念孙、段玉裁、孔广森、朱珪、孔继涵、毕沅。钱大昕的交游更广，友人戴震、段玉裁、孙星衍、卢文弨、王鸣盛、朱筠、梁玉绳、洪亮吉等，时常书信往来，讨论学术问题，并为阎若璩、胡渭、万斯同、陈祖范、惠士奇、王懋竑、惠栋、江永、戴震等作传。这些学者之间破除师生界限、尊卑地位、年龄差异，没有门户之见，在学术面前平等，形成真正的学派；此应是清代考据学繁荣兴盛的一个不可忽视的原因。

清代考据学涉及中国各种传统学术，致力于对文献与历史上存在的若干狭小学术问题进行考证，其形式可概括为五类：

（一）疏证，对古代典籍之字、音、义做细致的考辨训释，例如江声《尚书集注音疏》、洪亮吉《春秋左传诂》、焦循《左传补疏》、段玉裁《说文解字注》、桂馥《说文义证》、王念孙《广雅疏证》、郝懿行《尔雅义疏》。

（二）校订，对典籍文字进行校勘订正，例如戴望《管子校正》、俞樾《群经平议》、戴震《水经考次》、严可均《唐石经校文》。

（三）史考，对史籍进行考订，并对史事进行辨正，例如王鸣盛《十七史商榷》、钱大昕《廿二史考异》、赵翼《廿二史札记》。

（四）笔记，作者读书时发现之各种细小学术问题进行考辨而写下的学术心得，例如顾炎武《日知录》、钱大昕《十驾斋养新录》、俞正燮《癸巳类稿》。

（五）专题考证，对学术问题做专文考证，如戴震《河间献王传经考》《尚书今文古文考》《明堂考》《乐器考》；钱大昕《秦三十六郡考》《汉百三郡国考》《华严四十二字母考》《古嘉量考》《两汉佚史别史考》；沈涛《后魏六镇考》《葱岭南北河考》《漳北滹南诸水考》等等。此外，清代学者许多专题的考证专著体现了考据学的最高的学术水平，例如段玉裁《周礼汉读考》、沈彤《周官禄田考》、张金吾《两汉五经博士考》、徐松《两京教坊考》、李光廷《汉西域图考》、阮元《三江考》、沈涛《说文古本考》、纪容舒《唐韵考》、陈澧《切韵考》、凌廷堪《燕乐考原》、李超孙《诗氏族考》、孔广牧《先圣生卒年月考》、崔述《洙泗考信录》等等。

学者们在考据工作的实践中总结出的考据学理论，这是我们研究乾嘉学术应特别关注的。翁方纲生于雍正十一年（1733），乾隆十七年（1752）进士，卒于嘉庆二十三年（1818）；历主学政，时值考据学兴盛，负海内清望数十年。他的《考订论》乃是一篇总结考据学理论的长文，以为"考订者，考证之订，非断定之定也。考订者，考据、考证之谓，非断定之谓"。考订即是考据或考证，乃依证据以订正文献及史事，但通称为考据学。考据的根本出发点在于"考"，而不在于"定"。翁方纲理解的"定"乃制作，例如圣哲之制作礼制或乐制，而"考"则是比较经典所载之制的沿革与异同，以此证彼，求得一个正确的结论；当然这是判断，它却与自我立论制作有性质不同。如果从主观的意见以某事或某制应当是怎样的，谁又能相信此事或此制为真实呢？此隐含的意义是可以通过考据而否定儒家某些经典的。为什么学者必须进行考据呢？翁方纲认为：

凡考订之学，盖出于不得已：事有歧出而后考订之，说有互难而后考订之，义有隐僻而后考订之；途有塞而后通之，人有病而后药之也。乃名义之隐僻者，或实无可阐之原，或碎无可检之来处，则虚以俟之可矣。事有两歧，说之互出，而皆不得其根据，则待其后而已矣。此亦庄生所谓缘督为经也。但如未有窾郄，而何以批之导之哉！若其立意以考订见长者，则先自设心以逆之，而可言考订乎！若其事之两歧，说之互出，义之险赜，苟间以私意出入，而轩轾焉者，其为考订也，必偏执而愈增其扰矣，又奚以为考订哉！订者惩棼丝而理之也，未有益之以棼丝者也。

当学者发现文献记载中事实分歧，意见互异，义理深奥隐僻，这就需有进行考证，以求真实，达于真知。考据工作有如道路阻塞而使之通畅，人们患病而给以治疗。学者对义理之探讨不得其本原，未查寻到出处，于事实、意见之考察未获得证据，这只有阙疑。如果从以上三项中发现问题，获得大量证据，设立假说，这样便可从事考据工作。但若凭主观并挟私意而轻率断定，这样的考据必然因偏执而使问题变得愈加复杂了。考据工作有如治丝，将纷乱之丝理顺，而不是使之愈益紊乱。因而考据并非与义理无关，而是有义理为指导的，所以翁方纲主张"考订之学以义理为主"。关于义理与考订的关系，在古代的训诂、辨难、校勘、鉴赏的学术中都存在考订，但是古代学者立言主要是阐明义理，尚不知考据之学。考据之学是中国学术的发展到了求真的时代才兴起的新的学问。考据家治学的目的不是探求义理，却必须具有高度的理性判断，否则其考证是难以达到高度学术水平的。

梁启超论及清代考据学派时认为："其治学根本方法，在'实事求是''无征不信'"。这是就方法论而言的，但确切地说它们不是方法，而是考据学的原则，由此以指导具体的方法。我们可将考据学家们崇尚的原则概括为"实事求是""无征不信"和"条理精密"。《汉书》卷五三《河间献王刘德传》："修学好古，实事求是。"注："务得事实，每求真是也。"这是指通过对实事的考察以求得符合事实真相的正确结论。凌廷堪解释说："昔河间献王实事求是，夫实事在前，吾所谓是者，人不能强辞而非之，吾所谓非者，人不能强辞而是之也，如六书（六种造字条例）、九数（九九算法）及典章制度之学是也。虚理在前，吾所谓是者，人既可别持一说以为非，吾所谓非者，人亦可别持以为是也，如义理之学是也。"考据学主张的实事求是乃探讨事实的，故又称为实学，它所认定的事实不可能因强辞论辩而被否定，因为正确的事实是客观存在。义理之学是以思辨的方式谈虚理的，它所树立的理，只要持一种理论便可被否定、动摇或怀疑。因此考据与义理之学在治学原则和思维方式上均是相反的，所以凌廷堪认为戴震所治的是"实学"，而与义理之学有别。阮元从治经学的角度论及怎样做到实事求是，他说：

余以为儒者之于经，但求其是而已矣。是之所在从注，可违注，亦可不必，定如孔（安国）、贾（逵）义疏之例也。歙程易田孝廉，近之善说经者也，其说《考工》戈戟钟磬等篇，率皆与郑（玄）相违，而证之于古器之仅存者，无有不合，通儒硕学咸以为不刊之说，未闻有违注见讥者。盖株守传注，曲为附会其弊与不从传注、凭臆空谈者等。夫不从传注，凭臆空谈之弊，近人类能言之，而株守传注，曲为附会之弊，非心知其意者未必能言之也。

考据学在清代又被称为汉学，某些学者解经坚信汉代经古文学派之传注，以为是绝对应守的，其所谓"是"即是合于汉人之传注。阮元认为汉儒之传注有是有非，若要真正做到实事求是，则既可依从汉儒之传注，亦可否定，这才是真正的实事求是。在某些考据学者迷信汉儒传注时，学者们易于见到舍弃传注凭臆空谈之错误倾向，难以见到墨守汉儒传注之弊；所以阮元为纠正考据学中的一种偏向而坚持主张实证精神。实事求是要求学者们服从真理，寻求真知，以此作为学术价值判断的最高标准。万斯同说："事而真，即一二人亦足信；果非真，即百十人亦可疑。此论真伪，不论众寡也。"坚持实事求是即坚持学术的真理。真理很可能在某些时期不为大多数人们理解，但它终会取得胜利的。这是考据学者的信念。考据学的第二原则是无征不信。孔子谈到夏殷二代古礼说："夏礼吾能言之，杞不足征也；殷礼吾能言之，宋不足征也。文献不足故也，足则吾能征之矣。"（《论语·八佾》）文，是有关典章制度的文字数据；献，是指多闻且熟悉掌故的人；征，即证据。孔子在春秋时对于夏殷的古礼已因文献的不足而无法证实；由此可得出无征不信的结论，这成为考据学家的重要原则。龚自珍对孔子之言解释说："圣人神悟，不恃文献而知千载以上之事，此之谓圣不可知，此之谓先觉。但著作之体，必信而有征，无征不信。"他认为圣人是生而知之的，固有神悟；圣人之言无征不信是先觉的智慧，它为学术著作必须遵奉的原则。段玉裁记述戴震十岁时于私塾"授《大学章句》至'右经一章'以下，问塾师：'此何以知为孔子之言，而曾子述之？又何以知为曾子之意而门人记之？'师应曰：'此朱文公所说。'即问：'朱文公何时人？'曰：'宋朝人。''孔子、曾子何时人？'曰：'周朝人'。'周朝、宋朝相去几何时矣？'曰：'几二千年矣。''然则朱文公何以知然？'师无以应。"宋代理学家以为《礼记》中《大学》一篇乃孔子之遗书为曾子所记述，但并无证据。戴震幼时对此的质疑即表现了无征不信之态度，体现了考据学家的求实精神。按照无征不信的原则，学者在进行考证时因而特别重视搜集证据。王鸣盛为友人秦蕙田的《五礼通考》作序称赞说："公每竖一义，必检数书为佐证，复与同志往复讨论，然后笔之。故少辨析异同，铺陈本来，文繁理富，绳贯丝联，信可谓博极群书者矣。"卢文弨批评宋代理学家治学的空疏作风说："其病皆由于谫谫拘拘，不能广搜博考，以求其左佐证，而且专以自用，不师古人。"李慈铭读赵新又的《左传质疑》说："其言皆实事求是，不务为攻击辩驳之辞。每竖一义，必有坚据，每设难，必有数证。"考据学家们坚持无征不信原则，不仅广搜证据，还注重史料的辨伪，以求所用证据之坚实。崔述说："是知伪证于古人者，未有不自呈露者也。考古者但準是以推之，莫有能遁矣。然而世之学者往往惑焉，何也？一则心粗气浮不知考其真伪，一则意在记贤，以为诗赋时文之用，不肯考其真伪；一则尊信太过先有成见在心，即有可疑，亦必为之解，而断不信其有伪也。"这已指出辨伪的方法。考据学的第三原则是条理精密，这是要求考据著作应当有谨严的逻辑，而使条理清晰，并在实证推理时达于精密的程度。戴震自述治学经验："凡仆所以寻求遗经，惧圣人之绪言暗汶于后世也。然寻求而获，有十分之见，有未至十分之见。所谓十分之见，必征诸古而靡不条贯，合诸道而不留余议，巨细必究，本末兼察。若夫依于传闻以拟其是，择于众说而裁其优，出于空言以定其论，据于孤证以信其通，虽溯流可以知源，不目睹渊泉所导，循根可以达梢，不手披枝肄之歧，皆未至十分之见也。"他所谓十分之见，即是考据的成熟的结论，它是有条贯的，确凿而不可能有异议的，它不是从传闻、众说、空言、孤证而得出的，而是有极精密的推理的。戴震治学力求专精，其弟子段玉裁说："东原师之学，不务博而务精，故博览非所事，其识断审定，盖国朝之学者未能或过之也。"在考据的专精方面，戴震确可为典范。陈澧的《切韵考》是极精密的考据著作，他批评自宋代兴起的等韵学在分析声韵方面尚"不能精密"，"至国朝嘉定钱氏（大昕）、休宁戴氏起而辨之，以为字母即双声，等字即迭韵，实齐梁以来之旧法也；二君之论既得之矣。澧谓切语之旧法，当求之陆氏（法言）《切韵》，韵虽亡而存于《广韵》。乃取《广韵》切语上字系联之为双声四十类，又取切下字系联之，每韵或一类，或二类，或三类四类，是为陆氏旧法。隋以前之音异于唐季以后，又钱、戴二君所未及详也。于是分别声韵，编排为表，循其轨迹，顺其条理，惟以考据为准，不以口耳为凭，必使信而有征"。陈澧在乾嘉学者研究的基础上，对《切韵》音系的考证达于条理而精密的程度，其《切韵考》在方法上是很科学的。

二

清代考据学的方法，我们从学者们的著述中可归纳为辩证、训诂、校勘、参验、博证、探原、实测七种。兹举例分述如下：

（一）辩证，以充分的证据辨别文献或历史记载之是非真伪。

清初的大学者钱谦益长期留心于明史，旁稽博询，纂成一百卷的著述，惜毁于绛云楼失火，但今存《太祖实录辩证》五卷应是清代考据学之第一名著。例如《太祖实录》记载："洪武十三年正月左丞相胡惟庸、御史大夫陈宁谋反，词连李善长等。赐惟庸、宁死，善长勿问。二十三年五月御史劾奏善长大逆罪状，廷讯得实，善长遂自经，赐陆亨等死。"钱谦益辩证此条记载用七千四百余字，以明代《开国功臣录》《昭示奸党录》以及诏令和审讯供词等第一手数据辩析记载之误，他认为："永乐初史局诸臣何不细究爰书，而误于记载若此。窥其大旨，不过欲以保全勋旧，揄扬高皇帝之深厚仁德，而不顾当时之事实，抑没颠倒，反贻千古不决之疑，岂不谬哉！国初《昭示奸党》凡三录，冠以手诏数千言，命刑部条列乱臣情辞，榜示天下，至今藏贮内阁，余得以次第考之，而厘正如左。"关于李善长由明太祖抚慰遣归，善长自杀，钱谦益证实李善长曾下狱：一、刑部备条乱臣情辞，首列李善长招供辞，若未下狱，何得招辞；二、营阳家人小马招：二十三年闰四月闻知李善长被捕；三、据《皇明本纪》记载：太师李善长因叛逆伏诛，妻女子弟并家人七十余口悉斩之。因此可证李善长并非在家自经。钱谦益的辩证极为凿确，还原了历史真相，所以李慈铭以为《太祖实录辩证》乃"奇作也"。清初阎若璩的《古文尚书疏证》亦是考据学的极重要的专著，他辩证《古文尚书》之伪列义例数十条，例如：书有古人才引，忽隔以它语豆，千载莫能知，而妄入古文中庚续者；传注家有错解之辞，要久而后错始见，论始定；作伪书譬如说谎，虽极意弥缝信人之听闻，然苟精心察之，亦未有不露出破绽处；事之真者无往而不得其贯通，事之赝者无往而不复多所抵牾。他根据所定之义例详辨《古文尚书》之著录与流传情况，各篇之讹误，文字、历法、山川、制度等记述之误，宋以来各家辨伪的情况；由此证实《古文尚书》乃后人伪作，否定了唐代以来将它奉为儒家神圣的经典。

（二）训诂，考释古代典籍的字义。戴震批评空谈义理者与习时文者说："夫今人读书，尚未识字，辄目故训之字不足为。其究也，文字之鲜能通，妄谓通其语言；语言之鲜能通，妄谓通其心意。"其意在强调治学于典籍之文字意义应有切实的理解，方可通其语言及义理，这必须进行训诂的工作。每个文字的形、音、义是有关联的，清代考据学家们主张训诂以声为主，由声及义。王念孙说："以诂训主旨本于声音，故有声同字异，声近义同，虽或类聚群分，实亦同条共贯，譬如振裘，必提其领，举网必挈其纲，故曰本立而道生，知天下之至啧，而不可乱也。此之不悟，则有字别为音，音别为义，或望文虚造而违古义，或墨守成训而鲜会通，易简之理既失，而大道多歧矣。今则就古音以求古义，引申触类，不限形体，苟可以发明前训，斯凌乱之讥，亦所不辞。"他在其训诂名著《广雅疏证》里具体地贯彻了其主张。《广雅》为三国魏人张揖著，乃增广《尔雅》之未备。王念孙的疏证是就古音以求古义，整理疏解，凡原书错乱者皆为补正考释，如释"聆听自言仍从也循"云："聆，古通作令，《吕氏春秋·为欲篇》'古经王，审顺其天，而以行欲则民无不令矣，功无不立矣'。令，谓听从也。仍者，《楚辞·九章》'观炎气之相仍兮'王逸注云：'相仍者，相从也。'循者，《尔雅》'循、从，自也'。《文选·陆云答张士然诗》注引《广雅》'循，从也'，今本脱'循'字。"汉字存在一字多义的现象，它在某典籍中之具体意义，只有通过训诂才能确解，而训诂则意味着以证据进行考释。李慈铭从学者治经的角度谈训诂的意义说："经之须训诂，其事甚啧，其功甚劳，其效甚微，昔人亦何好焉，而必孜孜于拾遗掇坠，抱残守阙，若甚于性命，身心不得已者，盖章句不明，即经旨晦，文字不审，则圣学疏，节文度数形器之不详，则礼乐兵刑食货舆图均不得其要。"训诂不仅是研治儒家经典必需的工作，而是研治中国古代典籍必需的工作。

（三）校勘，是将典籍的各种版本和有关资料加以比较，审定原文的正误真伪。戴震对《水经注》的校勘整理堪称典范，段玉裁说："然东原氏之功，细大互辨，据古本，搜群籍，审地望，寻文理；一字之夺必补之，一字之羡必删之，一字之误必更之；东原氏之能事也。"《水经注》之经文常有错简，文字多讹误，而且经文与注文时有混杂，因而它是校勘的难题，但却引起几位著名考据学家的兴趣。戴震确定的校例是："经文注语诸本率多混淆，今考验旧文得其端绪。凡水道所经之地，经则云过，注则云径。经则统举都会，注则兼及繁碎地名。凡一水之名，经则首句标明，后不重举，注则文多旁涉，凡重举其名以更端。凡书内郡县，经则但举当时之名，注则兼考故城之迹。"戴震的校本最精善，被收入《四库全书》。晚清俞樾的《群经平议》与《诸子平议》实为校勘札记，从典籍中发现讹误之处，则从文字训诂并参证有关资料以校正原文。《老子》第六十八章"是谓配天古之极"，俞樾校云："按此文，王弼无注。河上公以'是谓配天'四字为句，注云：'能行此者，德配天也。''古之极'三字为句，注云：'是乃古之极要道也。'然此章每句有韵，前四句以'武怒'与下为韵，后三句以'德''力''极'为韵，若以'是谓配天'为句，则不韵矣。疑'古'字衍文也。'是谓配天之极'六字为句，与上文'是谓不争之德''是谓用人之力'文法一律。其衍'古'字者,'古'即天也。《周书·周祝篇》曰'天为古',《尚书·尧典篇》曰'若稽古帝尧',郑注曰'古,天也',是'古'与'天'同义。此经'配天之极',它本或有'配古之极'者,后人传写误合之耳。"我们由此可见凡校一字之正讹是须要进行烦琐考证的。

(四)参验,即以文献相互比较,参稽、验证、考核,求得某一细小问题之正确的结论。钱大昕谈到戴震治学经验说:"其学长于考辨,每立一义,初若创获,及参互考之,果不可易。"王引之承传家学,在阐释儒家经义时以参互验证见长。钱熙祚总结王引之在《经传释词》里所用参互验证之法计有六种:"有举同文以互证者,如据隐六年《左传》'晋、郑焉依',《周语》作'晋、郑是依'证'焉'之犹'是';据庄二十八年《左传》'则可以威民而惧戎',《晋语》作'乃可以威民而惧戎',证'乃'之犹'则'。有举两文以比例者,如据《赵策》'与秦城何如不与'以证《齐策》'救赵孰与勿救','孰与'之犹'何如'。有因互文而知其同训者,如据《檀弓》'古者冠缩缝,今也衡缝',《孟子》'无不知爱其亲者,无不知敬其兄也'证'也'之犹'者'。有即别本以见例者,如《庄子》'莫然有间',《释文》本亦作'为间',证'为'之犹'有'。有因古注以互推者,如据晋六年《公羊传何注》'焉者于也',证《孟子》'人莫大焉无亲戚君臣上下'之'焉'亦为训'于';据《孟子》'将为君子焉,将为小人焉'赵注'为,有也',据《左传》'何福之为''何臣之为''何国之为''何兔之为',诸'为'字皆当训'有'。有采后人所引以相证者,如据《庄子》引《老子》'故贵以身于天下,则可以托天下,爱以身于天下,则可以寄天下',证'于'犹'为';据颜师古引'鄙夫可以事君也与哉'，李善注引'鄙夫不可以事君'，证《论语》'与'之当训'以'。"赵翼从事历史的考证也采用参验的方法，他自述撰著《廿二史札记》的方法云："此编多就正史纪、传、表、志中参互勘校，其有抵牾处，自见辄摘出，以俟博雅君子订正焉。"例如他在《宋史多国史原本》《宋史各传回护处》《宋史各传附会处》等条皆引用《宋史》之纪、表、传、志之有关记载以相互参验。

（五）博证，为证实某事、某义或某问题之是非正误而搜集极为众多的证据，以作到信而有征。此方法为清初顾炎武所创，他研究音韵学即采用博证，他说："列本证、旁证二条；本证者，诗自相证也；旁证者，采之他书也。二者俱无，则宛转以审其音，参伍以谐其韵。"例如中古音之"四江"，"古通阳"，古双切；顾炎武为证唐代开元、大历时"江"读为"工"，考证之文一千五百余字，引用《楚辞》、《荀子》、《淮南子》、《白虎通》、《史记》、《易林》、《越绝书》、扬雄《蜀都赋》、黄香《九宫赋》、杨修《五湖赋》、曹植《九愁赋》、《晋书·五行志》、石崇《思妇叹》、《山海经》、陶潜《停云诗》、《后汉书》、张说《邓国夫人墓铭》、柳宗元《湘沅二妃庙碑》等众多文献。郝懿行释《尔雅》"冥，幼也"，计四百余字，其义为：一、幼为窈之叚音，《说文》"深远也"；《诗·关雎传》"窈窕，幽闲也"。二、窈作宧，又通作杳，引《文选·西都赋》李善注，又《诗·斯干》释文。三、幼、幽同声为义，《说文》"冥者，幽也。"四、冥、窈连文，引用《庄子·在宥》《史记·项籍传》《文选·魏都赋》《文选·舞赋》《庄子·逍遥游》《史记·司马相如传》《楚辞·湘君》。五、要眇即杳渺，意态深远之貌。杳渺又即窈冥、冥窈，一声之转。这样的博证是否会导致以烦琐为病呢？段玉裁以数十年的精力完成的《说文解字注》虽博证而似烦琐，但卢文弨认为："吾友金坛段若膺明府于周秦两汉之书无所不读，于诸家小学之书靡不博览，而别择其是非，于是积数十年之精力专说《说文》。以鼎臣（徐铉）之本颇有更易，不若楚金（徐锴）之本为不失许氏（慎）之旧，顾其中尚有为后人窜改者、漏落者、失其次第者，一一考而复之，悉有佐证，不同臆说，详稽博辨，则其文不得不繁。然如楚金二书以繁为病，而若膺之书则不以繁为病也，何也？一虚辞，一实证也。"《说文解字》博证而不以烦琐有病，因其为实证，乃考辨之必要。

（六）探原，是一种历史研究方法，注重考察探究每一事实源流本末，而辨析其是非正误。顾炎武的读书笔记《日知录》采用探原竟委的方法，开启了考据学良好风气。《四库全节》的编者认为"炎武学有本原，博赡而能通贯，每一事必详其始末，参以证佐，而后笔之于书，故引据浩繁而抵牾者少。"《日知录》中例如"卜筮""九族""占法之多""三年之丧""周室班爵禄""州县赋税""辅郡""漕程"等条皆是探原竟委之作。崔述的《考信录》以辨古史之伪称着，他自述："故今为《考信录》，不敢以载于战国、秦汉之书者悉信以为实事，不敢以东汉魏晋诸儒所注释者悉信以为实言，务皆究其本末，辨其同异，分别其事之虚实而去取之。"他的长文《古文尚书真伪源流通考》是探原竟委的集大成之作，他关于辨《古文尚书》之伪提出六证：一、孔安国于壁中得《古文尚书》，《史记》《汉书》之文甚明，但于二十九篇之外，复得多十六篇，并无得此二十五篇之事。二、自东汉以后传《古文尚书》者杜林、贾逵、马融、郑康成诸儒，历历可指，皆此二十九篇，并无今书二十五篇。三、伪书所增二十五篇，较之马、郑旧传三十一篇文体迥异，显为后人所撰。四、二十九篇之文《史记》所引甚多，并无今书二十五篇之一语。五、十六篇之文《汉书·律历志》尝引之，与今书二十五篇不同。六、自东汉至于吴晋数百余年，注书之儒未有一人见此二十五篇者。这以历史考察的方法可足证《古文尚书》之伪了。

（七）实测，自北宋以来学者们在研究金石学时已用地下所发掘的金石实物，参以文献的二重考据方法，清代学者在天文、算学、金石、地理等的研究中还尝试采用实地考察的方法。西方的自然科学在明代逐渐引入中国学术界，但很多学者盲目加以嘲讽与否定，凌廷堪肯定了西方实测之学的意义，他与孙星衍辩论云：

> 盖西学渊微，不入其中则不知，故贵古贱今，不妨自成其学，然未有不信岁差者也。岁差自是古法，西法但以恒星东移，推明其故耳，不可以汉儒所未言遂并斥之也。再审来札所云天文与算法截然两途，则似足下尚取西人之算法者。夫西人算法，与天文相为表里，是则俱是，非则俱非，非若中学有占验推步之殊也。苟不信其地圆之说，则八线弧三角，亦无由施其用矣。西人言天，皆得诸实测，犹之汉儒注经，本诸目验。若弃实测而举陈言以驳之，则去向壁虚造者几希，何以关其口乎？中西书俱在，愿足下降心一寻绎之也。

学者们引入西方实测之方法应是清代考据学的一个重大进步。清初学者万斯同的《昆仑河源考》因仅据古文献所载地理情况，而未实地考察，以致得出的结论是错误的。李慈铭批评说："荒外之功，圣人所不事，故荒外之地，圣人所不言。禹治水，江河致力最大，而导江仅于岷山，导河仅于积石，不欲穷徼外之原也。

自《山海经》有河出昆仑一语，于是张骞凿空，而汉武求之于葱岭矣。李靖远征吐谷浑，而实以星宿川柏海矣。圣元世祖勤远略，而都实（今作笃什）逐之吐蕃朵甘思矣。道里不一，名号日歧，季野（万斯同）坚主昆仑，力申汉说，谓河必不出于星宿海，朵甘思之雪山必非昆仑。书阙难稽，事非目验，终不得而详也。"黄河之源的问题，若只凭古代文献的记载，而不实地考察，是决不可能弄清楚的，所以万斯同虽然博学，也不免作出错误的结论。古代关于三江说亦甚为分歧，清代学者全祖望、汪中、王鸣盛、钱大昕、洪亮吉、孙星衍、段玉裁等皆主《水经注》引郭璞语，以为是岷江、松江、浙江，阮元经过实测目验肯定此说是正确的，他特著《三江考》以详述。由此可见实测方法已为学者们采用了。

三

中国传统学术有义理之学、经济之学和辞章之学，自北宋以来兴起的考据学经明代中期以后的发展，至清代乾嘉时期达于繁荣兴盛，体现了一个时代的最高学术成就和中国古代学术达到的高度水平，为传统学术增添新的一门学问。清代的考据由经学而向史学、诸子学、文字学、音韵学、天文、算学、地理、图谱、金石等等广泛的发展，它所关注的是这些学问中的狭小的学术问题，实即中国文献与历史存在的狭小的学术问题；它们是只能用考据的方法才可解决的。考据家们崇尚的原则是实事求是，无征不信和条理精密。他们使用的方法有辩证、训诂、校勘、参验、博证、探原、实测，皆属于归纳的实证的方法。因此考据学是具有独特学术性质的，有特定对象的，有理论原则的，有细密方法的，在乾嘉时期已是有系统的独立的成熟的一门学术了。如果将它仅视为一种方法，这是不符合历史事实的，因为它完全具备了作为一门学术的条件，有如西方近代的实证主义哲学一样。

清王朝以儒家政治伦理学说为统治思想，特别大力提倡宋代的程朱理学，加强思想与文化的专制。在这样的文化背景下，考据学看似无关社会现实的无用的东西，但学者们巧妙地通过考据在动摇着儒学的理论基础。他们证实自古相传的三皇属于神话传说，并非真正的中华始祖；自唐代以来流行的儒家政治经典《古文尚书》乃出自后人的伪造；儒者坚信的古帝尧舜相传授的统治经验"人心惟危，道心惟微，惟精惟一，允执厥中"，它实出自道家之语，而非出自儒家；宋儒以为《礼记》中《大学》一篇乃孔氏遗书，此论断并无依据；理学创始人周敦颐所传的太极图并非出自儒家而是出自道家。他们还公开反对宋明理学的游谈无根、空言义理的不良学风；他们通过辩证揭露了历代正史的不实或歪曲的记载，还原历史真相，尤其揭露许多帝王的残暴行为；他们考察古代礼制与风俗，使汉族人民不忘汉民族的传统；他们校勘、疏证、辑佚、整理中国古代典籍，以使中华文化传统得以承传；凡此，我们可见考据并非无用的东西，它的实证的力量是巨大而坚实。考据家们重证求知的学术执着的精神，对真理的追求，对学术信念的坚持，最能体现中华民族优良的学风和崇高的思想境界，因而他们留下的大量的著作是我们民族的珍贵的学术遗产，值得我们学习与承传。

我们纵观考据家们的治学，其中有的学者是存在某些错误观念，例如迷信汉人的注疏，不敢否定孔子删述六经之说，重视考证古音而忽视今音，不愿接受声韵的音素分析出自印度的事实，只重视文献的记载而忽视实地的检证，特别注重儒家经典的笺注疏证而具拜经、诂经、韵经、抱经等观念，用大量的精力从事于难以确考的古代礼制，许多的考证极其烦琐而毫无学术意义，等等。这样直接影响他们的成果的学术价值，留下了不少的遗憾。虽然如此，但清代考据学的主要成就仍是应予充分肯定的。梁启超总结乾嘉考据学的意义说：

> 其直接之效果：一、吾辈向觉难读难解之古籍，自此可以读，可以解；二、许多伪书及书中窜乱荒秽者，吾辈可以知所别择，不复虚靡精力；三、有久坠之哲学，或前人向不注意之学，自此得卓然成一专门学科，使吾辈学问之内容日益丰富。其间接之效果：一、诸大师之传记及著述，见其"为学问而学问"，治一业终身以之，铢积寸累，先难后获，无形中受一种人格的观感，使吾辈奋兴向学；二、用此种研究方法以治学，能使吾辈心细，读书得间，能使吾辈忠实，不虚饰，能使吾辈独立，不雷同，能使吾辈虚受不敢执一自是。

这是从我们承传与接受乾嘉考据学的积极意义而言的，对我们现在治国学仍有启发的作用。国学运动新倾向的代表者胡适、傅斯年和顾颉刚等非常重视乾嘉之学，以为考据家们的方法是合于西方近代的科学方法的。国学运动新倾向是国学运动的主流，新倾向的学者们直接继承了清代的考据学并引入西方的科学方法，从而形成了科学考证方法，在治国学时取得空前的学术成就。我们若考察国学运动的历史，显然易见到国学运动主流与清代考据学之间的密切的内在联系。

国学研究与科学方法

　　科学方法是什么？1902年梁启超介绍西方近代科学精神与方法时说："所谓的科学精神何也，善怀疑，善寻问，不肯妄循古人之成说与一己之臆见，而必求真是真非之所存，一也。即治一科，则原始要终，纵说横说，务尽其条理，而备其佐证，二也。其学之发达，如一有机体，善能增高继长，前人之未发明者，启其端绪，虽或有未尽，而能使后人因其所启者而竟其业，三也。善用比较法，胪举多数之异说，而下正确之折中，四也。凡此诸端，皆近世科学所以成立之由。"他的概括较为全面，即客观的求真态度是科学精神的体现，专门的、系统的、重证的、比较的研究是科学的方法。1914年9月由在美国康奈尔大学的中国留学生任鸿隽、赵元任、胡明复、杨铨等创办的《科学》月报在上海出版。任鸿隽在《科学》创刊号论及科学是什么，他说："科学者，知识而有系统之大名。就广义而言，凡知识之分割部居，以类相从，并然独绎一事物者，皆得谓之科学。自狭义而言之，则知识之间于某一现象，其推论重实验，其察物重条贯，而又能分别关联抽举其大例者谓之科学。今世普所谓之科学，狭义之科学也。"关于具体的科学方法，任鸿隽概括为一个合理的程序——分类、归纳、假设，形成定律的学说。这是从自然科学研究重客观、重实证的方法而形成的有序的细密的研究过程。1986年金岳霖在《晨报副刊》第57期论述科学方法时说："科学的方法，是由小而大，由精而博，先得事物之详，然后求它们的普遍关系。他们所用的度量，有极妥当的权断，他们所用的名词有同行公认的定义……科学家研究一个问题，可以把范围缩小，也可以把范围扩大……约而言之科学家的思想，有试验与实验的可能……科学家的试验，不限于一次，本自己的力量，可以造出同等的情形，有了同等的情形，就是试验千百次都可以，而千百次试验的结果都差不多。"他理解的科学方法是研究中必须有同类的规范的大前提，采用同类的方法，裁定研究的具体范围，研究的结果具有重试的可能。西方近代自然科学是以实证为基本特征的。近代的天文、地质、生物、物理、化学等学科因采用实证方法而获得突飞猛进的发展，它们的研究方法构成一个严密的程序，由此产生科学方法体系。西方实证主义哲学的创始者奥古斯特·孔德（1798—1857）是法国著名哲学家，他主张将自然科学方法运用于"社会学"——此名词是他提出的，实指社会科学。他于1844年著的《论实证精神》里说："实证一词指的是真实，与虚幻相反……主要在于以精确对照模糊……精确的含义使人想起真正哲学精神的恒久倾向，即处处都要赢得与现象的性质相协调并符合我们真正需要所要求的精确度。"实证主义的基本特征可以概括为：只承认感官认识为实在的可以把握的具体对象，以逻辑分析的陈述作出真或假的判断。孔德认为实证方法是完全可以应用于"社会学"的，他说："我们在今天适度普遍推广于实证科学方面所应追求的，首先是精神的，然后是社会的效果；这种重要效果，必然取决于严格遵循序列规律。为了对个人迅速传授或是为了对集体长时间传授，实证精神都必须从最初的数学状态逐步过程到最终的社会学状态，先后通过中间四个阶梯：数学的、天文学的、物理学的、生物学的。将来仍然必须如此。"自然科学的研究方法亦是社会科学理论建构的方法，但社会科学在应用时是有其特殊性的，因社会科学研究对象相异所致。社会科学的研究对象涉及人类的领域，因而预言的可能性受限于人类行动的决断范围；但是自然过程的齐一性又使准确的预测成为可能，此即是科学进步的重要原因。实验主义科学方法之传入中国并为中国学术界所接受的是穆勒的《名学》、培根的《新工具》和笛卡尔的《方法论》。这三位西方近代学者皆属于实证主义哲学家，他们对科学方法做了系统的论述。

严复是中国近代具有广泛社会影响的启蒙思想家，他将西方近代政治学、哲学、社会学、经济学、法学等著作译述入中国，尤其是进化论的译述对中国学术界的影响巨大，由此形成一种新的社会思潮。他亦是第一个将西方近代科学方法系统地译述入中国的学者。严译《穆勒名学》于 1905 年由金陵金粟斋刻印。约翰·穆勒（1806—1873）是英国著名的哲学家、政治学家和经济学家，严复按照中国的习惯将其逻辑学著作译为"名学"。其书分为名与辞、演绎推理、归纳推理、诡辩、伦理科学的逻辑六部分，是研究思维形式和规律的专著。关于归纳与演绎的关系，穆勒认为事物的因果和现象是极纷繁的，如果要从中寻找到某一规则，不能仅用归纳方法，还须用演绎方法，但也不能纯用演绎方法。演绎方法有三个程序：开始时以归纳的实验为前提，继以连续的推理，再从实验得到印证。严复为中国学术界引进了西方逻辑的内籀实测之学，指出了中国学术的缺憾，这使学术界耳目一新，然而他并未将内籀实测之学与科学方法明显地结合。1909 年严译《名学浅说》由商务印书馆出版，著者为英国的耶芳斯（1835—1882），它被作为许多高校的教材。关于逻辑学引进的意义，冯友兰说："就我所能看出的而论，西方哲学对中国哲学的永久性贡献，是逻辑分析法……西方的哲学研究虽有那么多不同的门类，而第一个吸引中国人注意的是逻辑。"逻辑分析是哲学的方法论，它对科学研究亦具方法论的意义。

关于西方科学思想方法论的创立者培根和笛卡尔学说的引进始于梁启超 1902 年发表的《近世文明初祖二大家之学说》，文中简明地介绍了两大家的哲学思想，着重介绍了他们的科学思想方法论。弗兰西斯·培根（1561—1626）是英国哲学家和现代实验科学的真正创始者。其《工具论》沈因明译本于 1934 年由辛垦书店出版，次年关琪桐译本由商务印书馆出版。培根吸收了近代实验科学的经验，重新阐释了归纳法的意义。他认为困惑人们对自然和社会现象的认识有四类假象：一、由于人类种族、家族、宗派的认识者是为族类假象；二、出于各人本性局限的认识者是为洞穴假象；三、出于交际联系所形成的认识者是为市场假象；四、出于哲学及各种教条的认识者是为剧场假象。人们为了不受这些假象的蒙蔽，有一个简单的方法："我们必须把人们引导到特殊的东西本身，引导到特殊东西的系列和秩序；而人们在这一方面呢，则必须强制自己暂时把他们的概念撇在一边，而开始使自己与事实熟悉起来。"当科学家进行研究，不仅要注意特殊东西的本身，而且要对若干杂的特殊事例或现象进行排拒和排除的工作，这时便可采用归纳法进入研究过程：确立享优先权的事例，形成归纳的一些支柱，对归纳的精订，研究工作随题目的性质而变化，发现一些具有优先权的性质，确定研究的界限，就人的联系来议论事物，考虑提出原理的等级。自然科学的实验即是以归纳为方法论的，因而它是科学的方法。勒内·笛卡尔（1596—1650）为法国哲学家和科学家，其《方法论》为彭基相译，商务印书馆于1933年出版；关琪桐译本，商务印书馆于1935年出版。笛卡尔试图告诉人们遵循科学的方法以便正确地指引理性而去追求真理。在此著第二部分中，他列举了导致一切科学中的真理的方法的四项基本原则：一、只承认完全明晰清楚、不容怀疑的事物为真实；二、将一切困难的问题分解为若干组成部分；三、以较容易的推论至较困难的部分；四、进行列举、比较，寻求中项，同时考察困难的各个因素，不有任何的遗漏。关于科学研究的过程，笛卡尔将它分为两个阶段：前一阶段用演绎法，后一阶段用归纳法。这是认识由直观演绎而进入归纳，归纳则是直观所不能达到的。他将这两种方法统一于研究过程中，特别强调列举事实的重要意义。

中国学者引入的西方近代逻辑分析方法和培根与笛卡尔的科学方法论，在学术界产生了广泛而深远的影响，它们对于自然科学和社会科学的研究工作具有方法论的指导意义。国学运动新倾向的倡导者们在吸收西方文化时，也受到科学方法的严格训练，但他们采用西方实证方法时却有各自的选择。他们采用美国实验主义方法和德国实证主义史学方法，对国学研究起到了方法论的指导作用。中国在20世纪初兴起的国学运动，以1905年上海国学保存会主办的《国粹学报》的创刊为标志，迄于1949年新中国成立，这一运动持续了将近半个世纪。我们回顾国学运动的发展过程可以明显地见到，它自始至终是存在两个不同的倾向，即以文化保守主义者为主的国粹派和以新文化学者为主的新倾向派。

《国粹学报》于 1911 年停刊，表明国粹思潮的衰微；北京大学的《国学季刊》于 1923 年创刊，则表明国学运动新倾向的形成。虽然新倾向迅即成为国学运动的主流，并得到顾颉刚发起的古史辨派和傅斯年领导的历史语言学派的支持与推动而取得巨大的成就和深广的影响，然而国粹主义的绪余仍盘根错节地存在。国学运动新倾向之所以成为国学运动的主流，是由众多新文化学者们对中国传统文化的新的观点、新的态度，并采用了新的方法，适应了学术发展新的趋势，成为新文化的一个组成部分。新文化运动的倡导者胡适于 1919 年 2 月 1 日《新青年》第七卷第一号发表的《新思潮的意义》代表了新文化学者对国学研究的态度。他认为新思潮的精神是一种评判的态度，目的是再造文化，这一切均落实于对国故的整理。他发出用科学方法整理国故的号召，得到学术界热烈的响应。北京大学学生创办的《新潮》杂志于 1919 年 5 月 1 日出版的第一卷第五号发表毛子水的《国故和科学精神》，他认为，"用科学的精神去研究国故，第一件事就用科学的精神去采取材料。凡考古的学问和他种的学问相同，最重要的事情就是有精神的材料。论断的价值和材料有密切的关系，材料不精确，依据这个材料而立的论断，也就没有价值了"。时任《新潮》编辑的傅斯年在同一期发表《毛子水〈国故和科学的精神〉识语》，大力支持以科学方法整理国故的号召。他说："研究国故必须用科学的主义和方法，绝不是抱残守缺的人所能办到的。" 1926 年顾颉刚在《北京大学〈国学门周刊〉发刊词》回答了某些学者对以科学方法整理国故的质疑。他说："国学是科学中的一部分（如其是用了科学方法而作研究），而不是与科学对立的东西。倘使科学是不腐败的，国学也绝不会腐败。倘使科学不是葬送青年生命的，国学也不会葬送青年的生命。"这将国学运动新倾向与国粹派的根本区别归结为研究方法的相异,因此以科学方法研究国学是国学运动新倾向学者们的基本学术特征。

胡适在美国留学时接受了实用主义——实验主义,归国后大力传播,使它广泛地在社会科学和国学研究中产生影响。20 世纪初在美国兴起的实用主义是西方近代实证主义的一个流派。美国著名的实用主义哲学家威廉·詹姆士(1842—1910)于 1906—1907 年在波士顿罗威尔研究所和纽约哥伦比亚大学发表系列讲演,于 1907 年出版专著《实用主义》,中译本由孟宪承译,商务印书馆于 1924 年出版。詹姆士认为实用主义将理论视为仅是我们可以依赖的工具,人们借助理论工具向前推进,它帮助人们改造自然。这样理论变活了,使每一种理论可以发生作用。实用主义的方法不是什么特别的结果,而是一种确定方向的态度。这个态度不是去看最先的事物、原则、范畴和假定必需的东西,而是去看最后的事物、收获、效果和事实;因此这种哲学最关注实际效应。在科学研究中对实用效应的要求是求事实之真。美国哲学家约翰·杜威(1859—1952)最注重实验方法,以"实验主义"作为最有应用价值的工具。杜威说:"科学是一种工具,一种方法,一套科学体系。与此同时,它是科学探索者所要达到的一种目的,因而在广泛的意义上是一种手段和工具。"他认为科学的程序是通过考察后作出这一批判所依据的其他判断的可能性来确定有效性,同时通过考察作出此一判断所允许的其他判断的必要性来确定意义。科学的判断就是经过这样反复的验证与比较而成为定论的。为求得判断在逻辑上的合理意义,则每一个概念或叙述都须从别的概念和叙述而来,又须引到别的概念和叙述上去;各种概念和命题互相包含，互相支持；这即是"引出后面，证实前面"。胡适介绍杜威的方法分为两种：

一、历史的方法。从发生学的角度来看，任何事物都是一种历史状态，不是孤立的，而是存在着一定联系。因此研究的对象仅是一个中段，它有发生的原因，有自己发生的效果。这如祖父—儿子—孙子的关系，儿子是中段，因而胡适比喻为"祖孙的方法"。

二、实验的方法。首先以具体的事实与环境为对象进行研究，将一切学说、理论、知识都视为等待证实的假设而非定论，将一切学说、理论、知识都进行试验或实验，只有经过实验的证实才可以成为定论。

胡适说："自从中国文化与西洋接触以来，没有一个外国学者在中国思想界的影响有杜威先生这样大的……他只给了我们一个科学方法，使我们用这个方法去解我们自己的特别问题。他的哲学方法总名叫做实验主义。"杜威关于科学研究方法的程序，胡适概括为：一、疑难的境地；二、指定疑难之点究竟在什么地方；三、假定种种解决疑难的方法；四、把每一种假定所涵的结果一一想出来，看哪一种假定能够解决这个困难；五、证实这种解决使人信用，或证明这种解决是谬误。胡适将这种方法予以简化，他说："科学的方法，说来其实很简单，只不过'尊重事实，尊重证据'。在应用上，科学的方法只不过'大胆的假设，小心的求证'。"实验的方法是最重视证据的，胡适论及对证据的态度时，以为一切史料都是证据，但要辨析。他提出辨伪的原则是：这证据是什么地方寻出的？什么时候寻出的？什么人寻出的？此人有做证人的资格吗？他有作伪的可能吗？因而胡适主张"有一分证据，只可以说一分话，有三分证据，只可以说三分话"。他采用科学方法整理国故，取得最大的成就并产生巨大影响的是关于中国古代白话长篇小说的系列考证，为中国学术开拓了一个新的方向。

在胡适的引导下顾颉刚从对古籍辨伪进而考辨古史，他主编的《古史辨》第一册于1926年由朴社出版，至1941年共出七册。顾颉刚发起的古史讨论是整理国故工作的一个组成部分，他对古籍的辨伪与古史的考辨皆发展了胡适提倡的科学方法。他自述："西洋的科学传了进来，中国学者受到它的影响，对于治学的方法有了根本的觉悟，要把中国古今的学术整理清楚，认识它们的历史价值。整理国故的呼声始于太炎先生，而上轨道的进行则发轫于适之先生的具体计划。我生当其倾，亲炙他们的言论，又从学校的科学教育中略略认识到科学的面目，又性喜博览，而对于古今学术有些知晓，所以能够自觉地接受……我固然说不上有什么学问，但我敢说我有新方法了。"古史辨派以疑古的态度，采用科学方法进行辨伪工作，对传统的学术予以破坏。这种辨伪的破坏，实质上是对国学运动中国粹观念的颠覆，由此才可能从事新的学术建设。

傅斯年于1923年6月离开英国到德国留学，学习比较语言学、逻辑学、心理学、人类学和梵文，1924年转向史学，由于追求客观的、科学的、严密的倾向，遂选择并接受了实证主义史学的兰克学派。他归国后于1928年11月受聘为国立中央研究院历史语言研究所所长，主张用自然科学方法来研究中国文献与学术问题，因而致中国历史语言研究之学于自然科学之境界中是其坚定不移的理想；这源于其在德国接受的兰克学派的影响。利奥德波·兰克（1795—1886）是德国著名史学家，为西方近代实证主义史学的创始者。他在《拉丁与条顿民族史·导言》（1842）里声称："历史学问向来被认为有评判过去、教育现在、以利将来的职能，对于这个重任，本书不敢企望。它只是想说明事情的本来面目而已。要做到如实直书，史料从何而来呢？作为本书以及本书所涉及的主要内容的基础——史料，是回忆录、日记、信函、外交报告、当事人的原始记录。除此之外，要引述其他类型史料的话，则必须满足以下条件，即是从上述第一手数据中直接推演出来的，或上述材料一样具有第一手的性质。这些史料的每一页都必须经过严格考证。"兰克提倡以科学的客观的态度研究历史，力求认识历史事实的真相，注重史料的搜集与考证。他说："我相信，一位以诚挚的精神与热情来追求事实真相的研究者，当他研究权威可信的史料到一定程度之时，尽管而后的研究发现或误会使我们对具体历史细节更清楚，更确定，但后来的研究者们只是进一步强化了他研究的基本概念而已——探索事实真相，这也是唯一的研究基本概念。"傅斯年对科学方法的理解并不限于兰克学派的方法，以为凡是用某一方法能获得新知识的便是好方法，每个时代都有新观念和新方法，作为方法论而言并无新旧之分。他提倡用新方法整理材料的纯学术研究风尚，反对理论的疏通，也反对研究工作与现实的社会政治的联系，因此他说："假如有人问我整理史料的方法，我们要回答说：第一是比较不同的史料，第二是比较不同的史料，第三还是比较不同的史料……历史事件虽然一件事只有一次，但一个事件既不尽只有一个记载，所以这个事件在或种情形下，可以比较而得其近真；好几件的事情，又每每有相互关联的地方，更可比较而得其头绪。"傅斯年晚年在总结历史语言研究所的工作经验时认为："最近百年来，文史的学问趋向于考证，诚然考证是一种方法，而不是一种目的，但人类的工作，目的和方法是不容易分别的。考证学发达的结果，小题大做，可成上品，大题小做，便不入流。"这种小题大做的考证，不仅是历史语言学派治学的特点，而且是古史辨派和其他国学新倾向的学者共同的治学特点。由此可以认识国学研究的性质。

国学研究采用实证的科学方法是与其研究对象相适应的，但这种方法是有自身局限的，它在某些学科不一定适用。新倾向的国学家们是有理论的，例如胡适的《〈国学季刊〉发刊宣言》，顾颉刚的《古史辨第一册自序》，傅斯年的《历史语言研究所工作之旨趣》，它们是国学运动新倾向、古史辨派和历史语言学派的理论纲领。他们对中国传统文化采取疑古的批判的态度，他们提倡客观的纯学术的实证研究，以探求真知为目的。国学家正是在这种新文化理论的引导下从事研究工作的，其研究的成果起到扫除学术思想的谬妄，揭示历史的真实，并为其他各种学科提供事实的依据之作用。他们研究某一问题，固然不可能获得全部资料，如果选择的具有典型意义，则其他发现的数据便可证实这种选择是正确的；当然如果选择的不具典型意义，则其他发现的材料便可证实这种选择是错误的。我们从许多国学研究的结果来看，同一课题的考证可能出现相异的结论，甚至众说纷纭，莫衷一是，似乎难以达到公认的结论。这种现象是极正常的学术现象，不仅存在于国学之中，它反映了人们寻求真知的过程，而真理必将会出现的。科学方法的重事实、重证据、求真知的精神体现了人类文明进步，它所产生的力量是难以简单估计的。

古典文学研究的考证方法

  我们研究中国古典文学是应采用文学研究方法的，但其中涉及文献与历史的若干狭小问题却是要用考证方法才能解决的。这种新的考证方法形成于 20 世纪之初，它是国学研究的基本方法，曾被称为科学方法。1926 年顾颉刚在《北京大学〈国学门周刊〉发刊词》里即宣称："我们的研究主旨在于用了科学方法去驾驭中国历史的材料。"当时新派国学家们提倡的科学方法，体现了新的学术思潮，它是西方实证方法与中国传统考据相结合的一种方法。

  晚清时期，严复将英国近代哲学家穆勒·斯宾塞和赫胥黎的著作译介入中国。这些哲学家属于实证主义者，他们发展了培根以来的实证精神，将观察、实验、比较、归纳等自然科学方法引入社会科学，强调对客观现象的研究，而且认为科学方法是社会科学研究的新的重要方法。严复认为由对现象的观察、实验，经过归纳而寻求规律，再于实验过程中检验，最后形成定理，这种实证方法促使了近代西方科学的繁荣昌盛。实证方法的引入给中国学术界带来新的风气，掀起了一种新的思潮。新文化运动以来，胡适又将 20 世纪初西方实证主义的分支——杜威的实用主义哲学介绍到中国。实证主义以疑问为科学研究的起点，突出探索问题的重要意义。胡适主张以科学方法整理国故，其科学方法即来源于实证主义和实用主义。他于1928年谈治学方法时说："科学的方法，说来其实很简单，只不过'尊重事实，尊重证据'。在应用上，科学的方法只不过'大胆的假设，小心的求证'。"此年国立中央研究院《历史语言研究所集刊》创刊，傅斯年发表《历史语言研究所工作之旨趣》，引入并阐发了西方近代历史语言考据学派即史学的实证主义学派的研究方法。此派创始人为德国史学家兰克，他要求对历史事件中有效因素的考察，在精确之上求整体的理解；对细节作深刻而富有穿透力的研究，特别强调搜集材料和辨伪，以完成坚实的考据。傅斯年发展了历史语言学派的观点，认为"科学研究中的题目是事实之汇聚，因事实之研究而产生个别题目"，"凡能直接研究材料"便是科学的研究。胡适和傅斯年所提倡的科学方法都出自西方实证主义，他们注重材料的占有和细密的考据，而且他们都认为清代乾嘉学派的治学方法与西方科学方法的精神是一致的。清代乾嘉时期的学者戴震、江永、段玉裁、王念孙、王引之、钱大昕等以考据见长，表述朴实，其学被称为考据学或朴学，梁启超则称之为清代学术的正统派。他们治学主张凡立一义，必凭证据；选择证据，以古为尚；孤证不为定说；反对隐匿或曲解证据；罗列同类事项进行比较；专治一业，为窄而深的研究。显然国学家们在解决中国文献与历史上若干狭小的学术问题时，西方实证主义仅具有方法论的意义，而在具体研究过程中必须采取中国传统的考据方法。这二者的结合构成了一种适合中国学术研究的科学的考据方法。胡适发起的整理国故，顾颉刚开创的古史辨，傅斯年领导的历史语言研究，它们在性质上都是国学研究，而国学研究实即新的考据学。1924年郭沫若在

《整理国故的评价》里，称"考据家或国学研究家"，"国学研究或考据、考证"，是将二者等同的。1941年蒙思明发表《考据学在历史上的地位》，深感由于国学运动的开展，学术界特重考据之风。他说："学者们高谈整理国故，专崇技术工作，使人除考据外不敢谈史学。评文章的以考据文章为优，倡学风的以考据风气为贵。"这亦表明国学与考据的关系。

国学研究具有综合的性质，它的对象是中国的哲学、经学、史学、文学、语言学、地理学等学科中的文献和历史的狭小的学术问题，其成果是这些学科研究的基础或事实的依据。中国古典文学研究中例如作家生卒年、作家事迹考、文学典籍的版本源流、作品的年代与真伪、作品系年、作家交游、文学史公案、作品的文字训诂、韵文的声韵、专门术语考释、作家遗事辩证等等狭小的问题，均属于国学研究，亦是中国古典文学的基础研究工作的内容。我们研究这些问题，是只能采用考证方法，或者说只能采用国学研究方法。科学的考证方法在我们研究国学和古典文学时具有方法论的意义，即它在方法上有着普遍的指导作用。它由怀疑、问题、假设、立说、求证和推断构成一个有内在联系的思维过程，亦体现为一个研究过程。

学术的创见大都是从怀疑开始的。当我们阅读古代作品原典，或查阅某些文学史料时，发现它们与传统的定论或当前的成说存在矛盾，于是产生了怀疑。我们读《诗经》最容易发现汉儒的《诗序》与作品内容的背离，如以为《关雎》是赞美"后妃之德"，"乐得贤女以配君子"，而朱熹竟以为"君子"是指周文王，"淑女"是指文王之后太姒。但作品表达的却是一位男子对女子的相思之情。欧阳修词集今存两种，即《欧阳文忠公近体乐府》和

《醉翁琴趣外篇》，后者有许多俚俗的艳词，它是欧阳修的作品吗？他为什么会有两种不同风格的词集？如果我们对这些疑问发生兴趣，有意去探索，便可能形成一个学术问题。钱玄同说："学术之有进步全由于学者善疑，而'赝鼎'最多的国学界，尤非用炽烈的怀疑精神去打扫一番不可。"由怀疑而产生问题，这是一种学术发现。此外还有文学史研究中存在的问题，以及前人尚未完全解决的问题，或是迄今仍有争议的问题。这些问题是科学的生命，是推动科学向前发展的动力。我们治学从问题入手无疑是最正确的途径。然而试图去解决所发现的问题并非易事，这需要对它所涉及的专业有深厚的修养，并对它发生浓厚的兴趣，尤其是要判断它是否具有学术价值。新红学的兴起应当归功于胡适，他发现了《红楼梦》研究中存在一个重大的问题。他说："要推倒'附会的红学'，我们必须搜求那可以考订《红楼梦》的著者、时代、版本等等的材料。向来《红楼梦》一书所以容易被人穿凿附会，正因为向来的人们都忽略了'作者生平'一个大问题。"正是由于胡适辛勤而广泛地搜集曹氏家族史料并作了科学的考证，才为理解《红楼梦》的历史背景提供了可靠的依据并清除了索隐派的影响，因而是很有学术价值的。然而红学家们对许多细枝末节的烦琐考证，于理解作品无关宏旨，有的则是没有价值的。当我们试图对某个问题进行研究，必须表示自己的见解，逐渐形成一种假设。胡适主张"大胆的假设"，往往易于误导，以为它可以是随意的偶然的猜测。其实，假设是随着查阅有关论著、搜集资料、进行思考、探究事实间诸种联系，然后提出一个初步的看法，并将这一看法去印证事实。如果发现主观意见与客观事实相违，可以再提出一种看法，或设想更多的见解，加以排比核查。这样的过程经过多次的反复，从而产生科学的假设。胡适和朱东润曾根据《史记》关于屈原的记述中某些矛盾，遂大胆假设屈原这个人是不存在的，但是他们忽略了在司马迁之前已有贾谊的《吊屈原赋》和刘安的《离骚传》对屈原的记述。郭沫若指出："他们的假设是他们的前提，同时也是他们的结论。先把新奇的结论假设出来，再来挖空心思找证据。……这种研究方法是标准的唯心主义，得不出正确的结论是无足怪的。"所以我们只有在科学研究的基础上审慎地作出假设，如果它有巨大的创新意义，这时它才是大胆的假设。我们作出的假设，可能由于研究的深入而不断地被自我否定，最终形成一种创见，成为此课题的立说，由此可以避免以假设作结论的危险。

关于南宋词人吴文英恋情词的抒情对象，陈洵曾提出"去姬"说，即以为词中的女性是词人的遣逐的妾。此说经杨铁夫的发挥，而夏承焘却发现是两个"去姬"，一是苏州的，一是杭州的。如果我们细细寻绎绎梦窗词，则易见到其苏州的抒情对象不应是家主和姬妾的关系，而是词人和歌伎的关系；若再细读吴文英在杭州所作之词，则又会发现这位女性不具歌伎的特点，而是某贵家之妾。此过程中，若干假设被逐渐推翻，科学的假设得以立说。关于《金瓶梅》作者的假说已有二十余种，各种假设皆以为自己的立论是正确的，但它们实际上仍是假设的性质。每种假设固然可以作为立说的依据，它是否成立则完全依赖于坚实的证据。考据学是最重视证据的。乾嘉学派的立意必凭证据，孤证不为立说，不隐匿和曲解证据，这在求证过程中对我们仍有指导意义。

中国的文献资料极为丰富，因而搜集某问题之资料不易齐备，若要求得新发现之资料尤为困难。现在使用高新科技方法检索资料固然容易，但经过大量淘汰后所得的仍很有限，且尚待核查，又有些资料却非一般检索可以得到的。我们细读原典，抄录资料时往往因理解的深入而有新的感受与心得，还会发现新的极珍贵的资料，这是当今视屏泛览所不可能代替的。傅斯年强调："一分材料出一分货，十分材料出十分货，没有材料便不出货。"我们不仅要广泛地、尽可能齐备地搜集资料，还要注意对材料真伪的鉴别。胡适于《古史讨论的读后感》里说："我们对于证据态度是：一切史料都是证据。但史家要问：（1）这种证据是什么地方寻出的？（2）什么时候寻出的？（3）什么人寻出的？（4）地方和时候看起来，这个人有做证人的资格吗？（5）这个人虽有证人资格，而他说这些话时有作伪（无心或有意）的可能吗？"如果用上了错误的材料作为证据，必然会导致荒谬的判断。近世词学家夏承焘和吴则虞皆据宋人周密《志雅堂杂抄》的记述以推测宋代词人王沂孙的生卒年，但是今存《志雅堂杂抄》的各种版本俱无"王中仙"（王沂孙号中仙），而是"王中企"和"后王"。这样他们的证据存在错讹，结论自然不能成立了。所以鉴别文献的真伪除了胡适所指出的几点之外，还有文献的版本等诸多复杂的问题。郭沫若在《古代研究的自我批判》里深有感触地说："无论做任何研究，材料的鉴别是必要的基础阶段。材料不够固然大成问题，而材料的真伪和时代性如未规定清楚，那比缺乏材料还要更加危险。因为材料缺乏，顶多得不出结论而已，而材料不正确便会得出错误的结论。这样的结论比没有更要有害。"我们常常不可能详备地占有材料，即使汇集了许多材料，尚需从中找出最具有典型意义的。若是材料排比堆砌，这是缺乏拣择的笨拙的做法，表明研究者不善于使用它们。在材料不很齐备时，但有一些材料所记载的事实是确定无误的，亦可以成为最坚实的证据。有了它们的支撑，立说则会变为定论。从立说到定论的过程中，推断起着非常重要的作用。材料是客观的，其含义与价值是由研究者认识的，所以可能出现同样的材料在不同的研究者那里竟得出不同的结论的情况。这里主体的推断便体现了一种学术见识和学术水平。王国维关于诸宫调的考证是一个典型而成功的例子。诸宫调是北宋民间兴起的一种讲唱文艺形式，在《东京梦华录》和《梦粱录》等笔记杂书里均有一些记载，然而在宋亡以后此种文艺形式衰微，明代刊行与传抄的《董解元西厢记》，令学者们难以判断它的文体性质，似乎诸宫调作品早已失传了。1912年王国维根据《董解元西厢记》的引辞和元人凌云翰《定风波》赋《崔莺莺传》，比较元人王伯成《天宝遗事》文体，并参证《录鬼簿》关于王伯成的记述，最后推断《董解元西厢记》是今存之宋金诸宫调。此后《刘知远诸宫调》传抄回国，南宋戏文《张协状元》被发现，均证实了王国维的推断是正确的。由此可见，某种学术推断如果是科学的，那么从以后陆续发现的材料中，是皆可以得到证实的。

考证方法既是一种方法论，亦是一个科学思维过程。我们进行考证时，因面临的诸种复杂的学术问题，还得采用具体的方法。这可概括为四类：（一）小学方法。中国学术自来以治儒家经典为主，为了注释经典而兴起了"小学"。它包括以《说文解字》为主的文字学，以《广韵》为主的音韵学，以《尔雅》为主的训诂学，用以考释经典文字的形、音、义。考据所涉及的文献的重要字词都须用此方法以求确切的解释。（二）文献学方法。传统的文献学包括目录学、版本学和校勘学。凡考据涉及文本源流、真伪、时代、异文等问题都须用此方法。（三）科学方法。这是引用自然科学方法，或称实验方法。顾颉刚理解的科学方法是："我先把世界上的事物看成许多散乱的材料，再用这些零碎的科学方法实施于各种散乱的材料上，就喜欢分析、分类、比较、试验，寻求因果，更敢于做归纳，立假设，搜集证成假设的证据而发表新主张。"（四）史学方法。胡适称之为"祖孙的方法"。他解释说："他从来不把一个制度或学说看作一个孤立的东西，总把他看作一个中段，一头是他所发生的原因，一头是他自己发生的结果。……指出他们的历史背景，故能了解他在历史上占有的地位与价值，故不致有过分的苛责。"在考证一个较为复杂的问题时，通常绝不可能采用单一的方法，往往是多种方法的综合使用，遵循科学思维的过程，形成一个具有个性的、合理的、内在诸多因素统一的逻辑结构，体现出细密的窄而深的研究精神。

我们从事古典文学的考证，这需要有广博而深厚的知识结构。（一）以目录学为学术的指引，以便检寻到所需的文献资料，懂得版本、校勘、文字、音韵、训诂的基本知识，它们皆是治国学必不可少的工具。（二）熟悉四部的重要典籍。中国典籍按传统的分类为经部、史部、子部、集部。成都学者刘咸炘谈到治国学的经验，主张从博入手。他说："欲求成学，必须自读，盖国学与科学不同。……若吾国学，则四部相连，多不可画疆而治。"这即是说，科学是分门别类的专门学问，我们的国学则是具有综合性质的，不能分治。我们虽然研究中国古典文学，但若进行某些学术问题的考证便会涉及四部书。这四部典籍显然不能遍读，但其中重要的典籍——尤其是对传统文化有巨大影响的典籍是我们治古典文学的基础。（三）中国文学史知识。这包括对中国文学的发展过程、文学家、文学作品等有一个系统的、全面的了解，以便判断所考证的问题在文学史上的学术地位与价值。（四）专业知识。中国古典文学是中国古代文学的经典部分，按时代和文体可分为若干专业的研究方向。考证中国古典文学中的学术问题虽然属于基础研究，但又是很艰难的研究，因而只有对本专业相当熟悉，对某个作者、某种文集或某种文学现象有深入的认识时，才可能发生疑问，引起兴趣，设立假说，进行考证。当然我们不可能在以上四方面皆具有广博而深厚的知识的情形下才去进行考证，而是在具有一定的基础知识后，在工作中不断由点到面地扩充知识，逐渐进入窄而深的研究。

学术考证的价值在国学运动和庸俗社会学盛行的时代曾受到怀疑与否定。20世纪30年代，钱穆在《古史辨》第四册"序"里对来自学界对考据的攻击做了回答。他认为考据的成果是创立新说，"发前人所未发"；考据之事虽然细碎，但为通论的基础；考据虽争辩事实，但为义理的依据；考据家虽以怀疑而破坏成说，但"决其疑而信定"。最后他说："若谓一民族对其自身历史文化之知识，尚复有用，则关于历史文化知识之考据焉得无用。"我们可以说，凡是关于中国文献与历史的若干狭小问题的考据，是没有现实意义的，仅有学术的意义；它的成果分别为其他学科作为事实的依据，以推动学术的向前发展；它表明中国的学者能够自己解决这些困难的学术问题。关于中国古典文学的考证的意义也是如此。我们研究古典文学，可以发掘其中的爱国主义精神而增强民族的自信；可以阐扬其中高尚纯朴的品格而陶冶人们的道德情操；可以分析其中的艺术表现而让人们获得古典艺术美的享受。然而关于狭小学术问题的考证却没有这些作用，例如我们通过考证可以证实孔子没有删定过《诗经》，还原《诗经》的文学真实面目；可以辨清屈原确有其人，可以知道他的生卒年，而且证实《离骚》是他的代表作品；可以见到《西厢记》故事的发展及主题思想的演变过程；可以弄清女词人李清照的苦难的生平事迹；可以解读李商隐《无题》诗的隐秘含义；可以相信李白确是两次到过京都长安；可以考知《西游记》的作者是谁。这些考证成果是我们研究古典文学进行思想和艺术分析的事实依据。这些考证是古典文学研究的范围，却不是用文学研究方法可以解决的，而是必须用考证方法才能解决。在此意义上，这些考证又实为国学研究的对象，其成果是古典文学研究的基础。刘咸炘在《治史绪论》里将"考证事实"的"史考"列为史学的首位，而关于考证与史的关系，他认为："考证在成书之先，然不能成书，则只是零碎事迹，不得为史。"这即是说，历史考证是历史著述的准备工作，而并非历史著作，不能称其为史。古典文学研究与考证的关系也是如此，即考证不是文学研究，仅是文学研究的基础或准备，但它应在文学研究之先。其学术意义亦在于此。为了古典文学研究的发展，许多狭小问题的考证是非常必要的。我们期待出现具有重大学术价值的考证，出现更为精密细致的考证，出现特具卓识的长于考证的学者。

国学大师的治学道路

严复寻求国学之真

在中国近代向西方寻求真理的先进人物中，严复是最有实效和最著名的启蒙思想家。他精通西学，同时具有深厚的国学造诣，如梁启超说："严氏于西学、中学皆为我国第一流人物。"由于严复是以西方近代社会科学的视角重新审视中国传统文化，其认识不仅在当时体现为进步的思想，至今犹有难掩的学术光辉。

严复本名传初，又名宗光，字又陵，又字几道，晚年别署观我生室主人。1854年1月8日生于福州台江（今属建州市）。7岁入私塾。1867年考入福建船政学堂学习英语及各种自然科学知识。1877年3月随中国海军学生第一批赴英国留学，在格林威治皇家海军学院学习高等数学、化学、物理、海军战术、海战公法；1878年8月回国。1880年，严复二十多岁，调任北洋水师学堂任校长，在天津20年。1902年京师大学堂开办译书局，严复应聘为译局总办。1904—1905年随张翼赴英国与法国考察，此后陆续担任复旦大学和安徽高等学堂监督。1910年任清廷资政院议员。1912年任北京大学校长。1918年回福州故里，1921年在福州郎官巷寓所逝世。在中国学术史上，严复具有深远的影响，他翻译的赫胥黎《天演论》、亚当·斯密《原富》、斯宾塞《群学肆言》、穆勒《群己权界论》、甄克思《社会通诠》、孟德斯鸠《法意》等西方近代哲学社会科学著作，促进了中国学术新思潮的兴起，并对中国传统文化产生了巨大的冲击。严复的论文、书信、专著及各种按语，均收入王栻主编的《严复集》（共五册），1986年由中华书局出版。

1894年7月中日甲午战争爆发，满清政府采取西方近代军事技术与编制建立的北洋水师在对日战争中彻底溃败。严复是清廷培养的海军技术人才，此次的丧师辱国给他带来无比的震动。他清楚地知道，北洋水师的失败不是技术及装备的问题，而是由于中国政治制度的腐败。自此他对中国传统政治思想进行深刻的反思与批判。严复持西方近代先进的政治学说，回顾中国的政治思想，见到中国最大的弊病是好古忽今，不能清醒地认识现实局势，难以应付世变。中国儒家的最高政治理想是恢复三代的治世，趋于复古、保守，故于现实只求相安相养，因循苟且，因而执政者总是以古术来治理现实社会。严复认为中国可考的信史是从秦王朝开始的，其所建立的中央集权制度和郡县制，虽为当时和后世所非难，但实际上自汉承秦制以来直至清王朝。他感慨地说："风俗之移，性情之易，三四十年便已不同。薄物细极，随之可验。况上下数千年，中更万变，陵谷迁移，黑白倒置，不可胜言，而犹执古术以驭之，以千百年前之章程，范围百世下之世变，以一二人之意见，强齐亿兆辈之性情，虽以圣智，不能为谋，虽以下愚，知其不可。"中国封建社会制度的长期存在，其原因虽然复杂，但与政治思想上的"好古而忽今"是有一定关系的。以古术应付世变，以专制意见规范民众，即使是下愚之人均能见到其不可能，但在专制政体下却仍旧难改。严复由此追溯中国历史，深感"治世"少而"乱世"多。在他看来，中国的政治问题主要在于将政治与伦理道德结合为一体，即是儒家强调的"德治"。他说："中国古代政治思想之一大缺陷在于：从不敢理直气壮言，为政之道一如治病救人之医术，又如引导海船安全通过风暴之航海术，而与伦理判然有别。"如果政治与伦理道德混杂，则不易找出社会问题存在的真正原因，亦总结不出历史的经验教训。中国古代如老子、孔子、孟子、司马迁等圣贤谈论政治即与伦理道德杂而不分，而西方自19世纪已将政治从社会学中分离出来，成为独立的学科，所以其理论体系是明白而易学的。在社会政治学说方面，严复吸收并引入了英国近代的社会进化论。"物竞天择""最适者存"，这是达尔文学说的基本观念，被引入解释社会的生存竞争。人类社会的竞争皆是为了利益，利益相同者形成利益集团，强者、智者、行动快捷者在竞争中必然取得胜利。社会个人的私利私义，若离开利益群体是不可能获得的，而执政者在制定政策时又必须考虑利与义的结合。严复在比较中西政治思想之后，发现儒家标榜的经世致用之学是不切实际的，他们的治国平天下的诸多言论多为陈旧的套语，如正人心、厚风俗等等。他们的经世之术仅是礼教而已。儒者之术实为学习礼制，以《周礼》规范尊卑、长幼、贵贱，使社会合于礼的秩序，似乎便可治国了。严复极其反对儒家的政治学说，以为国家欲强盛应采用法家的学说。他针对清末的现实而认为："是故居今而言救亡，学惟申、韩，庶几可用，除却综名核实，岂有他途可行。贤者试观历史，无论中外古今，其稍获强效，何一非法者耶？管、商尚矣，他若赵奢、吴起、王猛、诸葛、汉宣、唐太，皆略知法意，而施亦随之，至其他亡弱之君，大抵皆良懦者。"战国时期申不害和韩非是法家，主张循名责实，以强化上下关系，成为法家中刑名之学一派。历史上治国有实效的管仲、商鞅、赵奢、吴起、王猛、诸葛亮、汉宣帝、唐太宗等都是采用法治而获得成功的。从严复对中国古代政治思想的批评，可见他反对儒家的德治，关切现实问题，重视社会实际利益，主张以法治国。

在肯定法家学说的强效性和进化意义的前提下，严复对儒家和道家学说进行比较。儒家学说在发展过程中是有变易的，严复反对儒家的政治思想，但又赞赏儒家的积极入世的态度。他认为孔子的人生态度是积极的。鲁国公山弗扰为季氏宰，据费城叛变，召见孔子，孔子欲往。晋国佛肸为赵氏中牟宰，据中牟叛变，召见孔子，孔子欲往。其弟子深恐孔子之往有浼于己，而孔子欲前去有助于处理事变，相信自己坚白的品格。严复说："吾人不善读书，往往为书所误，是以以难进易退为君子，以隐沦高尚为贤人，不知荣利固不足慕，而生为此国之人，即各有为国尽力之天职。往者孔子固未尝以此教人，故公山、佛肸之召，皆欲往矣。"中国自魏晋以后，士大夫皆有强烈的退隐思想，一些被誉为君子贤人者是以消极态度处世的。严复以为作为公民应以为国尽力为神圣天职。他联系晚清的社会现实，感叹国事弄得不可收拾，正是许多消极的退隐者所造成的。中国历史上一些长期受到否定评价的历史人物，例如西汉末年扬雄为新朝大夫，五代冯道历仕四朝十君，金国许衡入元为集贤大学士兼国子祭酒，他们皆为一种宏大的使命所托而不拘于世俗的小节。严复对这些人物是持肯定态度的，并且认为所谓"大义"不能仅从某一方面的主观意见来理解。在对待传统文化时，或读古代经典著作时，应有所选择，从中吸取有益的东西。清初以来学者们皆批判陆九渊和王阳明的心学，指责其为学空疏，末流入于狂禅。清代学者将崇尚儒学义理的称为"宋学"，崇尚事实考据的称为"汉学"，乾嘉时期考据之风盛行，"辟宋尊汉"成为一时学术思潮。严复抛弃宗派观念，较客观地看待儒学的发展，以有助于时事而为取舍。乾嘉学者们攻击宋明理学，严复则以为周敦颐、程颢、程颐、张载、朱熹、王阳明、刘宗周等理学家，如果生活于晚清当世，于国家是有益的。他说："其为国也忠，其爱人也厚，其执节也刚，其嗜欲也淡。此数者并当世之所短，而宏济艰难时所必不可少之美德也。"如果晚清士大夫们能具有这些理学家之美德，或者中国的兴盛是会很快的。显然一个国家的兴盛虽不单单由于少数品德高尚的人物，但他们确可能有助于提倡一种良好的世风。道家对社会人生是从个人出发，采取退避的消极态度，这是严复所严厉批判的。道家追求返朴归真，离开社会，回到自然之中以适本性，因此极端反对物质文明而崇尚质朴的生活。严复从社会进化乃人类必然趋势的角度批评说："今夫质之趋文，纯之入杂，由乾坤而驯至于未济，亦自然之势也。老氏还淳返朴之义，犹驱江河之水而使之在山，必不逮觅。夫物质而强之以文，老氏訾之是也；物文而返之使质，老氏之术非也。何则，虽前后二者为术之不同，而其违自然、拂道纪，则一而已矣。故今日之治，莫贵乎学尚自由。自由则物各得其所自致，而天择之用存其最宜。"社会进化是遵循一定规律的，如果主观地超越历史发展阶段，试图从古朴社会跃居文明社会，或者欲从文明社会倒退至古朴社会，这两者取向虽异，但均同样违反社会进化。人类社会中每个人都有自己的自由，可以选择古朴的或文明的社会生活，然而却得服从物竞天择、适者生存的规律。这即是说，在人类文明社会中，某些人可以选择返朴归真，但毕竟是弱者不适于社会竞争的消极选择。道家主张绝圣弃智，欲使民众如先民一样不知不识，顺帝之则。严复以为这种倒行逆施同返朴归真一样，势不可能。他说："其所谓绝圣弃智者，亦做不到。世运之降，如岷峨之水，已下三峡，滔滔而流入荆扬之江，乃欲逆而挽之，使之在山，虽有神禹亦不能至。禹所能办，毋亦疏之瀹之，使之归海而无淫滥之患而已。此言治者不可不知也。"此虽是对道家思想的批判，却可为社会政治的借鉴，即复古思想是违背社会进化规律的。庄周以道家绝圣弃智的观念，攻击儒家的仁义学说，甚至说"儒以诗书发冢"，意谓儒家高谈诗礼，却启发人们盗墓为奸。严复批评说："庄生言'儒者以诗礼发冢'，而罗兰夫人亦云'自由，自由，几多罪恶假汝而行'。甚至爱国二字，其于今世最为神圣矣，然英儒约翰孙有言：'爱国二字有时为穷凶极恶之铁炮台。'可知谈理论人，一入死法，便无是处。"庄子攻击仁义诗礼，如西方某些人攻击自由、爱国一样，都出自极端偏激的个人情绪，是僵死的思维方法，而不是理性的、客观的判断，所以是错误的。道家之主旨归于个人的养生并期于长久。庄子之道亦是如此。我们从严复对积极人生价值的肯定和对道家消极人生态度的批评上，可见他是在努力从传统文化中去发掘进步的、合理的因素。

严复在本质上属于维新主义者，其西学知识与翻译才能受到清王朝的重视，并委以学界重任。当新文化运动兴起之后，其维新主义思想已不适于新的文化环境而趋于保守落后了。这时他对中国传统文化的态度亦发生了很大的转变。在晚年他提倡发扬中华民族文化精神时，以儒家学说为立国的根本和社会的法则。1906年严复开始重倡儒家之道，他说："自尧舜禹汤文武，立民之极，至孔子而集大成，而天理人伦，以其垂训者为无以易；汉之诸儒，守阙抱残，辛苦仅立，绵绵延延，至于有宋而道学兴。虽其中不敢谓宇宙真理，不无离合，然其所传，大抵皆本数千年之阅历而立之分例。为国家者，与之同道，则治而易；与之背驰，则乱而灭。"唐宋古文家以为儒家圣人之道的承传有一个系统，自尧、舜、禹、汤、文、武、周公至孔子而形成，韩愈、欧阳修得以继承发扬；宋代理学家则认为自孔子以后只有周敦颐和程氏兄弟才真正获得儒家圣人不传之秘，重新建立了道传。严复于儒家无宗派意识，将汉儒和宋儒均纳入孔子之后的道统，较为全面地理解儒家之道。他以为儒家之道为天理与人伦立下最高法则，从数千年的历史来看，凡国家合于儒家之道则昌盛，违背它则灭亡。中国最后一个封建王朝在即将崩溃时，似乎应以儒家之道救国了，然而清王朝仍然灭亡。1913年——民国二年，在袁世凯政府的支持下，成立了孔教会，定孔教为国教。严复非常清楚，中国儒家不具备宗教的性质，亦无宗教的特征。他尤其反对以孔子之道为今人之规范，因此极力反对孔教会；然而由于政治的牵率却违背自己的意志而加入了孔教会。严复为孔教会讲经者之一，于中央教育会发表《读经当积极提倡》的演说，提倡读经。他提倡读经的理由有三：一、儒家学说为中国立国根基，只有以经典之大义才能号召天下；二、民国的建立，其革命的理论渊源，皆据儒家经典而发扬；三、民众的社会日常生活，皆依儒家圣人之言以指导实践。他甚至以为世界哲学思想，均可从儒家经典中找到渊源。严复的这种见解已完全同于拒绝接受西学的文化保守主义的国粹派：以儒学为社会价值观念的核心，以世界的一切先进的东西都源于中国。1914年11月严复继而在参议院提出《导扬中华民国立国精神》的议案。他认为儒家所提倡的忠、孝、节、义是中华民族的特性，因而应作为立国的精神。中国近代有不少接受西方文化的学者，他们在青年时代曾表现为反对中国传统文化的激进主义者，但到晚年却回归儒家的价值观，例如辜鸿铭、梁启超、王国维、章太炎、陈寅恪等皆如此。严复谈到他自己的这种转变说："鄙人行年将近古稀，窃尝究观哲理，以为耐久无弊，当是孔子之书。四子五经，固是最富矿藏，惟须改用新式机器发掘淘炼而已。"这似乎是他一生寻求真理的经验之谈。儒家经典是中国最富的矿藏，他主张采用新的先进的方法去开采、研究，希望从中发现国学之真。晚清以来西学东渐之势迅猛，在此过程中严复翻译的西方哲学社会科学起到巨大的推动作用。这引起中国学术界文化保守主义者们的恐慌，遂有中西学之争。当时学术界一般的学者以为西方人除了机器制造、测量、驾驶、兵士操练等科学技术之外还有其他的学问。张之洞是在政治和学术方面很有影响的人物，他提出一种折中的意见——"中学为体，西学为用"。这为学界所接受，似解决了中西学之争。"中学为体"是以中国传统政治经济结构政体下的政治伦理思想为立国的根本；"西学为用"是以西方的科学技术作为发展社会经济的实用工具。这是中国学术界在未脱离思想混杂的情况下，未能真正消化和吸收西学时所产生的谬误观念。以西学为用者将西方科学与技术混淆，如果政体符合科学理性的原则，它与技术是体用一致的。晚清的政体是旧的封建专制，没有近代科学精神，因而在此种情形下谈西学为用，是在观念上的颠倒错乱。早在1902年，严复即深刻地见到中西学之异，他说："中西学之为异也，如其种人之面目然，不可勉强谓似也。故中学有中学之体用，西学有西学之体用，分之则并立，合之则两亡。议者必欲合之而以为一物。且一体而用之，斯其文义违舛，固已名之而不可言矣，乌望言之而可行乎？"所以严复坚决反对"中学为体，西学为用"，而主张中西学并立。1912年他任北京大学校长时，在学制上贯彻了其中西学分立的主张。他在关于文科改良办法里，将原来的经科与文科合并为国学，专治中国学术。他准备将来条件成熟时再按现代学科分类规范重新分科。这样暂时将经科与文科合并，为旧学之区，不杂入西学，而西学各科另设。严复解释说："比者欲将大学经、文两科合并为一，以为完全讲旧学之区，用以保持吾国四五千载圣圣相传之纲纪彝伦道德文章于不坠，且又悟向所谓合一炉而冶之者徒虚言耳，为之不已，其终且至于两亡。故今立斯科，窃欲尽从吾旧，而勿杂以新；且必为其真，而勿蹈其伪，则向者书院、国子之陈规，又不可以不变。"文科之习国学是严复的开创，此虽是旧学之区，但绝不同于古代书院、国子监或晚清存古学堂的体制，而且要求学习中国传统文化中真实的合理的东西。在高等学校专设国学以研究传统文化是很有必要的，所以稍后蔡元培任北京大学校长时仍使国学继续存在，并对国内一些大学的学科和研究机构的设置产生影响。

严复虽然晚年基本上是国粹主义者，但其早年的进步思想仍然潜在。比较西学与中学之后，真理在何处呢？他认为："果为国粹，固将长存。西学不兴，其为存也隐；西学大兴，其为存也章。盖中学之真之发现，与西学之新之输入，有比例为消长者焉。不佞斯言，所以俟百世而不惑者也。"国学中有国粹，也有国渣。如果是真正的中国传统文化的菁华——国粹，它必然与中华民族共存。因此怎样去发现中学之"真"与西学之"新"是问题的关键。

这二者互相影响，互为消长，中学因西学的挑战而会愈益彰显的。严复对他的这种判断充满了自信，故他虽身处乱世却对中华民族根源盛大的国性民质坚信不疑，对中华民族的前途抱着积极乐观的态度。他说："吾意他日将于拂乱险阻之余，变动光明，从此发达进行，如斯宾塞所谓动、平、冲者，而成不骞不崩之国种，而其所以致然之故，必非乞灵于他种文明余唾而后然也。其国性民质所受成于先圣先王数千年之陶熔渐渍者，有以为之基也。须知四万万黄人，要为天埌一大物，故其始动也，其为进必缓，其呈形甚微，至于成行，乃不可御。"严复深信中华民族因有深厚的传统文化根基，不必乞求于其他文化也必将有光明伟大的前途。当然这与中西学互为消长，从中求得真正的国粹是有密切联系的。严复对中国传统文化的认识，存在由批判、别择到回归的过程，体现了这位向西方寻求真理的先进知识分子的思想经历；其中表现出许多进步的合理的思想因素，至今犹有光辉并值得我们吸取。他晚年思想的转变，与其社会政治处境有极大的关系，尤其是其社会进化论和维新变法思想在新文化运动之后已丧失了进步意义，而他又尚未寻找到适合社会发展的新的真理。近年国学热潮再度在我国兴起，怎样重新认识中国传统文化的价值又成为新的学术问题，严复的许多见解对我们是很有启发意义的。

廖平经学思想之荒诞

在晚清今文经学复兴的过程中，廖平的经学思想最具代表性。他将今文经学思想发展到极致，因而被认为是近世今文经学的终结者。廖平，四川井研县人，原名登廷，后改名平，字季平，先后自号四益（译）先生、五译先生、六译先生。1876年入成都尊经书院治经学。1889年考中进士，例当用为知县，以亲老改教职，先后在四川各地书院任教，长期任四川国学专门学校校长。1932年于井研故里去世。廖平治学广博，遍及群经。今存经学著述数十种，以早年的《今古学考》知名，其《穀梁古义疏》至今仍为经典经学著作，其关于孔子改制之说对维新变法思潮产生了重大的影响；因此他是中国近世的经学大师和思想家。学术界甚为重视廖平的经学思想，但较为关注其经学思想的六变，亦肯定其"素王改制"之说的意义，偶亦有指责其"天学"者。廖平于经学最富创见，学术个性尤为鲜明，成就亦巨大，然而其见解至为荒诞。他的恩师张之洞曾一再诫告："风疾马良，去道愈远。"他在嘉定（四川乐山）讲学，学生们以其"说经过于穿凿，控之于学政"。新文化运动以来，学术界对廖平多有批评。周予同说："近著《孔经哲学发微》极附会荒唐之能事，真不知在说些什么话了。"冯友兰指出廖平解经"牵引比附，有许多可笑之处"。钱玄同则批评得最严厉，他认为："廖平之书，东拉西扯，凭臆妄断，拉杂失伦，有如梦呓，正显十足的昏乱思想的代表了，和'考证''辨伪'这两个词儿断断连接不上。"由于廖平对经学有精深的研究，其思想构成严密的体系，因而虽有学者明显地感到其思想的荒诞，然而要对之加以学理的辨析则并非易事。

中国古代典籍《诗经》《尚书》《仪礼》《乐经》《周易》《春秋》，在《庄子·天运》里已称它们为"六经"，而且以为儒家圣人孔子认真研读过的。我们从《论语》中可知孔子曾以《诗经》《尚书》教授弟子，也曾向弟子讲说礼制和音乐，他自己学习过《周易》。近世皮锡瑞论述经学历史时认为："经学至汉武始昌明，而汉武时之经学为最纯正。"西汉武帝建元五年（前 136）设置五经（《乐经》已佚）博士，崇尚儒术，将五经确立为儒家经典。这非经学的昌明，而是标志儒家经学的建立。汉初这些经典是以当时通行的"今文"隶书抄写的，同时又陆续发现一些以先秦文字"古文"抄写的儒家经典。古文与今文之经不仅文字书写相异，而且内容与传授家法亦相异。今文经学盛行于西汉，古文经学起于西汉末而盛行于东汉；它们学说互异，成为经学的两大学派。这是研治经学必须了解的基本事实，然而自宋代理学兴起之后，经今古文学之争渐渐模糊了。清初兴起的重名物训诂的汉学实近于古文经学派，在中叶之后今文经学兴起，并在晚清成为时代思潮。在晚清今文经学复兴的学术背景下，廖平的《今古学考》于 1885年刊行，第一次将经今古文学的源流、宗旨、礼制、流派、历史之区别进行了细致的比较与论述，解决了经学史上的重大公案。他批评清代阮元、王念孙、孙星衍、魏源等学者治学不分今、古，混淆师法，以为"治经之要在制度，不在名物"，因而主张以礼制之异同区分经今古文学。他说："今学博士之礼制出于《王制》，古文专主《周礼》。故定今学主《王制》、孔子，古文主《周礼》、周公。然后二家所以异同之故，粲若列眉，千溪百壑，得以归宿。"以《王制》为今学之主，以《周礼》为古学之主，廖平据此比较今古两学在封建、公卿、畿内、聘迎、祫禘、明堂、田税、丧葬、庙祭等礼制的不同。他以《周礼》所述之礼制是周制，乃孔子早年学说的依据，为古学所宗；《王制》所述礼制乃孔子损益夏、商、周之制的改制之说，为今学所主。然而《王制》与《周礼》所述之礼制又有许多项相同者，例如《曲礼》有二伯、州牧、庶邦小侯，《周礼》州牧立监，《周礼》天子六军、大国三军、次国二军、小国一军，《周礼》有冢宰、司徒、司马、司寇、司空官，《内则》养老仪节，《左传》文襄制：诸侯比年小聘、三年大聘、五年一朝；《周礼》亲耕、田猎：以上制度，皆与《王制》相同。廖平特列《今学因仍古学礼制表》，以为这是孔子保存周制而不改者。这可见以礼制区分今古两学尚不能达到严密与确切的境地，尤其是古代儒者言礼制极为烦琐，它与各社会阶段的实际情况并不相符。南宋时朱熹已认为："礼乐废坏二千余年，若以大处视之，亦为未远，然已都无稽考处……礼学多不可考，盖其为书不全，考来考去，考得更无下梢。"蒙文通虽然肯定其师《今古学考》的学术意义，却指出《王制》与《周礼》重要之区别是在官制方面，而自古以来设官并不限于三公或六卿。因此他怀疑："《王制》《周官》既为二周先后不同之制度，则持《王制》《周官》以读先秦之书，自不能尽合，而依《王制》《周官》以立今古学，欲持以衡先秦之学，其势自扞格而难通，其不能括周人之学而得其条贯宜也。"以《王制》与《周礼》区分今古学是存在一些矛盾的，而以此观念来解释先秦学术也是非常不恰当的。在《今古学考》问世约二十年之后，廖平渐渐发觉以礼制解经是错误的，他感叹说："居今而欲考明古制，无异痴人说梦。此但当心知其意，如古名礼制，不必强今以合古也。苟必长编巨帙，推衍比附，徒劳心神。"显然他否定了以礼制区分今古两学的学术观点，然而又未认识到今古经学基本的学术特征。今文经学家以为孔子之思想德行足为帝王，但他无帝王之位，所以是"素王"。六经通过他的删述，即等于他的制作，在六经里他备述的典章制度成为后世的法度。治经学者应善于从六经中发掘孔子的隐秘的意义，用之以托古改制、经世致用，改良社会政治。廖平之被誉为今文经学大师是他牢固地坚持了今文经学家的基本观念。由此可见以礼制为区分今古经学根据是极浅薄的和片面的，所以廖平后来在其经学思想发展过程中舍弃了此说。学者们研究儒家经典的途径是多样的，对经典中礼制的了解，仅有助于认识经典产生的社会历史背景之一而已，尚待克服解读文本的各种困难之后，进一步探讨经典的思想的、政治的、历史的、文学的意义。因此廖平曾经以礼制统群经和以礼制分别今古学的主张是应被否定的，而且他自己也否定了的。

以礼制解经是廖平治经学的途径，他最坚持的是以《王制》所述之制度作为今文经学立义之依据，而且是其通经致用的理论基础。《王制》是儒家经典《礼记》中之篇。西汉时期保存的关于先秦礼制及解说礼制之著两百余篇，它们为孔子之弟子及秦汉儒者所著，西汉后期儒者戴圣从中选出四十九篇编集为《礼记》。在《礼记》中的《大学》《中庸》《乐记》《经解》等篇是与礼制无关的儒学论著。戴圣所集之著性质颇杂，其作者尤杂而不可考。《王制》在《礼记》中也是很特殊的一篇，它记述古代社会的封建、授田、巡狩、朝觐、丧祭、田猎、学校、刑政等制度。《王制》在记述计量单位时将周代以前、周代和汉代进行比较，这可确证此著是成于汉代的。廖平对《王制》的认识是从今文经学家的观点出发相信"纬候"之说。两汉时期在"六经"之外，又有从术数占验的观念去解儒家经典的书称"纬"。今文经学家立说多据纬书，以"经"为大义，以"纬"为微言。"经"如果有似建筑物，"纬"则似营造建筑物的方法；因此今文经学家主张读经应先读纬书。在纬书里孔子被尊为神圣人物，而儒家经典遂具有极为神秘荒诞的性质。自清代中期以来辑佚之风盛行，古代许多纬书陆续整理出来，这为今文学家解经提供了新的依据。纬书认为孔子因道之不行，作《春秋》以明王制。廖平相信："至圣作六经，一经一纬，纬即所谓微言。盖六经为成书，其中精微义例全在纬候，故各经微言大义全在纬。"他从纬候观念来看待《王制》，则它是孔子所作的了。《王制》中的服制、封建制和官制即是大纲，对它们的考订辨析，烦琐矛盾，而且由于以《王制》为圣人所定之大法，用以去解经，结果仅得皮毛，不可能认识经之真义。以礼制解经显然是一条错误的途径。然而廖平从今文经学的观点认为《王制》是孔子所定，寄寓了托古改制的理想，而托古改制则可实现通经致用的宏伟政治愿望。廖平的孔子改制之说，因与康有为的偶然交往，而为康有为吸取并发挥，真正在中国近世维新变法中成为进步的社会理论。康有为的《孔子改制考》在理论的探讨和方法的采用上比廖平进步多了，对晚清的社会改革起到了推动作用。这应是廖平始料未及的，也是他不可能做到的。

传说孔子据鲁国旧史修《春秋》，而《诗经》《尚书》《仪礼》《乐经》亦是孔子所修，《易传》乃孔子所述。廖平以为"修"便是"作"，"述"也是作。孔子翻定六经，即是著六经，因而六经皆孔子所作。他认定"六经统为素王万世之大法也"。既然六经全为孔子"一人一心之作"，则它自为一个系统。此系统之各经的内容与性质是不相同的，廖平力图使它们统一起来，因而提出以《王制》统六经之说。他认为："《王制》统六经，故今学皆主之立义。《春秋》《易》《礼》《乐》无足疑，《诗》《易》经孔子翻定，已为孔子之书，首尾相合，大非四代本制矣，故今学家皆主之。"这里的"统"具有统领与总括之意，即以《王制》可以总括六经内容，其所言之制度分属于各经，故为六经总的大纲。在廖平看来《王制》乃孔子晚年改制之作，应为群经之首，因而通经致用的标准不是汉儒推崇的《春秋》，而应是《王制》。廖平发挥了以礼制区分今古学和解经的基本学术思想，以《王制》之制度看待六经，则六经之间存在共通性，因而他提出"六经相通"之说。他以为除《周礼》之制度与《王制》相异而外，其他各经例如关于亲迎、三年之丧、选举、方伯、再娶等的记述是相同的，而关于明堂、辟雍、爵禄之制，则有的经记载较详，有的则略；博通诸经遂可全面理解孔子所定之制度。《王制》之所为后世之大法，这是因为其所言之爵禄，即后世之职官志；所言之封建、五服，即后世之地理志；所言之兴学、选举，即后世之选举制；所言之巡狩、吉凶，即后世之礼乐志；所言之田用、财富，即后世之食货志；所言之司马掌职，即后世之兵制；所言之司寇掌职，即后世之刑罚志；所言之四夷，即后世之外夷诸传。因此治经应先从《王制》入手，只有精通此著后才可以治六经。治经之次第为《诗经》《尚书》《仪礼》《春秋》《乐经》《左传》《国语》。它们所涉及之制度，皆为《王制》之分附。这样依次学习，便能通群经了。

廖平的经学思想是不断变化的，其今文经学的观点前后未变，但关于群经及其相互之间的关系的认识却发生很大的变化。他在提出"《王制》统六经"之说的两年后（1888）又提出"《诗》统群经"之说，这意味着对前说的否定；又说六经"归本于《孝经》"，由此否定了《诗经》在群经中的地位；此两说又是对"《王制》统六经"之说的否定。可见廖平立论之多变无常，矛盾而不能自圆其说，在学理上陷于紊乱。他试图将六经视为一个有内在联系的整体，而存在明显的穿凿附会，以致终于失败。廖平之说为我们留下值得探讨的两个问题，即六经是否为孔子所作，六经之间是否存在可由一经统领的内在联系。

孔子与六经的关系，最早《孟子·滕文公下》以为《春秋》是孔子所作，稍后《庄子·天运篇》记孔子见老聃，自谓治"六经"。此两说皆无任何依据，尤其后者乃寓言，更不可信。汉代司马迁在《史记》卷十七《孔子世家》记述孔子作"五经"之事，这同样在《论语》中找不出任何确切的依据，但此后竟成为汉代今文经学家的定论，但东汉古文经学家否定了此说。中国新文化运动以来学者们对孔子制作六经之说已有详细辨析，例如钱玄同断定"孔子无删述或创作'六经'之事"。蒙文通说："六经为古代之文献，为后贤之教典，周秦间学术思想最为发达，谓胚胎孕育于古文献则可，谓悉萃于此古文献则非也。孔子、孟、荀之思想，可谓与古文献有关。"他们是在严密的考辨的基础上而作出结论的，事实已经很清楚了，六经的性质与内容是各不相同的。《周易》为古代卜筮之书，《尚书》乃汇集古代政令训诰等社会政治文献，《仪礼》是关于礼制仪节的记载，《乐经》为古代乐理与乐制之书，《诗经》是古代诗篇的汇编，《春秋》为鲁国之编年史。它们在学术性质上分别归属于数术、政治、音乐、文学、历史等类，内容各不相同，编著者非一，著述时间先后不一：它们并不存在统一的著述意图，更不存在统属关系，因而不存在相互的内在的联系。我们若以某一观念将它们串联起来，必然如今文经学家一样，仅是一种盲目的信仰和主观意愿的附会而已。廖平的"《王制》统六经"之说是非常荒诞的。

廖平是一位不断追求学术思想进步和追求儒家最高政治理想实现的学者。他一生治学凡六变，而实为前后两段：前三变以《王制》为标准区分今古之学，发展为以《王制》统六经之说；自四变以后，将经学分为人学和天学，而以天学为主，最后发展为皇帝大同之学。清光绪二十八年（1902）廖平五十一岁，其治学道路发生巨大变化，为其经学思想之四变。他自述：

> 癸未（1883）至今二十四年矣。初以《王制》《周礼》同治中国，分周、孔同异，袭用东汉法（古文经学）也；继以《周礼》与《王制》不两立，归狱（刘）歆、（王）莽，用西汉法（今文经学）。然今学囿于《王制》，则六艺（六经）虽博，特中国一隅之书耳。戊戌（1898）以后，始言大同，乃订《周礼》为皇帝书；与《王制》大小不同，一内一外，两得其所。"凡有血气，莫不尊焉。"盖邹衍之说大明，孔子乃负拘墟。壬寅（1902）后，因梵宗大有感悟，始知《书》尽人学，《诗》《易》则遨游六合之外，因据以改正《诗》《易》旧稿。盖至此而上天下地无不通。

自 1902 年廖平忽然悟到孔子说的"未能事人，焉能事鬼"，"未知生，焉知死"，此为孔子治学之次第，即未知生则不可谈死亡之事，未能事人则不可以言鬼魂。谈人生现实之事属于"人学"，谈死亡与鬼魂之事属于"天学"：由此可以明白"天人之学"的区分。他将六经分为"人学"与"天学"两大类，以《尚书》《春秋》言事明切为人学，以《诗经》《周易》言海外及鬼神为天学。他说："《诗》专详地球五洲之事，为《庄子》'六合之内'；《易》言天道，为六合之外。道家之乘龙御凤，《楚辞》之登天上征，《国语》引《尚书》'绝地天通'，言颛顼以前，人能升天，传述其说，盖专为小统言之。至大统则人能登天。《列子·汤问篇》言天地之外，更有大天地；以《易》言之，《乾》《坤》为小天地，《泰》《否》为大天地，二氏（佛教与道教）登天之说，不尽虚空。"因谈天学，廖平遂将先儒以为的"诡怪不经之书"如《灵枢》《素问》《楚辞》《山海经》《列子》《庄子》《尸子》《穆天子传》，以及司马相如《大人赋》和释典等，所言之超自然的神奇变怪的东西皆用以作为阐释"天学"的依据。这种天学所谈论的范围不仅是人类全球，而且包括整个宇宙太空，它已是"皇帝之学"了。此学的渊源，廖平以为亦是由孔子制作的，他说："王伯由孔子制作，而归之三代古皇帝，亦犹王伯之制，由孔子制作，而归之古之王伯。是惟孔子，不惟制作三伯，兼制作皇帝。如说天之昼夜，大地沉浮，三万里中四游成四季，五大洲疆宇，大九州名目，凡《山海经》《天文》《地形训》《列》《庄》之所称述，皆由孔子二千年以前，预知百世以后之世运而为之制作。"这将孔子完全神化了，他不仅为王伯定制，又为远古皇帝定制。"王伯"即

"王霸"。《孟子·公孙丑上》："以力假仁者霸，霸必有大国；以德行仁者王，王不待大。"王霸即王业与霸业。儒家称以德行仁政为王，以力假仁者为霸。廖平晚年悟到《王制》所述制度为中国王伯之制，《周礼》所述之制为皇帝全球之治法。孔子为王伯定制，而以古代皇帝之制为依据，于此遂可得出孔子为古皇帝定制之说。因此孔子的神圣在于能知前数千年之事而定制，它已为后世各种神话和寓言证实；可见孔子是先知，又能在两千年前知百世之后的世运。这里廖平所谓的"皇帝"，非指一般的古代帝王，而是今文经学家相信的谶纬中的"三皇"与"五帝"。两汉时期谶纬的编造者以为"三皇"是天皇、地皇、人皇，或是伏羲、女娲、神农，或是伏羲、燧人、神农；以"五天帝"为东方威灵仰、南方赤熛怒、中央含枢纽、西方白招炬、北方叶光纪，他们分属不同方位，还有各自的颜色、图腾和庙名。此外还有"三皇"之前"十纪"的诸皇。廖平不仅相信谶纬的荒唐无稽之说，还力图从六经中找到佐证。他说："春、秋象两仪，为天皇、地皇，中分天下，年则配皇，《大统春秋》之一统，一区也。考晋楚分伯，象天地二皇。皇天一统，则以天地二皇为公，两岳为八伯，如《易》之四象八卦。考五帝五分天下，即《大行人》（《周礼·秋官·司寇》）九畿、九州、邹衍之九九八十一州。以方三千里一《春秋》为州，每帝之京为一《春秋》；方三千里分之，为方九千里者九。以千里比一旬，则九旬为三月，每隔九州，象三月，《采葛》（《诗经·王风》）所谓'如三月兮'，以象羲（伏羲）之四子，各司一时三月。"以谶纬解经已属荒诞了，以经证谶纬则使儒家的经典也荒诞了。1906年廖平在《皇帝大同学革弊兴利百目》里发挥了"皇帝之学"，如此为"《中庸》为全球立法，无征不信，百世俟圣不惑"，"《大学》即皇帝之学，专详平治天下"，"皇帝之世，天下大同，不言小康"，"孔子为圣，皇帝为学"，"圣学广大如天，与地球相始终"，"皇帝经营天下，由《春秋》推行《诗》《易》《周礼》，以成一统之治"，"皇帝定宗旨，中外方有实学"。这将"皇帝之学"的义蕴发挥到极致，廖平由此对儒家治国平天下的政治理想之实现充满了信心，坚信六经不唯治中国，兼治全球。中国近代鸦片战争以来丧权辱国，民贫国弱，社会动乱，这并未使文化保守主义者们认清中国现实，更不愿去了解世界发展的趋势，仍然以抱残守阙的态度，怀着以六经治中国和治全球的幻想。孔子的改制之说由康有为发展为进步的维新变法思想，而廖平则欲恢复古制，使历史倒退到古代。从"天学"到"皇帝之学"，廖平的今文经学思想发展到极致，其荒诞之中存在一种学理的推演，自成一说。

蒙默先生之父蒙文通为廖平弟子，蒙默少传家学，属廖平之再传弟子，对经学深有研究。他于 2015 年的绝笔之作《素王改制：廖季平先生经学思想的核心》里以为"素王改制"是廖平经学思想内在发展的必然结论。他在指出廖平经学思想的某些谬误时，阐发了其社会政治思想的进步意义："'素王改制''孔子改制'，显然就是要提升'改制'的意义，加重'改制'的分量，以引起广大士人的觉醒……改制是有着保国保种保教的深意的，是包含着强烈的时代意识的，是贯穿着高度爱国主义精神的。"蒙默还认为廖平晚年"通过讲经以倡革命，正是应顺时代潮流而动"。廖平的经学思想的确起到了积极的社会作用，尤其是它为康有为吸收后而发扬光大了。虽然如此，但从学理来考察其经学思想，则在理论及理论基础方面确是存在荒诞的和可笑的错误；所以其恩师多次严厉地告诫，同时受到学术界的批评。

从上述的探讨，可见廖平继承了今文经学的学说，相信谶纬，以孔子为素王，以六经为孔子所作，以孔子因革改制为后世立大法，提倡通经致用。他进而主张以礼制区分经今古文学，以《王制》统六经，夸大礼制在解经中的作用，无视六经各自的性质，以为它们皆孔子之作而存在紧密的内部联系。他从尊孔的信仰出发，凭着主观的奇异想象而胡乱穿凿附会去解释六经，还使用了天文学、星象学、道家、佛教、神话、寓言、中医学、堪舆学等杂乱材料构建天学，甚至相信灵魂不灭，乘龙御风、升天入地等迷妄之说。他由天学进而建构"皇帝之学"，将谶纬的虚幻的"三皇五帝"的神话传说误为真实，妄想以六经统全球，并产生关于宇宙太空的无限神秘的遐想。廖平的经学思想不断发展变化，愈变愈离奇，于是将今文经学推上极其谬误与荒诞的绝路，因而他被学术界誉为今文经学的终结者。

我们在认为廖平为今文经学的终结者时，虽然见到其谬误与荒诞，却又不得不承认他予以今文经学发展，对经学确有精深的研究，而且著述丰富，形成了理论系统，表现出鲜明的学术个性。廖平在探求真知的过程中所产生的失误，是在极其高度精微的学术研究中出现的，它起到了推动学术前进的作用。廖平的经学思想对我们仍有启发与借鉴的意义，他仍不愧为中国近世的经学大师和思想家。

刘师培在四川国学院

汉代所传儒家经典有用先秦古文字写的和秦以来今文字写的两种，二者的文字、篇数、传授、师法均有差异，自东汉以来即形成"今文"与"古文"两大学派。今文经学派以孔子为政治家，以"六经"为孔子致治之说，解经注重微言大义的发掘；古文经学派以孔子为史学家，以六经为孔子整理之史书，解经注重名物训诂的考释。清代经学以古文学派为盛，晚清则是今文学派的复兴时期。由于特殊的历史原因，在清代四川学术处于凋敝的状态，直至晚清始活跃起来，而且以今文经学派最为显著。清同治十三年（1874）四川学政张之洞与总督吴棠向朝廷奏请建立尊经书院，获准后于光绪初年建成，以期复兴蜀学。清光绪三年（1877）丁宝桢任四川总督，特聘请湖南著名今文经学大师王闿运为山长。王闿运于次年底到任，主张经世致用之学，经术与辞章并重，培养了许多人才，如吴之英、廖平、张森楷、杨锐、宋育仁、曾瀛、曾培、戴孟侚、陈文垣、骆成骧、王昌麟、辜予渠、陶鼎金、易铭生、盛世英、徐炯、谭焯等政治家和学者，在四川形成今文经学繁盛的局面。民国初年，著名学者刘师培，因历史的偶然而到四川国学院讲学，从而使蜀中今文经学独盛的局面发生变化，非常有助于四川国学的发展。

刘师培，字申叔，又名光汉，号左庵，江苏仪征人，生于清光绪十年（1884）。四代传《春秋》之学。光绪二十九年（1903）二十岁时赴京参加会试，归途经上海与章太炎及其爱国社团同志相识。光绪三十一年（1905）成为《国粹学报》主要撰稿人。光绪三十三年（1907）至日本，为《民报》撰稿人，并创办《天义报》。晚年任北京大学教授，于1919年卒，年仅三十六岁。刘师培属于中国学术史上罕见的天才，著述达七十四种，涉及经学、学术史、小学和文献学的广阔领域。钱玄同认为刘师培是中国近世学术思想革新时代黎明运动（1884—1917）中与康有为、谭嗣同、梁启超、严复、夏曾佑、章太炎、孙诒让、蔡元培、王国维等人一般对学术发展具有重大意义的学者。钱玄同将刘师培的学术分为前期（1903—1908）和后期（1909—1919）。这两期反映出刘师培政治态度和学术思想的明显变化：前期政治思想趋向革命，学术上谨守古文经学家法；后期政治思想趋于保守，学术思想则臻于成熟。刘师培在四川讲学正是处于后期学术思想成熟的阶段。

清宣统元年（1909）端方任两江总督，刘师培上书云："伏念两江所辖，地大物博，自明公莅治以来，学风移易，均知崇实黜虚，复创设图书馆，以冀保存典籍，惟国学一科，尚缺专门学校。查湖北、苏州，创设存古学堂，均经奉旨允准在案……庶尊孔爱国之词，克以实践，即正人心、息邪说之功胥在于是乎？想明公必有以乐从其请也。"他希望端方在南京办国学专门学校，因此甚得端方赏识，即赴南京。自此刘师培投靠端方，背叛革命。宣统三年辛亥——1911年9月2日，清政府任命端方为川粤汉铁路督办大臣，率领鄂军三十一标及三十二标一部共两千人赴四川镇压保路运动。10月10日武昌起义成功，11月13日端方离重庆到资中后不敢前进，派刘师培和朱山到成都游说四川保路运动领导人；游说失败，刘师培回到资中。11月27日，端方为鄂军起义部队捕杀，刘师培被拘捕。《民立报》1912年1月25日载："刘光汉在资州被拘，该处军政分府电大总统请示办法。"教育部致电文："四川都督府转资州分府：报载刘光汉在贵处被拘。刘君虽随端方入蜀，非其本意，大总统已电贵府释放。请由贵府护送刘君来部，以崇硕学。"总统府电文云："四川资州军政署鉴：刘光汉被拘，希派人委送来宁，勿苛待。"刘师培被释放后，没有去南京，而是应四川军政府之聘，于民国元年——1912年4月到了成都。

辛亥革命后，四川军政府曾设枢密院，沿袭唐宋旧制，但实际上是属于咨询机关，聘请廖平为院长。民国元年尹昌衡任四川总督，于元月改枢密院为国学院，聘请著名学者担任院事，吴之英为院长，刘师培为院副。国学院以"研究国学，发扬国粹"为宗旨，负责编集地方文献，续修通志，编纂四川光复史；院设立国学学校。国学院原在成都三圣街，秋季迁至南门外存古学堂，改存古学堂为国学馆，原存古学堂监督谢无量与刘师培为院副，国学学校开始招生，学生有六十人。刘师培自述："民国元年，薄游成都，承乏国学院事，兼主国学学校讲习。"他在《国学学校同学录序》里记述了国学学校的创办及其意义：

　　粤任前清宣统二年，四川总督请于朝，创设存古学校，申告属县，广致学徒，多士祁祁，远迩鳞集，简奇擢秀，著录百人。俾涉学庭，以咏圣术，劝学兴礼，典仪备具。于是耆德故老吴之英、廖平之伦，潜乐教思，朝夕讲习，善诱恂恂，文其材素，日就月将，髦士孔休，抑抑威仪，造次必儒。方将扶进微学，尊广道义，仪德邹峋，比伦稷馆，流洪耀于靡极，拯六艺于既坠，中丁丧乱，礼乐凌夷，戎马生郊，人怀避就，讲诵蔑闻，俎豆不设。民国聿兴，法禁变易，俗贱博古，群谋更谨。时师培客游蜀都，襄治国学院事，爰集耆老缙绅，相与谋曰：建国之道，教学为先，粤稽在昔，乡里有教，鼓箧孙业，游文六艺，用是雅化普致，嘉休来洽……由是众谋金同，定名国学学校，矩则所沿，颇有改易，叙经致业，相承无改。

民国二年（1913）夏，刘师培离开成都，前往上海。他在四川国学学校教学实为两学期。他的教学是很认真的，弟子彭作祯说："民国二年申叔师任成都国学院副院长，予时厕迹省署内务司，与同司谢子夷及其他三人往受业，因有公务，于每星期内乘暇请授《说文》。别为一室，不在讲堂。师每次授逾二小时余犹不止。予与子夷等请曰：师过劳，可以憩矣。始退。其诲人不倦有如此。"可见除了学校教学外，尚有其他弟子求学。刘师培不仅在成都刊行了其早年的文集《左庵集》，还为四川国学学校主办的《四川国学杂志》撰写了许多学术论文，计有《今文〈尚书〉无序说》《周明堂考》《〈法言〉李注非故本考》《古重文考》《中国文字问题序》《〈匡谬正俗〉校正序》《西汉〈周官〉师说考》《〈春秋左氏传〉传例略解》《〈晏子春秋〉佚文补辑》《〈庄子〉校补》《〈荀子〉佚文辑补》《〈春秋繁露〉校补》《〈白虎通义〉源流考》等三十余篇论文。刘师培在成都的教学与著述，显示了一种新的学术思潮，为闭塞的西蜀引进了新的学风。

刘师培是《国粹学报》的主要撰稿人,他虽属于国粹派学者,但对"国粹"的理解却与其他国粹主义者的保守态度有异。他并不顽固地提倡保存国粹,而是认为"世称中国者孰不曰守旧之国哉,虽然守旧者必有旧可守者也,必能保存国粹者也。乃吾即今日之中国观之,觉一物一事之微,无一与古代相同者。吾得以一言而断之曰:中国并不保存国粹"。他具体从音乐、衣服、宫室器具、礼俗、言文等方面说明古今的变化,"无一非用夷变夏"。那么所谓保存国粹究竟是保存什么呢?什么是中华固有的好东西呢?在怎样对待中华传统文化问题上,刘师培仍感到困惑,但他的态度较其他国粹主义者则更为客观,由怀疑遂可进一步追寻真理。"国学"的概念正是国粹派提出的,1905年2月《国粹学报》在上海创刊,刘师培从第一期开始连载其《国学发微》。这自然要涉及国学是什么的问题,他在序言里说:

> 诠明旧籍,甄别九流,庄、荀二家尚矣。自此厥后,惟班《志》(《汉书·艺文志》)集其大成。孟坚(班固)不作,文献谁征?惟彦和(刘勰)《雕龙》论文章之流别,于玄(刘知几)《史通》溯史册之渊源,前贤述作,此其选矣。近儒会稽章氏(学诚)《文史通义》内外篇,集二刘之长,以萃汇诸家之学术,郑樵以还,一人而已。予少读章氏书,思有赓续,惟斯事体大,著述未遑,近撰一书,颜曰《国学发微》。

这是一部未完稿,追溯了六艺之源,论及明代学术而止,从目录的角度,考察中国学术流变历史。刘师培未对国学定义,从其论述可见其理解的国学即是中国学术的流变与发展。这样的认识亦较其他国粹学者将国学等同于儒学和将提倡国学等同于读经的见解进步多了。

蜀中学者廖平的今文经学思想在晚清学术界是很有影响的。刘师培在入蜀之前即对廖平的经学思想进行了批评，入蜀后同在国学学校主讲，进而对廖平晚年的天人之学进行批评。这无疑打破了四川学术界今文经学统治的局面，有助于思想的解放与学术的活跃。廖平在光绪十一年（1885）于成都刊行了其代表著作《今古学考》，关于今古文经学的历史公案，他以细密的系统考察，分列了今古学统宗表、今古学宗旨不同表、今古学流派表、今古学兼用杂用经史子集书目表、今古学经传存佚表，在大量史料的基础上进行了分析梳理，以简明的方式辨明了今古文经学的历史分野。刘师培接受的家学是古文经学派，他虽然力图调和今文与古文经学，以为汉代以前无今古文之分，西汉今文学家不废古文，故二者仅是文字之异，但又从古文经学的观点严厉批评以廖平为代表的今文经学派。他在 1909 年发表的《汉代古文学辩诬》里批评廖平：

今人某氏谓今古学宗旨全不相同；今学祖孔子，古学主周公；今学以《王制》为主，古学以《周礼》为主；今学主因革，古学主从周；今学用质家，古学用文家；今学多本伊尹，古学多本周公；今学多孔子晚年之说，古学多孔子壮年之说；今经皆孔子所作，古经多学古者润色之作。又谓今为经学派，古为史学派；今学近乎王，古学师乎伯；今学意主救文弊，古学意主守时制……呜呼，何其固也！

这正是对廖平《今古学考》中《今古学宗旨不同表》内容的概括。刘师培指出廖平的固执，根据东汉古文经学家许慎的《五经异议》进行具体的辩论，以说明今古经学立论多同，并非两个学派。经学的今古文两派是学术史上的客观存在，晚清以来今文经学之盛与古文经学派的治学方法形成尖锐的对立状态。廖平在考察它们的历史之后，系统地阐明两派的学术特点，这是其学术的最大贡献。刘师培调和并抹杀二者的差异，无法解释经学的历史现象，然而他以之作为批评今文经学的理论依据遂由此展开。

晚清今文经学家提出的孔子改制说，不仅是一种学术思想，而且是变法和革命的理论；为此受到古文经学派的猛烈反对。廖平的《辟刘篇》和《知圣篇》于光绪八年（1882）完稿，后者于光绪二十八年（1902）刊行。此两著是康有为著《新学伪经考》和《孔子改制考》的变法理论依据。廖平在《经话甲编》卷一记述云："广州康长素（有为）奇才博识，精力绝人，平生专以制度说经。戊己（1888—1889）年间从沈君子丰处得《学考》，谬引为知己。及还羊城，同黄季度过广雅书局相访，余以《知圣篇》示之；驰书相戒，近万余言，斥为好名骛外，转变前说，急当焚毁。当时答以面谈，再决行止。后访城南安徽会馆，黄季度以病未至，两心相协，谈论移晷。明年（1891）闻江叔海得俞荫老书，而《新学伪经考》成矣。"他又在《四益馆经学四变记》里说："于是以尊经者作为《知圣篇》，辟古者作为《辟刘篇》。外间所传之《改制考》即祖述《知圣篇》，《伪经考》即祖述《辟刘篇》，而多失其宗旨。"康有为的弟子梁启超承认这个事实，他说："今文学运动之中心曰南海康有为……后见廖平所著书，乃尽弃其旧说。"廖平在《知圣篇》里多处言及孔子托古改制，如说"孔子为主，改帝王以合己","孔子受命制作，有不得不改之苦衷","《春秋》《论语》诸经，凡所非议，皆为改制救弊"。这些论点皆被康有为充分阐发。刘师培于1906年发表专文《论孔子无改制之事》云："中国自古迄今制度不同，朝名既改，则制度亦更。然改革制度之权，均操于君王，未有以庶民而操改制之柄者。以庶民而操改制之柄，始于汉儒言孔子改制，然孔子改制之说，自汉以来未有奉为定论者。奉汉儒之言为定论则始于近人。夫以庶民而改制，事非不美，特考之其时，度之于势，稽之于书，觉孔子改制之说，实有未可从者。"汉代公羊学家们以孔子为受命于天的圣人，虽无帝王之位，而有天子之德，称之为"素王"；认为《春秋》就是孔子代天改制，替后世帝王所立的大法。此说在汉以后鲜为经学家论及，晚清今文经学复兴而使此说盛行。孔子改制说仅是今文经学家政治理想的依托，是将孔子神化以后所作的附会。刘师培很深刻地指出制度改革的权力，是操纵于执政的最高统治集团，若从历史事实考察和参证载籍，所谓孔子改制之说是不可能的，也是没有的。孔子改制说在晚清是具有政治意义的，推动了变法思潮，然而在学理上则是难以成立的。刘师培正是从学理的意义给予了否定。这应是对今文经学派的重大打击。

刘师培在四川仍然坚持了对今文经学的基本态度和对孔子改制说的否定，特别是对廖平晚年的天人学说做了直接的批评。自1902年廖平之学四变，其在国学学校主讲时皆大谈天人之学。他在《四益馆经学四变记》里以"《大学》为人学，《中庸》为'天学'……人学为六合以内，'天学'为六合以外。《春秋》言伯而包王，《尚书》言帝而包皇。《周礼》三皇五帝之说，专言《尚书》；《王制》王伯之说，专言《春秋》……至于《诗》《易》以上征下浮为大例，《中庸》所谓'鸢飞戾天，鱼跃于渊'为'上下察'之止境。周游六漠，魂梦飞身"。他进而以为孔子不言鬼神，这是其为学的次第问题，自其创立"天人之学"，遂可通于天地、鬼神、生死等玄妙问题。他相信古代《素问》《灵枢》《楚辞》《山海经》《庄子》《列子》《穆天子传》及佛典的"诡怪不经"之书所谈到的荒诞不经的东西，皆可得到合理的解释，并可以证明为真实的。他在民国二年初刊的《孔圣经学发微》里专节谈到"天学神游说"。廖平的学术思想已误入歧途，具有浓重的神秘性质。民国二年，刘师培在《四川国学杂志》第七期发表《与廖季平论天人书》，对"天人之学"进行了严厉批评：

> 夫经论繁广，条流夥散，仰研玄旨，理无二适。盖业资意造，生灭所以相轮；觉本无明，形名所以俱寂。势必物我皆谢，心形同泯，理应玄感，照极玄初，超永劫之延路，拔幽根于始造，非经纬天地，明光上下，遑变形之奇，知生类之众已也。至于《诗》《易》明天，眈周抱一，邹书极喻于天根，屈赋沉思于轻举，虽理隔常照，谭造宿业，使飞鸢之喻有征，远龙之灵弗求，然巫咸升降，终属寰中，穆满神游，非超系表。何则？轻清为天，重浊为地，轻升浊降，轮转实均，是知宙为迁流，宇为方位，宙兼今古，宇彻人天。内典以道超天，前籍以无为道，玄家所云方外，仍内典所谓域中耳。以天统佛，未见其可。

刘师培力图表明古代典籍繁多，学术源流杂乱，但真理只有一个。宇宙间的生命是有生死的，事物没有永恒。《诗经》和《周易》所说的"天",《老子》和《庄子》所说的"道",邹衍的九州仙岛,屈赋的升天,巫咸的神异,周穆王的神游,它们有的是想象,有的是比喻,范围仍在寰宇之内,不在天外。以中国"天"的观念去包涵佛理,使之同一,这是自来讲不通的。刘师培最后指出,以天学阐释儒学,结果反而损毁了真正的儒学,可能导致中华学术的自我失落。从批评中表现了刘师培学术思想已达成熟的境界,展示了深邃的理性光辉。刘师培对今文经学和天人之学的批评,给四川学术界带来了新的学术思想,打破了今文经学在四川割据的局面,开启了一种真正的学术追求的良好学风。

刘师培著述里保存了三篇在国学学校的讲稿——《春秋左氏传答问》《答四川国学学校诸生问〈说文〉书》和《定命论讲学词》,它们都体现了其古文经学派的学术思想与治学方法。关于孔子《春秋》的疏解,战国时齐人公羊高有《春秋公羊传》,阐释《春秋》的微言大义,是汉以来今文经学所宗的重要典籍,为后世政治家托古改制的依据;春秋时鲁人左丘明的《春秋左氏传》,为《春秋》补充了大量史事,是汉以来古文经学所宗的重要典籍。刘师培之曾祖父文洪,祖父毓崧、伯父寿曾均以治《春秋左氏传》知名。他幼承家学,入蜀之前已著有《春秋古经笺》《读左札记》《春秋左氏传例略》《春秋左氏传时月日古例考》等著作。在国学学校,他为弟子讲《左传》,为回答学生的问题写成《春秋左氏传答问》。学生提出的如"昭八年葬陈哀公""杜说左氏以五十凡为解经通例""公会诸侯于夹谷""定五年复归粟于蔡"等具体的烦琐的春秋史事考证问题,刘师培皆有详细的引证和解说。弟子魏继仁问关于左丘明的姓名与著作史载的差异问题,刘师培回答说:

《左传》《国语》确非两人所作，"左丘"亦非复姓。"丘"
其姓，"左"其官，详（清人）俞正燮《癸巳类稿》。又
《礼·玉藻》云："动则左史书之，言则右史书之。"动为《春
秋》，言为《尚书》。据大戴《礼记·盛德篇》卢注，以为左
史即太史。又据《汉志》自注及《论语》孔注均言丘明鲁太
史，是丘明即左史，厥证甚昭，故所作之传标题"左氏"。此
谊（义）俞（正燮）所未云，聊补于此。

　　这回答表现了刘师培学识的渊博精深与治学的谨严，注意事
实的考证，不空谈微言大义。今文经学派治学从义理切入，古文
经学派则从小学切入。廖平以今文经学的观点认为："近贤论述，
皆以小学为治经入手……近贤声训之学，迂曲不适用，究其所得，
一知半解，无济实用……如段氏《说文》、王氏《经传释词》、《经
义述闻》，即使全通其说，不过资谈柄，绣盘帨，与贴括之墨调滥
套，实为鲁卫之政，语之政事经济，仍属茫昧。"在国学学校里，
刘师培除讲《左传》而外，又讲《说文》，适与廖平治学途径相
反。其《答四川国学学校诸生问〈说文〉书》即是讲《说文》之
后回答若干疑义，如"音近谊通之说""古字通用定例""同部之
字均从部首得形，所从之形抑或谊殊部首""许书读若例""大徐
新附得失""重编许书以六书为纲"。这些均属中国文字学最基本
的理论问题，刘师培的回答是很深刻的，培养了学生坚实的小学
基础。从这两种答问来看，刘师培坚持了古文经学派的治学途径，
与前辈今文经学大师廖平在国学教学中处于对立的状态。

　　廖平曾在《知圣篇》里认为："孔子'五十知天命'，实有受
命之瑞，故动引'天'为说。使非实有证据，则不能如此。受命

之说，惟孔子一人得言之。"他晚年在国学学校里更附会以天人之学。"天命"是中国古代的哲学难题之一。刘师培在国学学校专就此问题进行探讨，撰成《定命论》发表于《四川国学杂志》第十期。他指摘廖平说："后儒说无命，有鬼神，是主持《诗》《书》旧说；说有命，无鬼神，是主持孔子新说。廖井研说六经皆孔子作，何孔子一口两舌耶？"刘师培关于"定命"问题，特向学生作了讲学，提出六个值得思考的问题：命当研究之原因，孔子论命与古说不同，命之有无，命所由来，命可改不可改，儒者论命之误。这是中国学术的大问题，刘师培认为：

> 人无智愚，咸有趋福避祸之心，顾成败祸福或出于不可知。中国古说计三家。一为墨家，以为鬼神福善祸淫；一为阴阳家，谓吉凶可依术数趋避。以今观之，人世祸福，恒与积行不相应。墨说之乖，不攻自破。阴阳家之说，《论衡》所驳，颇中其微。以事有前知证之，则孔子惟命之说，迥较二家优长。
>
> 孔言惟命，于命所自来，书缺有间。释教以积因说命，说至纤悉。孔子之说似弗与同。又深稽孔说，似以命由天畀，且畀出自天心。天道悠悠，实非浅学所窥。然果如孔说，则抵牾似稀，非若墨家之破也。

这个问题不仅刘师培不能解决，即使现代科学也难以圆满回答。然而刘师培探讨儒家经典关于它的认识，比较孔子和墨家、阴阳家之说后，以为孔子的有命无鬼神之说更合于学理。这样客观地考察了"天命"之说，以学术的真实否定了廖平的天人之学，证实其为荒诞。

刘师培在四川国学院仅一年半，在国学学校教学仅两学期，但当其盛年，于学术研究取得重大成就，教学所产生的影响尤为深远。他虽然是国粹派的重要人物，却无固执的态度，对国学是从学术史角度来认识的。他的治学途径与方法基本上是属于古文经学派的，却又超越了狭隘的宗派观念，见到今古经学两派互有得失。他在国学学校的教学中，坚持了自己的学术观点，提倡自己的治学方法；与蜀中今文经学派同事友好相处，而对以廖平为代表的今文经学观点则展开了尖锐而深刻的批评，给蜀中学术界树立了一种真正而纯粹的学术风尚。当时蒙文通先生正在国学学校学习，他后来回忆说："文通于壬子，癸丑（1912—1913）学经于国学院，时廖（平）、刘（师培）两师及名山吴之英并在讲席，或崇古，或尊今，或会而通之，持各有故，言各有理，朝夕所闻，无非矛盾，惊骇无已，几历年所，口诵心惟，而莫敢发一问。虽无日不疑，而疑终莫能解。然依礼数以判家法，此两师之所同。吴师亦曰五经皆经礼为断，是因师门之绪论，谨守而勿敢失者也。"弟子们在诸位师长纷纭学说之间无所适从，甚感疑惑，却启发了他们的学术选择与自由思考，在比较之中寻求真知。我们见到蒙文通先生虽治经学，但摆脱了今文经学的门户之见，并由经学转向史学，取得巨大成就。我们还可见到，稍后的刘咸炘先生从家传的经学而转向了史学理论研究，显然他亦间接受到刘师培的影响。尹炎武说：

师培从忠敏（端方）入蜀，行至重庆，忠敏殉难。师培只身流亡入成都，谢无量邀之国学院，与蜀中今文大师廖季平角立，手订《左庵集》雕版行之，蜀学丕变。

刘师培在四川国学院带来了"蜀学丕变"，促进了四川国学运动的发展，这应是四川学术史上光辉的一页。刘师培为中国近代学术黎明时期的代表人物，他的偶然入蜀，竟给蜀中学术带来了黎明的曙光。

章太炎与国学普及工作

　　1905 年由上海国学保存会主办的《国粹学报》创刊，标志在中国学术界国学运动的兴起。国学运动的初期，章太炎因学术上已有成就，而且参加革命活动，于是产生了广泛的社会影响，故被誉为国学大师。我们纵观章太炎对国学运动的贡献，他主要是长期从事国学的普及工作，成效卓著，有助于推进国学运动的发展。我们谈到国学时，必须区分它的两个层面：一是国学研究，一是国学基本知识。国学研究是对我国传统文化——实即中国文献与历史的若干困难的学术问题的探讨，这是深奥的学问。国学基本知识是准备从事国学研究必备的基础，亦即关于中国传统文化的知识，落实在对中国典籍经、史、子、集四部书的熟悉。国学运动之始，章太炎选择了讲学的方式以普及国学基本知识，并且一直坚持下去，适应了国学成为文化思潮之需，为国学研究培养了众多的人才。这是国学运动中不可忽视的、极有意义的工作。

　　章太炎九岁时，向外祖父朱有虔学习儒家经典。朱有虔，字左卿，海盐人，晚清庠生，精于汉学。1890—1896 年，章太炎二十三至二十九岁时，在杭州从古文经学大师俞樾治经学。俞樾为道光三十年（1850）进士，中年即离仕途，专意著述，治学以乾嘉学派著名学者王念孙与王引之为宗，注重正句读，审字义。其《群经平议》《诸子平议》和《古书疑义举例》为代表著作。章太炎在俞樾的诂经精舍求学期间完成了《膏兰室札记》四册，是对先秦儒家经典和诸子的考证的学术札记；同时完成了《春秋左传读》和《驳箴膏肓评》，此两著均是针对清代常州今文经学派刘逢禄的批评。1898 年 12 月，章太炎在台湾时将其发表，打破了传统经学观念。《国故论衡》是一部系统论述国学知识的著作，其中于中国传统文化确有新创的学术见解，它成为章太炎以后讲学的理论依据。在《国故论衡》出版时，《教育今语杂志》发布的广告说："本书分小学、文学、诸子学三类，用讲义体裁，解说简明，学理湛深，诚研究国学者不可不读也。"它现在仍应为治国学者必读之书。因其语意深奥艰涩，蜀中已故学者庞俊和郭诚永的《国故论衡疏证》已于 2008 年由中华书局出版，有助于对原著的解读。章太炎于此著中首次提出"国故"的概念，但并未加以说明。1923 年胡适在《〈国学季刊〉发刊宣言》里解释说："'国故'在我们的心眼里，只是'国故学'的缩写。中国的一切过去的文化史，都是我们的'国故'；研究这一切过去的历史文化的学问，就是'国故学'，省称为'国学'。'国故'这个名词，最为妥当，因为它是一个中性的名词，不含褒贬的意义。'国故'包含'国粹'，但它又包含'国渣'。"因此"国故"的本义是"国故学"，是研究中国传统文化的学问，所以胡适号召"整理国故"迅即得到学术界的响应。章太炎在辛亥革命后自日本归国，此后他多次在各地讲演国学，其时间较集中、内容较系统的讲习活动是在北京、上海和苏州等地举行。

　　1913 年冬，章太炎在北京因受到袁世凯政府的监视，北京共和党党部遂成立国学讲习所，讲室设于党部会议厅大楼。章太炎讲经学、史学、玄学、文学，编有各科讲义。课程安排：星期一至星期三讲文科的小学，星期四讲文科的文学，星期五讲史科，星期六讲玄科。当时康有为与其弟子陈焕章等得到袁世凯政府的支持，成立孔教会，祀奉儒家圣人孔子，将孔子宗教化，以孔教为国教。章太炎极力反对孔教会，发表有《驳建立孔教议》等文，因此他在讲学处的壁上贴有通知："余主讲国学，踵门来学之士亦云不少。本会专以开通智识，昌大国性为宗，与宗教绝对不能相混。其已入孔教会而后愿入本会者，须先脱离孔教会，庶免薰莸杂糅之病。"可惜此次讲学不到一月，章太炎便被袁世凯政府逮捕下狱。顾颉刚时在北京大学预科学习，11月12日至12月1日，他与同学数人每夜都去听章太炎讲国学。顾颉刚记述："民国二年的冬天，太炎先生在化石桥共和党本部开国学讲习会……先说宗教和学问的地位的冲突，又说现在提倡孔教会的人是别有用心的；又举了王闿运、廖平、康有为等今文学家所发的种种怪诞不经之说，他们如何解'耶稣'为父亲复生，如何解'墨者钜子'即十字架，如何解'君子之道斯为美'为俄罗斯一变至美利坚；他们的思想如何起源于董仲舒，如何想通经致用，如何妄造了孔子的奇迹，硬捧他做教主。"这记述的是章太炎反对孔教会的讲演，当属讲学时的即兴发挥。孔教会的发起者康有为、王闿运和廖平等人都是今文经学家。今文经学和古文经学是儒学的两大学派。汉代初年儒家的一些经典的流传有用汉代通行的隶书书写的"今文"经典，亦有用大篆书写的"古文"经典，两者的文本、师承、解说均不相同。今文学家治学重在阐发经典的微言大义，古文学家则重在考释经典的文字名物。它们在东汉时形成两大学派。章太炎是古文经学大师，所以坚决反对今文经学派的康有为等以儒家为宗教的怪诞之说。顾颉刚听讲后深受启发，初次对学术问题发生了兴趣。他说："从此以后，我在学问上已经认清了几条大路，知道我要走哪一条道路时是应当怎样走去了。"

1922年3月29日上海《申报》刊登江苏省教育会通告："敬启者，自欧风东渐，鼓尚西学，研究国学者日稀，而欧战以还，西国学问大家来华专事研究我国旧学者，又时有所闻，盖亦深知西方之新学说或已早见于我国古籍，借西方之新学，以证明我国之旧学，此即为中西文化沟通之动机。同人深惧国学之衰微，又念国学根底最深者莫如章太炎先生，爰特敦请先生莅会，主讲国学，幸蒙允许。"4月1日星期六下午四点，国学讲演开始，到会者约三四百人。章太炎此次讲国学大概，先说在日本及北京讲学的经过，次论讲学之难易，随即标示此次讲学的大概：一、国学之自体：（甲）经史非神话，（乙）经典诸子非宗教，（丙）历史非小说传奇；二、治国学之方法：（甲）辨书籍真伪，（乙）通小学，（丙）明地理，（丁）知古今人情之变迁，（戊）辨文学应用。第一讲后因听众甚多，地址改于上海迎薰路中华职业学校附设职业教育馆。此讲学自4月1日至6月17日共十讲，第九讲到会者约七八十人。讲学记录存在三种文本：一是《申报》所辟《章太炎讲学记》栏目所刊载每次讲学的报道和记录；一是张冥飞整理的《章太炎先生国学讲演集》；一是曹聚仁整理的《国学概论》。三种记录中，《国学概论》于当年11月1日由上海泰东图书局排印出版，此后多次再版，广为流传。《国学概论》是讲演记录，章太炎以深入浅出的方式系统地讲述了国学的基本知识。他说："我讲国学只能指示些门径和矫正些近人易犯的毛病。"此次所讲实为两大部分，即概论和国学派别。在概论里讲国学的本体和治国学的方法。他所谓国学的本体实为对中国典籍的基本看法，即"经史非神话""经典诸子非宗教""历史非小说传奇"，但却未能对经史与神话、诸子与宗教、历史与小说等关系做严格的区分，而是存在混杂的倾向。史学家吕思勉稍后批评说："讲起古史的材料来，实当分为广义、狭义。广义的材料，凡是神话、传说等一切荒唐之言，都该包括进去的。狭义的材料，则当以史官所记和士大夫所传，所谓雅驯之言为限。……章太炎于此，不甚了解，他认为根据神话传说而否认古代史官所记或士大夫所传，就是把中国的历史抹杀了，把中国的历史抹杀，就是把中国古代的文化抹杀了。"关于治国学的方法，章太炎指出的是：辨书籍的真伪，通小学，明地理，知古今人情之变，辨文学应用。这实为治国学应具备的基本学术修养，却并非研究国学的方法。胡适和顾颉刚等学者倡导的科学考证方法才是研究国学和整理国故的基本方法。章太炎所讲的国学并非国学研究的层面。《国学概论》中"国学的派别"是主要部分，也是讲得最详的。他将国学分为经学、哲学和文学三大派别，它们实为儒学演变的历史、诸子之学和宋明理学、古文和韵的知识。章太炎对每种学问的源流的讲述概括而深刻，而且较为通俗。然而"国学"毕竟是晚清时期的一个新的学术概念，特指研究中国传统文化之专门学问，而中国传统学术本身却非国学。章太炎"国学派别"概念的使用与其中许多内容不相适应，例如韵文与非韵文即不是派别，经学也不宜分为南北两派。他在第十讲里谈到"国学如何进步"为全讲的结论。他认为国学求进步之要点是：经学以比类知原求进步，哲学以直观自得求进步，文学以发情止义求进步。我们且不论其所指示的途径是否正确，国学显然被分解为经学、哲学和文学了,"国学"也就不存在了。章太炎关于国学的理解是从国粹主义观念出发的,他为国学指示的"门径"在当时国学运动新倾向形成的情形下已不很合时宜,然而《国学概论》仍能在国学普及工作中起到重要作用。初学者可以从中大致认识中国传统学术发展演变的概况,所以它迄今再版数十次之多,尚优于其他各种讲国学入门之书。

章太炎晚年最后一次系统地讲国学,是在苏州章氏国学讲习会。1935 年 8 月 16 日《申报》刊登章氏国学讲习会消息:

> 朴学大师余杭章太炎先生,自卜筑苏州以来,日以著书自娱。今春国府致送万金,以示敬者,章氏即以该款充作讲习会筹备经费,俾得建筑学堂,广设学座,招四方学者来苏听讲,寄宿会中。兹悉该会筹备工作业已就绪,所有讲堂、宿舍、膳厅等均已竣工,而暑期中所搜之讲学班,亦经结束。自九月十六日起,正式规模宏大之讲习会,刻正征求外埠学者前往报名,章程函索即寄。该会会址为苏州城内锦帆路五十号。闻现在报名之各地学者,即边远省区亦络绎而至。他日昌明文化,复兴国学,一线生机,胥系于此。

这个讲习会与以前临时之讲学不同,它是正规的国学学校。它的发起人乃章氏弟子朱希祖、钱玄同、黄侃、汪东、吴承仕、马裕藻、潘承弼等。此会还得到政界与学界的大力支持,赞助者有段祺瑞、宋哲元、马相伯、吴佩孚、李根源、冯玉祥、陈陶遗、黄炎培、蒋维乔。此会的宗旨是:"研究固有文化,造就国学人才。"学制为两年,属专修性质,共分四学期:

第一学期：小学略说　经学略说　历史学略说　诸子略说　文学略说

第二学期：说文　音学五书　诗经　书经　通鉴纪事本末　荀子　韩非子　经传释词

第三学期：说文　尔雅　三礼　通鉴纪事本末　老子　庄子　金石例

第四学期：说文　易经　春秋　通鉴纪事本末　墨子　吕氏春秋　文心雕龙

章太炎主讲，讲师尚有朱希祖、汪东、孙世扬、诸祖耿、王骞、王乘六、潘承弼、王牛、汪柏年、马宗芗、王绍兰、马宗霍、沈延国、金毓黻、潘重规、黄焯。当时的学员来自全国十九省，其中有高校讲师、中学教员，大多数则是大学和专科学生，共百余人。9 月 16 日，章氏国学讲习会正式开学。每星期二章太炎亲临讲席，讲授通论部分。次年 6 月 14 日，章太炎病逝，享年六十九岁。章氏国学讲习会由章氏夫人汤国梨主持，继续办下去。章太炎所讲通论部分由其弟子王乘六、诸祖耿记录，孙世扬整理校订，1963 年台北广文书局将几种记录合并，以《国学略说》之名出版；今有北京海潮出版社 2007 年出版的《章太炎国学讲义》，将《国学概论》与《国学略说》合并收入。《国学略说》是章太炎国学研究的荟萃，以通俗方式系统讲述国学基本知识，分别讲述小学、经学、史学、诸子学和文学的历史与要籍，并时而阐发新的学术见解。这与以前所讲的不同之处是：增加了史学，重在传授知识，避开个人的国学见解，亦不特别指示国学门径和方法，讲述更为客观而明晰。与章太炎同时的蜀中国学大师刘咸炘谈到国学时说：

> 欲求成学，必须自读，盖国学与科学不同。科学程序、性质均固定分明，亦以来自西洋，国人能读其书者稀、不能广览深究，惟凭转贩，故依次讲授，本毕功完。吾国学，则四部相连，多不可划疆而治；且陈编具在，待我穷研，即云浅尝，四部常识，已非一端，数大经史，亦不可一窥其略。

中国的典籍分为经、史、子、集四类，对其中每类书的源流分部的基本情况的了解和对重要典籍的阅读，便可大致认识中国传统学术的概况。国学基本知识的特点即是经、史、子、集四部的相连，形成一个广博的知识结构。章太炎此次讲学即按传统的四部书分类而做系统的学术讲述。传统的"小学"包括以《说文》为基础的文字学，以《广韵》为基础的音韵学，以《尔雅》为基础的训诂学；它们是解读儒家经典的工具，作为经学的附庸。章太炎于小学的研究极深，他将小学单列一学讲述，这是很有学术见解的，显然以之作为治国学的工具，故以为国学基本知识之首。《国学略说》与《国学概论》比较，关于经学、诸子学和文学，章太炎不再讲学术派别之分，而是讲学术的发展概况和重要典籍的系统知识。关于小学，则简明地介绍了文字学、音韵学和训诂学，不再像《国故论衡》所讲述的那样艰深晦涩。史学则是章太炎第一次讲述的，使其国学知识的结构完满全面。他首先讲述中国史学的分类和渊源，进而重点讲述正史、编年史和政书，最后讲述关于史料的鉴别。他在"治史明辨"里说："余星期讲习会中，曾言经史实录不应无故怀疑。所谓'无故怀疑'者，矜奇炫异，拾人余唾，以哗众取宠也。若核其同异，审其是非，憬然有得于心，此正学者所见之事也。……治史者宜冥心独往，比勘群书而明辨之也。"显然章太炎的学术思想比以前成熟了，强调了对史料的"核其同异，审其是非"，以求真实的史料。小学、经学、史学、诸子学和文学，它们构成一个整体，是治国学者必须具备的基本知识。《国学略说》是章太炎一生讲国学最完整、系统、简明、深刻的讲稿，其中虽然存在反对国学运动新倾向和新史学的一些意见，但随处可见这位国学大师特具卓识的学术见解。关于儒家的重要经典《春秋》，章太炎认为："《春秋》始有编年之法，史法于是一变，故不可谓《春秋》之作专为拨乱反正也。宋儒以为《春秋》贵王贱霸，此意适与《春秋》相反。《春秋》述齐桓、晋文之事，尚霸之意显然。"关于儒家争议的人性善恶之辨，章太炎赞成扬雄的"善恶混"之说，以为："孟子有见于我爱，故云性善；荀子有见于我慢，故云性恶；扬子有见于我爱我慢交至为用，故云善恶混也。……扬子生孟荀之后，其前尚有董仲舒。仲舒谓人性犹谷，谷中有米，米外犹有糠。是善恶混之说，仲舒已见到，子云（扬雄）始明言之耳。"关于《庄子·齐物论》之主旨，章太炎说："此篇殆为我国初期学派纷歧、是非蜂起而作。彼亦一是非，此亦一是非，庄子则以为一切本无是非。必也思想断灭，然后是非之见泯也。"关于法家，章太炎谈及治国之术说："论政治者，无论法家、术家，要是苟安一时之计，断无一成不变之法。至于绝圣去知，又不能见之事实。是故政治比于医药，医家处方不过使人苟活一时，不能使人永免于死亡也。"此类精湛的卓识于《国学略说》中随处可见，是为章太炎晚年学术思想之闪光。故此讲稿除了讲述国学基本知识之外，能启示学者对治学途径的选择，亦因新颖而深刻的学术观点而引导学者进入学术研究之门。

我们从章太炎在北京、日本、上海、苏州的四次国学讲习的内容来看，他并未倡导儒术，也不提倡读经，仅从学术的角度论及经学，并将儒家列入诸子之中。他所理解的国学实为中国传统学术，治国学的基础是学习传统学术中的小学、经学、史学、诸子学和文学的重要典籍，并了解它们的源流。章太炎的国学观念前后是存在矛盾的，我们要认识其国学理论的真实，应当从其今存国学讲义《国故论衡》《国学概论》和《国学略说》中去探讨和总结。我们如果纵观这位国学大师的国学论著，则以上三种讲义是最系统的，由它们可见其国学观点的发展演变情况，自然以《国学略说》最能代表他晚年关于国学的认识。

章太炎是国学运动早期的国学大师，属于国粹主义者。自1923年胡适发表《〈国学季刊〉发刊宣言》而标志国学运动新倾向的兴起之后，以科学考证方法整理国故成为国学运动的主流。国学新潮的学者们从事国学研究，在学术上取得前所未有的成就，他们是反对国学普及工作的。顾颉刚于1926年发表的《北京大学〈国学门周刊〉发刊词》表示："我们研究的主旨是在于用科学的方法去驾驭中国的历史材料，不是要做国粹论者。我们不希望把国学普及给一班民众。"国学研究是高深的学问，不可能普及。如果向喜爱中国传统文化的和志于国学的青年学子讲习国学基本知识，以期继承中国传统文化并培养一部分从事国学研究的人才，这却又是非常必要的。在众多国学大师中，章太炎是从事国学普及工作最有成效和影响的。梁启超在《清代学术概论》里说："章炳麟中岁以后所得，固非清学所能限矣；其影响于近来学界者亦甚巨。"章太炎在学界的影响不是其古文经学研究，而是其关于国学基本知识的普及工作。现在我们如果要做国学的普及工作，不宜去提倡普遍的读经，更不宜去宣扬儒家的政治伦理思想，而是应认真学习章太炎讲国学的历史经验。

章太炎晚年的国学观念

　　章太炎是国学运动的前辈学者，"国故"即是他于1910年在日本出版《国故论衡》而提出的一个新的学术概念。1923年1月胡适对此概念解释说："'国故'在我们的心眼里，只是'国故学'的缩写。中国的一切过去的文化史，都是我们的'国故'；研究这一切过去的历史文化的学问，就是'国故学'，省称为'国学'。'国故'这个名词，最为妥当，因为它是一个中性的名词，不含褒贬的意义。'国故'包含'国粹'，但它又包含'国渣'。我们若不解'国渣'，如何懂得'国粹'？"国粹派的学者们大致以为儒学或理学所体现的传统文化思想是国学的菁华；他们主张通经致用，但却未提出较为具体的政治伦理规范，因为他们毕竟是学者。章太炎曾长期从事国学的普及工作，以信古的态度和旧的方法进行国学研究，在晚年其国学观念发生了巨大的变化。他于1933年3月从改良社会的愿望出发，提出可以总括儒家政治伦理精神的、简要而且可付诸社会实践的四种（篇）儒家经典以作为伦理道德的行为准则——"国学之统宗"。他晚年在多次的演讲中均不断地阐述其新的国学观念。"国学之统宗"在国学界——即使在国粹派中也并未得到广泛的认同，它在国学运动中是一个奇特而又不可忽视的现象。因它是国粹主义的极端，亦应是"国渣"的典型，所以很值得我们进行学术的探讨与历史的反思。

自1908年3月起，章太炎在日本为中国留学生讲国学基础知识，此后他又在北平、上海等地系统地讲国学。他并未提倡儒术，也未提倡读经，仅从学术的角度论及经学，将儒家列入诸子之中。他所理解的国学实为中国传统学术，治国学的基础是学习传统学术中的小学、经学、史学、诸子学和文学的重要典籍，了解它们的学术源流。章太炎属于国学运动之初的国粹学派，极为提倡国粹。他说："为甚提倡国粹？不是要人尊信孔教，只是要人爱惜我们汉种的历史。这个历史就是广义说的，其中可分为三项：一是语言文字，二是典章制度，三是人物事迹。近来有一种欧化主义的人，总说中国人比西洋人所差甚远，所以自甘暴弃，说中国必定灭亡，黄种必定剿绝。因为他们不晓得中国的长处，见到别无可爱，就把爱国爱种的心，一日衰薄一日。若他晓得，我想就是全无心肝的人，那爱国爱种的心，必定风发泉涌，不可遏抑的。"他理解的国粹是中国的历史、语言、文学等整个的传统文化，从爱国的立场保存国粹，汉民族便可复兴。他的国学普及工作的意义即在于通过系统学习国学基础知识，以承传中国文化，弘扬国粹。然而章太炎深习儒家经学，所受儒家经世致用的观念牢固，不可避免地在治学与人生道路上徘徊于求是与致用之间。1920年他将治学分为"求是"与"致用"两种途径，以为："求是之学高深而不切实用，致用之学浅显而易求，彼愈精微则愈无用矣，致用之学则在与社会相适合，无所用其高也。"这时，他对求是与致用二者未做优劣的判断，但反映出已感到求是之学无实用的价值，在学术思想上处于矛盾的状态。顾颉刚曾于1913年在北平听过章太炎讲国学，到1926年即发现章太炎的学术思想正在发生转变："他薄致用而重求是，这个主义我始终信守，但他自己却胜不过正统观念的压迫而屡屡动摇这个基本信念。"章太炎求是的学术信念的根本转变是在他1931年六十四岁之后的晚年。此年9月18日，日本军袭取东北沈阳，炮轰东北大营，继而进陷吉林，侵占东北。国民政府采取"避免事态扩大，绝对不抵抗"的态度，这激起章太炎无比的义愤。他以强烈的爱国主义精神于1932年1月13日与熊希龄、马相伯等通电"联合全民总动员收复失地"，继与友人在上海成立中华民国国难救济会。1月19日，他与张一麟、沈钧儒等联合发出通电"请国民救援辽西"。2月23日，他由上海赴北平见张学良，代东南民众呼吁出兵，督促政府抗日。章太炎在面临中华民族国难发生之际，3月24日在燕京大学演讲《论今日切要之学》，主张将"求是"与"致用"二者结合为"今日切要之学"，它即是历史。他以为，懂得历史，便能明白东三省自古是中国的领土，不是"附庸之国"的性质。他最后说："当今世界在较任何时期为严重的时候，历史上之陈迹，即为爱国心之源泉，致用时之棋谱。其系于一国之兴亡为用尤巨，故史志乃今日切要之学也。"历史，尤其是东北史的研究，固然为当时切要之学，但它仍属于求是之学，尚非致用之学。由切要之学的考虑，章太炎终于在1933年转向中国传统文化武库中寻求致用之道，重新提倡儒家伦理道德学说，其学说内容发生根本的变化。他说："余往昔在北京、日本等处，亦曾讲学，所讲与今日学校中讲无殊，但较为精细而已。今昔时代不同，今日之讲学，不如往昔矣。第一祇须教人不将旧道德尽废，若欲学者冥心独往，过求高深，则尚非其时，故今日之讲学，与往昔稍异其趣。惟讲学贵有宗旨，教人不将旧道德尽废者，亦教人'如何为人'之宗旨而已。"因此，1933年3月14日，章太炎在无锡国专演讲时提出了"国学之统宗"，以为伦理道德之准则。他说："今欲改良社会，不宜单讲理学，坐而言，要在起而能行。周、孔之道，不外修己治人，其要归于六经，必以约持之道，为之统宗。……余以为今日而讲国学，《孝经》《大学》《儒行》《丧服》，实万流之汇归也。不但坐而言，要在起而行矣。"在"国学之统宗"的演讲前后，分别演讲《经义与治事》《〈大学〉大义》《〈儒行〉要旨》《讲学大旨与〈孝经〉要义》《〈丧服〉概论》《〈孝经〉〈大学〉〈儒行〉〈丧服〉余论》《论读经有利而无弊》《再释读经之异议》等。他将所标举的儒家四种（篇）经典称为"四经"，意欲以之取代南宋朱熹推广的《四书》——《大学》《中庸》《论语》《孟子》。他以为此"四经""其原文合之不过一万字，以之讲诵，以之躬行，修己治人之道，大抵在是矣"。它们集中了儒家经典的要义，简明易学，具有切实的道德实践的指导意义，由此可以改良社会，重倡儒家伦理道德；这是国学的本源，亦即国粹了。因此，"国学之统宗"成为了真正的致用之学，体现了章太炎晚年的国学信念。关于《孝经》《大学》《儒行》和《丧服》在修己治人实践中的意义，章太炎有较详的学理阐述。然而，它们是否可以成为"国学之统宗"，这须作具体的考察与分析。

《孝经》是秦汉间儒者拟托孔子向其弟子曾参陈述孝道之作，讲天子、诸侯、卿大夫、士、庶人之孝道及孝行等问题，共存十八章。唐开成年间（836—840），《孝经》始正式被列入儒家经典，至宋代以后为《十三经》之一。章太炎说："凡读《孝经》，须参考《大戴礼·王言篇》，盖二书并是孔子对曾子之言。《孝经》言修身不及政治,《王言》专言政治,其言七教可以守国,三至可以征伐,皆是为政之要……吾谓《孝经》一书,虽不言政治,而其精微处,亦归结政治。"《王言》为汉代儒者戴德撰著《大戴礼记》之一篇,亦拟托孔子答曾子问。其中谈到以德治天下云:"道者所以明德也,德者所以尊道也。是故非德不尊,非道不明,虽有国焉,不孝不服,不可以取千里;虽有博地众民,不以其道治之,不可以霸天下。是故昔者明王,内修七教,外行三至。七教修焉可以守,三至行焉可以征。"所谓"七教"是敬老、顺齿、乐施、亲贤、好德、恶贪、强果。所谓"三至"是至礼不让、至赏不费、至乐无声。章太炎相信,《孝经》和《王言》都是孔子之言,若遵从而付诸社会实践即可改良社会。为此他指责世风:"今日世风丕变……一辈新进青年亦往往非孝。岂知孝者人之天性,天性如此,即尽力压制,亦不能使其灭绝。惟彼辈所持理由辄借口于'反对封建',由反对封建而反对宗法,遂致反对孝行。"这是对中国新文化运动以来的反封建思潮而言的。

《大学》为《礼记》之一篇,因拟托曾子述孔子之言,以为作者是曾子,但实为秦汉之际儒者所作。此篇较系统地表述为学之次第,作为学子入德之门径,体现了儒家的政治理想。儒者以为"明德""亲民""至善"是大学之三纲。这是一个使个人道德昭明而达到至高道德完善的过程,实为统治者的德治理想。实现此理想须经过格物、致知、诚意、正心、修身、齐家、治国、平天下的序列阶段。章太炎以为:"《大学》者,平天下之原则也,从'仁义'起,至'平天下'止,一切学问,皆包括其中。治国学者,应知其总汇在此。"关于"明明德",章太炎解释说:"不过'为人君,止于仁;为人臣,止于敬;为人子,止于孝;为人父,止于慈；与国人交，止于信'而已。所谓亲民，即是此也。"这样，"明明德"即是社会伦理关系中尊卑贵贱各等级应守的礼法。章太炎又补充说："读《大学》不过得其纲领而已。《学记》所言何以为学，何以为教，言之甚详。……我谓不读《学记》，无以为教，抑无以为学也。"《学记》亦是《礼记》之一篇，其论及"大学之道"云："一年视离经辨志，二年视敬业乐群，五年视博习亲师，七年视论学取友，谓之小成。九年知类通达，强立而不反，谓之大成。夫然后足以化民易俗。近者说服，而远者怀之。"这是汉代儒者关于通过学习而达到"化民"的设想。

《儒行》为《礼记》之一篇，拟设孔子答鲁哀公问儒者行为，实为汉儒所著。其中论述儒者之自立、容貌、立义、特行、刚毅、忠信、安贫、忧思、博学、举贤、闻善、洁身、志操、尊让、安命等道德修养与行为。它们固然体现了儒者独立特行、刚毅高洁的品格，而又流露宿命、明哲保身、迂阔、高隐、任侠的倾向，较为全面地反映了儒者复杂的人格。章太炎特别推崇"尚气节"和"任侠"两种儒行。他以为，中国若有百分之一的尚气节者"足以御外侮矣"，而尚勇的"任侠"者则与民族之存亡有关，但对尚勇者又必须加以遏制，因恐其滋生暴乱。

《丧服》是《仪礼》之一篇，为汉代经师设问以解答古代居丧时所应穿的衣服。古代规定居丧期间有五种衣服，即斩衰、齐衰、大功、小功、缌麻，称为"五服"。章太炎试图恢复古代丧服制度，以保存古礼，他以为其重要意义在于："在今日未亡将亡，而吾辈亟需保存者，厥惟《仪礼》中之《丧服》。此事于人情厚薄，至有关系，中华之异于他族亦即在此。"中国古代丧服制度，历代有所变化，章太炎主张依据《开元礼》之规定，他说："国家昏乱，礼教几于坠地，然一二新学小生之言，固未能尽变民俗，如丧服一事，自礼俗以至于今兹，二三千年未有能废者也。今虽衰麻室庐之制，不能一一如古，大体犹颇有存者。……《清礼》既不可遵行，而轻议礼者又多破碎。择善从之，宜取其稍完美者，莫尚于《开元礼》矣。"

关于"修己治人"，这是中国古代儒者及清末以来国粹主义者的政治理想，不止章太炎如此，只是他将其内容弄得狭隘和简单而已。修己为了进德。儒家所说的"德"，大致是"温、良、恭、俭、让"的"五德"，汉儒又概括为"仁、义、礼、智、信"的"五常"，或"孝、悌、忠、信"的"四德"。这些是人们在社会关系中自然表现的普遍的德性，用不着儒家加以特别提倡的，例如帛书道家《老子甲本》卷后古佚书即有"仁、义、礼、智"的"四行"之说；《管子·牧民》又以"礼、义、廉、耻"为国之"四维"。自古以来普通民众未读过儒家经典的，他们凭自己的良知也在社会关系中体现出仁、义、忠、孝等朴素的德行，并对它们的含义有民间的理解。他们理解的"义"是民间的义气，可以替天行道的；他们理解的"忠"是忠于事和忠于朋友。他们也懂得为人须尊老爱幼，遵行礼节，讲究信用。中华民族这些普遍的德行已成为传统文化精神的组成部分而被承传。然而，每个时代的统治者却又赋予这些道德概念以特定的统治意识和内容，以使之成为维护社会秩序的工具，并成为强制性的社会原则而令民众服从。儒家在提倡"五德"或"五常"时是将它们纳入了"德治"和"礼教"的政治规范之中，以实现统治者"治人"的目的。因此，儒家的"修己"是在外在的行为上表现为道德的楷模，宣扬道德信条以帮助统治阶级并成为其中的一员而去"治人"。在封建社会专制的背景下，标榜"德治"和"礼教"便使若干道德品行服从于封建伦理纲常，忠君、敬长，以尊卑贵贱区分社会等级，以封建统治者的利益为大义。因此，民众没有平等自由的权利，只有让统治者生杀予夺，成为没有个性的服从宗法的愚民。然而，我们如果考察历史上诸多帝王、贤者、圣人、士大夫、儒者的具体的私人生活与社会生活的真实，便可发现他们并不遵守或不完全遵守他们所宣扬的儒家道德。现代新儒家熊十力对中国传统思想深有研究，他即认为："古代封建社会之言礼也，以别尊卑、定上下为其中心思想。卑而下者，以安分为志，绝对服从其尊而上者。虽其思想行动等方面，受无理之抑制，亦以为分所当然，安之若素，而无所谓自由与独立。及人类进化，脱去封建之余习，则其制礼也，本独立、自由、平等诸原则。人人各尽其知能、才力，各得分愿。"章太炎在中国现代文明的社会背景下，仍然抱着虚幻的"修己治人"的愿望，并使之作为国学之统宗，欲使国学脱离学术的轨道而去担负重大的社会使命。

1946年，许地山批评国粹主义者说："评定一个地方底文化高低不在看那里底社会能够保存多少样国粹，只要看他们保留了多少外国的与本国的国渣便可知道……要清除文化渣滓不能以情感或意气用事，须用冷静的头脑去仔细评量我们民族底文化遗产。"以此观点看待，章太炎的"国学之统宗"应是属于国渣的。自1993年北京大学中国传统文化研究中心主办的《国学研究》创刊，标志国学热潮再度在中国学术界兴起，虽然继承了国学新倾向的传统，但国粹思潮却更为活跃，并显示出较强的趋势，如以儒学为国学研究的核心，提倡普遍的读经，并以恢复儒家伦理道德抵制现代思想意识，赋予国学的社会政治使命。我们回顾章太炎晚年的国学观念以及其"国学之统宗"是颇有现实学术意义的。

重读王国维纪念碑铭

在北京的清华大学幽静的清华园里，现在仍立着王国维纪念碑。它是在王国维自沉昆明湖之后两周年——1929 年由国立清华大学研究院师生敬立的。学子们每经此地时总会怀着对一代国学大师的崇敬与惋惜的心情，而又总会为在 20 世纪中国学术史上具有特殊地位的陈寅恪先生所写的碑铭所感动与激励。碑铭中称赞的"独立之精神，自由之思想"，第一次表达了近世启蒙思想运动以来中国学者关于学术的独立与自由的理想，成为正直学者的追求与人格的象征。早在 1905 年，王国维即论述学术独立的意义，他说："夫哲学家与美术家之所志者真理也。真理者，天下万世之真理，而非一时之真理也。"因而追求真理是学者的天职，他希望"今后之哲学、美术家毋忘其天职而失其独立之位置则幸矣"。他评论学术界时，主张将学术研究视为目的，而非作为国家、民族和宗教的手段；这样学术才能独立，而"学术之发达，存乎其独立而已"。在陈寅恪看来，王国维以自杀方式表现的独立与自由精神是伟大而永恒的。这亦是陈寅恪的思想与主张。1953 年 12 月，他在《对科学院的答复》里申明："我的思想，我的主张完全见于我所写的王国维纪念碑中……我认为研究学术最主要的是要具有自由的意志和独立的精神。"近年谈论陈寅恪已成为一种"高雅的时尚",其"独立之精神,自由之思想"则是一个重要的话题。当我们重读王国维纪念碑铭时自然会陷入种种的沉思:怎样理解学术的独立的意义,学术真能独立吗,王国维和陈寅恪关于学术独立的理想实现了吗?

1907 年是王国维在学术思想上最困惑之际,他清楚地知道什么是真理,什么是谬误,也见到个人才性在理智与情感方面的矛盾,于是决定从哲学转入文学领域,继而又从文学转到文字学、音韵学、中国古史、西北历史地理的研究。他对学术研究对象和方法的选择是以个人学术兴趣为转移的,体现了独立的精神与自由的思想。陈寅恪早年以治唐史知名,继于 1950 年刊行《元白诗笺证稿》开创以诗证史的比较方法,走向文史结合的研究道路。在他人生的最后二十年(1949—1969),虽然双目失明而仍顽强地完成了关于弹词《再生缘》的长篇论文和关于清初名妓柳如是的传记巨著。这两项研究是冷僻而与时代思潮相违的,它们的完成足以体现陈寅恪的独立精神和自由思想。这是我们将两位大师的学术研究孤立地看待而作出的结论,而事实上并不完全如此。学者关于学术独立自由的追求属于个人理想,希望在实现的过程中体现学者的本质力量而通向真理的彼岸。在此过程中主体必然与外在的学术环境和社会条件发生种种联系,会遭遇意想不到的困难。主体正是在与外部条件的斗争中展示人格力量的。学者追求学术的独立自由必然受到时代学术思想与社会政治的制约,因而不存在绝对独立的精神和绝对自由的思想。

王国维和陈寅恪不幸都主要活动于社会文化巨变的时代。王国维在新文化运动中和陈寅恪在 1949 年后都面临着对新与旧两种学术思想的选择，学者是无法逃避时代潮流的。王国维曾感叹说："外界之势力之影响于学术岂不大哉！"他当时处于中学与西学的激烈论争之中，他主张中西结合，所以能从世界文化的高度来看待中西学之争。王国维早年倾向于吸收西方哲学，成为叔本华哲学在中国的崇奉者和传播者。他虽然能正确认识中学与西学的关系，而且提倡新学，但在辛亥革命之后却转向了旧学。他发现当时新学以科技为主或与政治联姻而偏重实用与功利，真正有学术兴趣的闭户著书的学者凤毛麟角；因此认为"不如深研见弃之旧学者，吾人能断其出于好学之真意故也"。王国维转入传统的文字学、音韵学、古史、西北史地的研究，使其学术潜能得到极佳的发挥，在这一大片纯学术的园地里取得了空前的成就，为举世所瞩目。王国维之所以取得辉煌的成就主要是运用了新材料和新方法，而且吸取了外来的观念并将其与固有之材料互相参证。这正是陈寅恪《王静庵先生遗书序》里所总结的，而且以为凡此皆足转移一个时代的学术风气，而可昭示来者之轨则。王国维的成功在于新内容的发掘与新方法的使用，而这一切都让他站在学术潮流浪尖之上。陈寅恪是主张学者参与潮流的，1930年他为《敦煌劫余录》作序说："一时代之学术，必有其新材料与新问题。取用此材料，以研求问题，则为此时代之新潮流。治学之士，得预此潮流者，谓之预流。"这忽略了新的学术思想在学术潮流中的主导作用。新材料的发现固然可以引起新问题，但如果没有新的学术思想与新的表现方式便不可能有新的文化阐释，很可能仍在固有的圈子里徘徊。陈寅恪早年的《隋唐制度渊源略论稿》和《唐代政治史述论稿》，尝试以社会学、经济学和文化学的观点研究历史，形成新的结构，开辟了新的途径，体现了新的学术潮流。然而当其以诗证史——实为以史解诗之后，在选题上增强了个人兴趣，在论述中带着浓重的个人情感，遂使研究成果偏离了学术规范。在《元白诗笺证稿》里，他说："纵览史乘，凡士大夫阶级之转移升降，往往与道德标准及社会风习之变迁有关……此转移升降之士大夫阶级之人，有贤不肖拙巧之分别，而其贤者拙者，常感到痛苦，终于消灭而后已。"陈寅恪最后二十年的著述，旨在探索社会巨变过程中没落的士大夫贤者的精神痛苦，这在《柳如是别传》里表现得最为明显："披寻钱（谦益）柳（如是）之篇什于残阙毁禁之余，往往窥见其孤怀遗恨，有可以令人感泣不能自已者焉。"从发掘明末清初名妓柳如是之孤怀遗恨，而欲以见"独立之精神，自由之思想"，它已超越了学术的意义，而成为中华文化性格的一种追求。然而这仅可解释为遗老精神而已，并非中华民族的精神实质。我们可见，王国维拒绝接受新文化思想，但在学术研究中关注新发现的问题，采用先进的方法，适应了学术潮流；陈寅恪偏离近代人文思想，退回到传统的文化观念中，采用了烦琐考证的方法，远离了学术潮流。

关于王国维的死因，陈寅恪在碑铭里说："先生以一死见其独立自由之意志，非所论于一人之恩怨，一姓之兴亡。"这排除了王国维之死与罗振玉之恩怨有关的可能，也否定了其为清王室殉难之说，似乎是为了学术之独立自由而舍生取义了。陈寅恪可能出于对同事兼好友的爱护而曲为解说，或从个人观念作了错误的理解，未见到事件的政治原因。王国维是一位纯粹的学者，然而并未摆脱政治的牵连。学术与国家的关系，王国维认为："夫就哲学家言之，固无待于国家之保护。哲学家而仰国家之保护，哲学家之大辱也。"他坚信学术是独立的，可以为国家争得荣誉；如果学者仰仗于国家政权的保护，则说明学术未得到应有的尊重，这应是学者的耻辱。然而以为学术无现实政权的保护也可以独立自由地发展，这无疑是书生之见。学术在乱世因缺乏必要的安定环境与物质条件而不能发达，在某种统治思想处于独尊而疯狂肆虐时，学术会经浩劫而受到摧残；只有社会昌明，政治宽松，文化开放的盛世，学术才可能独立自由地发展。王国维不幸处于乱世，为求得做学问的条件而不得不在经济上依赖于人，在政治上是糊涂而错误的，对于社会现实并无清醒的认识，为中国学者留下了沉痛的教训。顾颉刚先生哀悼云："倘使中国早有了研究学问的机关，凡是有志研究的人到里边去，可以恣意地满足他的知识欲，而又无衣食之忧，那么静安先生何必去靠罗氏，更何必因罗氏之故而成为遗老。如今他用了几十年的努力，在史学上贡献了许多成绩，为中国在国际上争得了仅有的荣誉，到头来只有自居反革命的地位而先伏其罪。"在处理政治关系方面，陈寅恪比王国维清醒得多；在争取到的社会条件方面，陈寅恪比王国维也优越得多。新中国成立之初，陈寅恪表示："我要为学术争自由。我自从作王国维纪念碑文时，即持学术自由之宗旨，历二十余年而不变。"为此他坚决主张必须脱掉"俗谛之桎梏"。他是将政治视为"俗谛之桎梏"的，以为否则"即不能发扬真理，即不能研究学术"。他在新中国的前二十年间获准不参加政治学习，未接受思想改造，继以深邃的历史认识在"大鸣大放"中保持沉默，可以选择得力助手，在经济困难时期享受特殊的优厚待遇。政府因其曾是清华研究院导师，是懂得梵文、藏文、蒙古文、阿拉伯文、中亚古文字等十余种语言文字的历史学家，而且在新中国成立前夕没有跟随国民党去台湾，属于爱国人士；为此从中央到地方政府和学校均给予特殊的礼遇和优待，以保证他在双目失明后仍能自由地从事学术研究工作。陈寅恪在完成自己的名山事业过程中，坚持了学术的独立，体现了自由的意志，展示了卓绝的人格力量。然而这一切是因为有了政府对他的特殊宽容，提供了良好的条件。可是到了"文化大革命"时，陈寅恪也在政治风暴中遭到批判、凌辱、抄家和驱逐的厄运。学术的独立是学者的理想，但它不可能脱离政治，亦不可能没有一定的社会条件。中国新文化运动以来，人们对传统文化怀疑和批评，崇尚个人的自由和理性，从而动摇了个人和民族的根本信仰。当时出现两种倾向，即否定信仰和情感的理智主义和偏离理性而流于感伤放诞的浪漫主义。王国维和陈寅恪大致可以代表这两种倾向。王国维对于学术的价值有非常深刻的认识，他在1911年的《国学丛刊》云："故深湛幽渺之思，学者有所不避焉；迂远烦琐之讥，学者有所不辞焉。事物无大小，无远近，苟思之得甚真，记之得其实，极其会归，皆有裨于人类之生存福祉。"他早年写作《红楼梦评论》和《人间词话》时尚有浓重的个人情感与偏见，1911年东渡日本以后进入了新的学术境界；此后的研究是纯学术兴趣的，严格遵循科学的方法进行理性的探索。然而他却没有从知识与阅历之中形成自己的学术信念，以作为思想和行为的指导，以使理性与感性统一，故缺乏学者的使命感而在诸种矛盾间感到绝望。陈寅恪的最后二十年本应有更大成就的，因感伤的情绪，以致在学术研究中放任情感，而又陷入支离破碎的烦琐考证。王国维的学术影响见于其高水平的学术论著，而陈寅恪的影响在于其所倡导的"历史文化观"。他为许多学术名著写的序言里都表述了独特的文化思想，在《王观堂先生挽词并序》里表达得尤为突出：

凡一种文化值衰落之时，为此文化所化之人，必感苦痛，其表现此文化之程量愈宏，则其受之苦痛亦愈甚；迨既达极深之度，殆非出于自杀无以求一己之心安而义尽也。吾国文化之定义，具于《白虎通》三纲六纪之说，其意义为抽象理想最高之境。

《白虎通》是东汉学者班固集儒者之议而成书的。其中确立的"三纲"是"君为臣纲，父为子纲，夫为妻纲"；"六纪"，"谓诸父、兄弟、族人、诸舅、师长、朋友"。此说成为中国封建社会伦理关系的准则。陈寅恪即以"三纲六纪"为传统文化的高境，它成为抽象理想的道义而表现在社会政治经济之中；因此历史的巨变实意味着对旧文化精神的破坏，则保持传统文化遂成为其使命了。这种"历史文化观"在陈寅恪晚年的《论再生缘》和《柳如是别传》里也能见到。陈寅恪四十余年的学术生涯里贯穿着其强烈的独特的历史文化观，无论我们对它的评价如何，其精神是令人感动和钦敬的。我们回顾历史人物时，当其鲜明地表现出崇高的使命感，即可以认定他是有信仰的。陈寅恪是有信仰的，那是对古老的华夏文化充满理想和信心。中国古代以儒家为主体的学者大都是有信仰的，而且总是将学术与儒家政治理想相联系；那种追求纯学术的学者是从清代乾嘉时期渐渐兴起的。从现代学术观点来看，严格意义上的学者应是凭借自己纯粹的理性去不断发展专门的知识，以创造的精神将本学科推向前进。这是学者伟大的使命，它是由学者纯粹的学术信仰而产生的。由此看来，王国维以自杀方式中断学术事业，表明他没有学术的使命感；陈寅恪的文化观念中则缺少了纯粹的学术追求。他们虽然在中国现代学术史上是两座丰碑，而令我们感到遗憾的是他们未能建立真正的学术信仰。"独立之精神，自由之思想"，只有成为纯粹学术信仰的一个组成部分时，才会是学者在完成使命的过程中体现出的本质力量。中国新时期以来已臻于昌明盛世，我们的时代为学者实现"独立之精神，自由之思想"提供了良好的文化环境与社会条件。然而急功近利的浮躁心理，非典型的学术腐败机制和以经济作为学科价值的标准，又严重地制约着学术的独立与发展。我们重读王国维纪念碑铭，为王国维和陈寅恪追求"独立之精神，自由之思想"而感佩，也可能意识到：在我们的时代要成为真正的学者，其前进的道路仍然是艰难而曲折的。

附：

清华大学王观堂先生纪念碑铭

士之读书治学，盖将以脱心志于俗谛之桎梏，真理因得以发扬。思想而不自由，毋宁死耳；斯古今仁圣同殉之精义，夫岂庸鄙之敢望。先生以一死见其独立自由之意志，非所论于一人之恩怨，一姓之兴亡。呜呼！树兹石于讲舍，系哀思而不忘。表哲人之奇节，诉真宰之茫茫。来世不可知者也，先生之著述，或有时而不章。先生之学说，或有时而可商。惟此独立之精神，自由之思想，历千万祀，与天壤而同久，共三光而永光。

——陈寅恪《金明馆丛稿》二编，上海古籍出版社，1980，第 218 页。

梁启超与胡适的国学讲演

在 20 世纪初国学运动兴起之际，南京国立东南大学的意义是不容忽视的，特别是著名国学大师梁启超与胡适在此关于国学的讲演，对国学新思潮的开展产生了非常重要的影响。现在当国学研究再度兴起时，我们重温这两位国学大师的讲演，他们的意见仍然会给予我们许多启迪。

1922 年秋，南京东南大学国文系同学受到当时国学新思潮的影响，深感国学沦夷，希望群力以挽救，于是联系本校文科同学商议成立国学研究会，国文系诸位教授极为赞成并愿意指导，全校各科同学纷纷参加。10 月 13 日，召开国学研究会成立大会，由李万育任主席。研究会下设经学、小学、史学、诸子学、诗文学五部进行研究工作。为指导国学研究的开展，研究会特聘校内外学者到会讲演，迄于 1923 年初做了十次讲演，结为《国学研究会讲演录》第一集，由商务印书馆印行。这十次的讲演题目为：

吴梅：《词与曲之区别》

顾实：《治小学之目的与方法》

梁启超：《屈原之研究》

陈延杰：《近代诗学之趋势》

江亢虎：《欧洲战争与中国文化》

陈中凡：《秦汉间之儒术与儒教》

陈去病：《论诗人应有之本领》

柳诒徵：《汉学与宋学》

江亢虎：《中国古哲学家之社会思想》

梁启超：《治国学的两条大路》

　　以上所讲多为国学研究专题，仅梁启超的《治国学的两条大路》最具国学研究的理论指导意义。梁启超是 1922 年 10 月赴南京东南大学讲学的，每日下午讲《中国政治思想史》，后整理为《先秦政治思想史》。此外于 1922 年 11 月 3 日为东南大学文哲会讲演《屈原研究》，10 日为史地学会讲演《历史统计学》，1923 年 1 月 9 日为东南大学国学研究会讲演《治国学的两条大路》，13 日作《东南大学课毕告别辞》。

　　东南大学国学研究会主办的《国学丛刊》于 1923 年创刊，以"整理国学，增进文化"为宗旨，每季出版，发表关于国学论著的通论、专著以及诗文。1924 年 1 月国学研究会邀请胡适为国学研究班讲演《再谈谈整理国故》，讲稿载于 1924 年 2 月 25 日《晨报·副刊》。国学研究会成立之前，1921 年 7 月 31 日胡适曾应邀为东南大学及南京高师暑期学校讲演《研究国故的方法》，讲稿载于 1921 年 8 月 4 日上海《民国日报·觉悟》副刊，又载于 1921 年 8 月 25 日《东方杂志》第十八卷第十六期。胡适前后两次讲演均是整理国故的问题，他在后一次讲演里说："鄙人前年曾在贵校的暑期学校讲演过一次整理国故，今天的题目名曰'再谈谈整理国故'。那时我重在破坏方面提倡疑古，今天要谈的却偏于建设方面了。"这两次讲演是有内在逻辑联系的。梁启超和胡适在东南大学国学会的讲演，是讲国学研究的方法论问题，是他们研究国学的经验总结，这在当时是最为学术界所关注的。

梁启超于1920年3月5日从欧洲回到上海。他通过考察欧洲各国，对西方文化价值的认识发生了很大的变化，于是决定远离政治，从事学术著述和讲学，希望以全力投入教育事业来培植国民的文化素质。自从离开政治舞台之后，梁启超的学术研究基本上是属于国学研究，曾著有《国学小史稿》，但在编集《最近讲演集》时，可能自以为尚不成熟而舍去了。在到东南大学讲学之前，他出版了两部重要的国学专著，即《清代学术概论》和《中国历史研究法》。它们分别于1921年1月和1922年1月由商务印书馆出版，应是治国学者必读之书。前者概略地总结了清代学者整理与研究中国历史与古籍的成就，是后世研究国学的出发点；后者以综合的历史观念讲述研究中国文献与历史的基本方法，也是研究国学的基本方法。虽然梁启超于后来在清华大学国学研究院担任导师并讲国学，但是我们综观其全部学术论著，只有他在东南大学所讲的《治国学的两条大路》是专门的、直接的关于治国学途径的论述。它最完整地表达了梁启超的国学观念，因而此次讲演在国学运动史上具有特别重要的意义。关于治国学的两个途径，梁启超以为：一是文献的学问，一是德性的学问。这二者的研究对象与方法是完全不同的。文献的学问是国学研究的本体，梁启超在论述时的逻辑结构是：文献的学问应用客观的、科学的方法去研究，对象是中国浩繁的史料——包括历史、六经、诸子、诗文、小说等。研究的范围是文字学、社会状态学、古典考释学和艺术鉴评学,要求达到求真、求博、求通的标准。在国学运动初期,学术界对国学的性质、研究对象和方法尚在探讨之中。梁启超的意见是接近国学实质的,但在观念上还不够清晰,而且因长于史学,以至特别强调史学的重要,出现将史学与国学混淆的情况。他以为治国学的目的"第一条路便是近人所讲的'整理国故',这部分的事业最浩博最繁难而且最有趣的便是历史",而他所提倡的科学方法体现在其所著"《中国历史研究法》和两个月前在本校(东南大学)所讲的《历史统计法》里面。关于文献的学问,梁启超的本意是指对文献的研究,这与文献学是关于认识、运用和处理文献的方法之学是不同的,他却又将二者混淆。他在谈"文献的学问"的范围时,变为谈文献学的范围,所举的四项之中的文字学、社会状态学和艺术鉴评学,它们虽然也要使用文献,但却非文献的学问。尽管梁启超在上述学理方面有一些缺憾,然而其讲演中却有对国学理论的重大贡献:

(一)国学研究的对象是什么。梁启超以为治国学的首要途径是用客观的科学方法以研究文献,这即是当时胡适提倡的"整理国故"。这里的"文献"包括了中国进入文明社会以来的经学、史学、诸子、诗文、小说笔记、金石刻文等用文字记录的"文化产品",它们是"我们的祖宗遗予我们的文献宝藏,诚然足以傲世界而无愧色"。我们可以概括为:国学研究的对象即是中国的历史文献。

(二)怎样去研究中国的历史文献。梁启超尝试提出"古典考释学",他说:

我们因为文化太古,书籍太多,所以真伪杂陈,很难别择；或者文义艰深，难以索解。我们治国学的人，为节省后人精力，而且令学问容易普及起见，应该负一种责任，将所有重要古典，都重新审定一番，解释一番。

这实即对古典的考证。梁启超在谈到文献的学问要做到求真时，他提出了"新考证学"，此可视为对"古典考释学"的补充解释。"新考证学"区别于清代乾嘉学派的考据学，它在名义上比"古典考释学"更为确切。梁启超解释说：

凡研究一种客观的事实，须先要知它"的确如此"，才能判断它为什么如此。文献部分的学问，多属过去陈迹，以讹传讹，失其真相者甚多，我们总要用很谨严的态度，仔细别择，把许多伪书和讹事剔去，把前人的误解修正，才可以看清真面目来。这种工作前清"乾嘉诸老"也曾努力做过一番，有名的清代正统学派之考证学便是。

关于从学者个人的角度来治国学，梁启超以为这应根据个人的喜好与学养去分担二三门做"窄而深"的研究，而且要拼着用一二十年的工夫，才可能做得有点眉目。因此关于古代典籍的考证，只能做窄而深的研究："窄"则题目狭小，"深"则研究深入，而且要求"从极狭的范围内生出极博来"。这样所研究的应是历史文献的狭小问题，但却体现出极博的知识。梁启超于 1920 年著的《墨经校释》和 1922 年著的《大乘起信论考证》即是如此。

（三）用什么方法去进行考证。梁启超特别强调要用客观的科学方法。他对东南大学的同学说，这种方法已在《中国历史研究法》和《历史统计学》里谈过了。统计方法得出的数证是科学研究的一种依据或准备工作。关于科学方法，梁启超在《中国历史研究法》里说：

> 历史上事实，非皆能如此其简单而易决，往往有明知其事极不可信，而苦无明确之反证以折之者。吾侪对于此类史料，第一步只宜消极的发表怀疑态度，以免真相之蔽；第二步遇有旁生的触发，则不妨换一方向从事研究，立假说以待后来之再审定。

此过程是：提出怀疑，换方向思考，设立假说，审定假说。这种方法较之"大胆的假设，小心的求证"，显然可以避免大前提引发的错误而失去客观谨慎的态度。梁启超不主张单纯地从事考证，而主张用考证所得的事实运用思想去进行批评。他说："夫吾侪修史，本非徒欲知此事而止，既知之后，尚须对此事运吾思想，骋吾批评。虽然思想批评必须建设于事实的基础之上而非然者，其思想将为枉用，其批评将为虚发。"这样的科学方法正是欧洲19世纪以来新史学——历史语言考证学派所使用的，它促进了新史学的进步。我们可以将梁启超关于治国学的途径归纳为：用客观的科学方法以考证历史文献。这是一个文献的学问，亦即整理国故的事业。他的这种意见较当时章太炎、刘师培、王国维和胡适等国学大师对国学的理解更为全面、更贴近国学的性质，故很值得我们重视。

关于治国学的另一条途径，梁启超指出它应用内省的和躬行的方法去研究，是属于德性的学问。他说："近来国人对于知识方面很是注意，整理国故的名词我们也听得纯熟。诚然整理国故我们是认为急

务，不过若是谓整理国故外，遂别无学问，那却不然。"他以为中华
文献宝藏最突出之点是含蕴的人生哲学，这不是知识的问题，而是通
过主体的内省并付诸社会实践，即"知行合一"的德性之学。此学源
于儒家，第二个源泉是佛教。梁启超从先儒和佛教中吸取了他认为的
合理内核，以为儒家偏于现世，佛教偏于出世，但它们的共同目的是
愿"世人精神方面完全自由"。他解释说：

> 现在自由二字，误解者不知多少，其实人类外界的束缚，
> 他力的压迫，终有方法解除，最怕的是"心为行役"，自己做
> 自己的奴隶。儒、佛都用许多的话来教人，想叫把精神方面
> 的束缚解放净尽，顶天立地，成一个真正自由的人。

梁启超舍弃了儒家为统治阶级服务的伦理道德，超越了佛教
的空虚寂灭的消极态度，从中获得具有积极意义的人生价值观念。
当学者以精神完全自由的人生哲理光照去治国学，这"才算尽了
人生的责任"。在《东南大学课毕告别辞》里，梁启超着重发挥了
"求精神生活的绝对自由"之说。他认为这是东方的主要精神，为
达到此境界以济"精神饥荒"的方法是：一、裁抑物质生活，保
持精神生活的圆满；二、先立高尚美满的人生观。如果有了这样
的精神来研究学问，则必然会成功的。在当时具有新思潮的国学
家们都主张研究国学的目的是求真，国学是一种纯粹的学术，它
不必负担提高国民道德和改变世道民心的社会使命时，梁启超却
将德性的学问视为治国学的根本途径之一，这与其他许多国学家
的观念相异。梁启超以为治国学即整理国故，那么"德性的学问"
与"整理国故"的关系是怎样的呢？在他看来"德性的学问"是

"整理国故"以外的一种学问。这样从逻辑关系来看，则"德性的学问"不属于国学范畴，其内省性质与躬行方法皆与国学完全对立。由此，梁启超已陷入逻辑的矛盾与错误，因而"德性的学问"不能成为治国学的途径。虽然如此，梁启超却提出一个学术信仰问题。国学家若同清代乾嘉的考据家那样，仅从事支离破碎的窄而深的文献与历史事实的考证，而未将所学的知识及所治的学问转化为学术信仰，从而建立人生的信念，这样的国学家缺乏思想之光，必然影响其学术成就，也不能去发现具有重大意义的学术课题。此外，如罗振玉、叶德辉、王国维、章太炎等国学家甚至在晚年陷入文化保守主义的观念之中，以致严重损害了他们的学术成就。因此梁启超所提倡的"求精神生活的绝对自由"，以期建立崇高宏大的学术信仰，却又是每一位国学家治国学的一条不可缺少的重要途径。

在国学运动初期，胡适是最早提倡国学新思潮者。20世纪初学者们理解的国学实即儒家的经学，他们视儒家的政治伦理之学为"国粹"，以弘扬国粹来抵制西学和新学。新文化的学者们对国粹主义思潮是持反对态度的，却引起他们认真考虑在提倡新文化思想时应怎样对待中国传统文化的问题。1917年7月10日胡适自海外归国，旋即应蔡元培之聘，任北京大学教授，讲授中国哲学、英国文学和亚洲文学名著。他于1919年10月30日《新潮》第二卷第一号发表《论国故学——答毛子水》的短文，回答了对国学质疑的意见。胡适认为国学是超功利观念的，是"为真理而求真理"的纯粹学术，而学者也应抱着"为真理而求真理"的态度。此年12月1日，他于《新青年》第七卷第一号发表《新思潮的意义》，在国学运动中第一次提出"整理国故"的号召。关于整理古籍的步骤，胡适以为要做系统的整理，寻出每种学术思想的发展过程及影响，用科学的方法作精确的考证，在此基础上进行综合的研究。这仅是整理国故的一个初步意见，尚待完善。1921年7月胡适在东南大学讲演《研究国故的方法》时，其整理国故的概念与思路才较为清晰。他第一次对"国故"的概念作了说明：

> "国故"底名词，比"国粹"好得多。自章太炎著了一本《国故论衡》之后，这"国故"底名词于是成立。如果是讲"国粹"，就有人讲是"国渣"，"国故"（National Past）这个名词是中立的。我们要明了现社会底情况，就得去研究国故。古人讲，知道过去才能知道现在。国故专讲过去国家的文化。

章太炎的《国故论衡》是于1910年由日本秀光社排印出版的，他理解的国故是以"儒术"为核心的"国粹"。胡适特别将"国故"与"国粹"予以区别，表示了对国学观念的新认识。怎样研究国故，胡适提出四种方法：一、历史的观念；二、疑古的态度；三、系统的研究；四、整理。关于历史的观念，胡适在1923年2月25日《东方杂志》第二十卷第四号发表的《一个最低限度的国学书目·序言》里作了较详的说明，即将古籍视为历史。关于系统的研究，这是有待整理国故之后的理论性综合研究，即著成各种专门的学术史。关于整理国故，他仅提出在形式上为古籍加标点符号并分段落，在内容上加以新的注释。胡适的讲演共约两千字，对以上三点仅概略地谈到，并未展开。他着重讲疑古的态度，有意破坏国粹主义的观念。疑古的态度是国学新思潮的一个标志，它由胡适第一次鲜明地提出来。他主张对于传统文化的整体——历史文化典籍持"宁可疑而错，不可信而错"的态度，因此：一要疑古书的真伪；二要疑古籍被那山东老学究弄伪的地方。胡适解释说：

> 我们疑古底目的，是在得其"真"，就是疑错了，亦没有什么要紧。我们知道，那一个科学家是没有错误的。假使信而错，那就上当不浅了。自己固然一味迷信，情愿做古人底奴隶，但是还要引旁人进入迷途呢！我们一方面研究，一方面就要怀疑，庶能不上老当呢！

胡适此次讲演重新阐释了"国故"的概念，对研究国故有了明确的计划与方向。其中疑古的态度对国学运动的进一步发展起到非常重大的指导作用，直接影响到顾颉刚以疑古为特色的古史辨派的兴起，导致古史辨派成为国学运动中的一个重要的流派。1923年1月，胡适在北京大学的《国学季刊》创刊号上发表《〈国学季刊〉发刊宣言》，这是其《研究国故的方法》的发挥。他再次解释了"国故"的概念，并为国学下了新的定义，对国学研究的进行做了全面的论述。关于整理国故，他提出了三种整理方式：一、索引式的整理，即对重要的卷帙浩繁的典籍编制索引，以便检索；二、结账式的整理，即对典籍的集注集释；三、专史式的整理，即著成各学科的、断代的、学派的、个人的专门学术史。这是胡适在《新思潮的意义》里所谈到的系统地整理国故的具体解释，但尚不是很完满的。1924年1月在东南大学国学研究班讲演时，他再次专就整理国故的方式作了全面论述。此次胡适谈到整理国故的意义时说：

现在一般老先生们看见新文化流行，读古书的人少，总是叹息说："西风东渐，国粹将沦亡矣。"但是把古书翻开一看，错误舛伪，佶屈聱牙，所在皆是，欲责一般青年能读之，实属不可能，即使"国粹沦亡"，亦非青年之过，乃老先生们不整理之过。

此时怎样整理国故的问题，胡适在认识上更为成熟和全面了。他在《〈国学季刊〉发刊宣言》里概括了整理国故的三种方式，在此次讲演里均简略地述及，又特别增添了"读本式的整理"，并将它作为首要方式而着重讲述。"读本式的整理"与其他三种方式的性质不同，它属于普及性的，读者对象为一般青年。这种读本式的整理要求具备五个方面：一、校雠，提供正确的文本；二、训诂，对语言文字和事典的注释；三、标点；四、分段；五、介绍，对作者及典籍的历史背景的介绍与批评。整理国故的四种方式，胡适认为都是容易做到的，希望具有中等才能的和具有国学常识的人都参加整理。胡适先后两次在东南大学的讲演，它们之间是有内在逻辑关系的，可以表示如下：

研究国故的方法
- 历史的观念
- 疑古的态度
- 系统的研究
- 整理国故
  - 读本式的整理
  - 索引式的整理
  - 结账式的整理
  - 专史式的整理

胡适所说的"研究国故"即是"国学研究",而"整理国故"则是整个国学研究系统的一个部分。如果将整理国故与国学研究等同,则是混淆了两个不同的学术层面。我们从胡适关于国学论述的考察,可见到他最初在《论国故学——答毛子水》时,对国学的认识是很浅表的;在《新思潮的意义》里提出"整理国故"的口号,却并不具体。胡适在东南大学的两次讲演虽然颇为简短,却十分精粹,将它们合观则很完整地表述了他研究国学和整理国故的计划和基本观点,可以说这是具有总结性的讲演。它与《〈国学季刊〉发刊宣言》均在国学运动中产生了重大影响,促进了国学运动向新的道路发展。

　　20世纪初年,北平的高等学校是新文化的发源地,亦在这里产生了国学新思潮,处于时代思想的中心。当时南方以南京为中心的学术界则趋于守旧,并抵制新文化。南京的东南大学是南方国学运动的重镇,较早地成立了国学研究会。指导教师陈中凡、顾实、吴梅、陈去病、柳诒徵从推动国学研究的角度考虑,先后邀请北方国学大师梁启超和胡适来学术讲演,进行学术交流,由此带来了新的思想和方法,大大推动了东南大学的国学研究。梁启超在东南大学首次系统地阐述了他的国学观念,以为治国学的途径是用客观的科学方法以考证历史文献,并设想建立"新考证学";同时他要求治国学者应有精神的绝对自由和坚定的学术信念。胡适在东南大学则系统而全面地讲述了研究国故和整理国故的方法,总结了对国学运动的认识,特别倡导研究国学应持疑古的态度和历史的观念。梁启超的讲演是新的课题,考虑尚不成熟,却提供了新颖而深刻的学术见解。胡适的讲演是重复的课题,但使其论题得以完善，对国学运动具有切实的指导意义。我们合观这两位国学大师的讲演，可见他们就治国学的途径与方法做了非常重要的论述，其中含有关于国学理论的极为珍贵的意见。现在这两位前辈大师的意见仍然具有学术的光辉，值得我们认真学习与发扬。

刘咸炘的国学观念

在中国近世学术史上，刘咸炘是一位罕见的天才，亦是长期湮没的国学大师。1896 年，刘咸炘出生于成都，少小就学于刘氏家塾，承传家学，发奋著述。1918 年为成都刘氏尚友书塾塾师。此书塾规模颇大，"专究国学"，刘咸炘为各级学生讲授国学，并于 1925 年创办国学杂志《尚友书塾季报》。1926 年，张澜任成都大学校长，广聘著名学者任教，刘咸炘受聘为中文系教员。他自述云："余年三十而足不出百里，向所与游者，惟姻党及父兄门下。丙寅（1926）出教国学，始得新交数人。"在成都大学中文系他与吴虞、李劼人、吴芳吉、刘复、卢前、彭芸生、唐迪风相识。1932 年，刘咸炘去世，仅三十六岁，但著述达二百余种，计四百余卷，五百余万字；遗著汇编为《推十书》，集其经学、哲学、史学、文学、诸子学、目录学、校雠学的重要论著。刘咸炘一生潜心治学，淡泊名利，僻处西南一隅，未进入学术主流，又因其早逝及著述流传不广，以致在学术界影响甚微。近年国学热潮再度兴起，四川学术界开始重视其国学研究的成就并整理出版其著述，使其在四川国学运动中的意义逐渐显现。

刘咸炘的学术渊源颇为特殊，他承传了祖父刘沅的经学，崇尚章学诚的史学，又吸收了西方学术。刘沅（1768—1855），字止唐，号槐轩，世居四川双流，清乾隆五十七年（1792）中试举人，清嘉庆十二年（1807）迁居成都，讲学以终。他对经学深有研究，著有《四书恒解》《诗经恒解》《易经恒解》《春秋恒解》《庄子恒解》等，均收入《槐轩全书》。其学究天人之际，探讨天道与性命之理。刘咸炘少年时代从父兄学习并继承了槐轩之学。槐轩先生长于义理之学，私淑史学理论家章学诚，这对刘咸炘亦有影响，故在其青年时代即志于史学，他对章氏之学有深入理解，认为："先生之学，以校雠为本，宗刘氏父子，大要不过以六艺统诸子。六艺记实事，诸子说虚理，史即经之流，集乃子之流，此一义也。记实者在先，说虚者在后，古学在官，后变师授，此又一义也。由此而推，则以合统分，以公统私，乃先生之大识通义。"这从方法论的意义高度概括了章学诚的史学特点。刘咸炘自述其学术渊源：

吾之学，《论语》所谓学文也。学文者，知之学也，所知者，事之理也，所从出者家学。祖考槐轩先生私淑实斋先生也。槐轩言道，实斋言器。槐轩之言，总于辨先天与后天；实斋之言，总于辨统与类。凡事物之理，无过同与异，知者知此而已。先天与统同也，后天与类异也。槐轩明先天而略于后天，实斋不知先天，虽亦言统，止明类而已，又止详文史之本体，而略文史之所载；所载广矣，皆人事之异也。吾所究即在此。故槐轩言同，吾言异；槐轩言一，吾言两；槐轩言先天，吾言后天；槐轩言本，吾言末而已。

刘咸炘虽出自槐轩之学与实斋之学，却能从哲学的高度看到二者的区别与缺陷，从而经过探讨形成自己的学术观点。他之所以有如此的哲学思辨是得力于其所接受的西学。西学东渐第一次翻译高潮始于1843年新教传教士在上海开设的墨海书局，王韬与传教士合译西方自然科学书籍；1867年江南制造局成立翻译馆，1869年上海同文馆并入江南制造局，大量翻译科技书籍。西方社会科学的输入在清末，严复翻译的八大名著给中国学术界引进了新学。王国维于1905年论及中国学术思想时说："严氏之学风非哲学的，而实科学的也。此其所以不能感动吾国之思想界也。近三四年法国十八世纪之自然主义由日本之介绍而入于中国，一时学海波涛沸渭矣。"成都虽然地处西南，但市区有中华书局、商务印书馆、开明书店等多家分店，这为刘咸炘吸收西学和新学提供了条件。他能购得西方哲学社会科学书籍，还能及时读到《国粹学报》《东方杂志》《学衡》《甲寅》《民铎》和《燕京学报》；因此他治国学不同于抱残守阙的国粹主义者。在教学中给学生开列的西学与新学的参考书目五十余种，皆是他曾读过的。他认为：

> 旁参考者，采西方专科，申系统之说，以助吾发明整理也。昔印度之学传入中华，南朝赵宋诸公皆取资焉，以明学理，增加名词，绪正本末。以今况古，势正相同。此非求攻错于他山，乃是取釜铁于陶冶。义理之学须资哲学、心理、伦理三科；事实之学须资社会、经济、政治三科；皆后一稍轻，前二较重。

刘咸炘将西学作为陶冶的一种原料，旁采以资参证，由此构成其学术的一种渊源，其治学道路是以史学理论为基础，进而探究先秦诸子哲学，而在价值判断方面取儒家与道家相结合的观念。他的主要著作构成一个完整的体系：《中书》取儒家《中庸》之义，治学守中；《左书》探讨儒家、道家和理学家的理论；《右书》论述伦理道德，包括礼制、政治；《内书》论自我修养，知行关系；《外书》为中学与西学的比较；《浅书》是教育与教学论。刘咸炘经过如此系统的探讨试图了解认识论的若干矛盾对立的范畴，以求对立的统一。他于1922年概括学理的十对范畴为："阴阳""虚实""源流""始终""古今""来往""南北""东西""同异""公私"。他欲使之合一，"推十合一，执两用中"。故其整个著述名为《推十书》。他自述心得说："力学以来，发悟日多，议论日繁，积久贯通，视囊所得，皆满屋散钱，一鳞一爪也。初撰左右篇，已发两端之义，而他篇所举相对之论，犹多散见。天、地、人，三道一贯之形，亦未全通，今悉记之，乃豁然知庄生所谓天地之纯，古人之大体矣。两之大纲，以具左右篇，即堪所序，故不别论。大氐合则为圣道（儒家）之中；分观而不偏执，则为道家之精。"中国近世国学运动存在两种治学倾向：一是以章太炎和廖平为代表的经学家，将国学理解为儒学，提倡儒行或托古改制；一是以胡适和顾颉刚为代表的新文化学者，将国学视为纯学术，不考虑其现实意义，只注重其学术价值。刘咸炘建立的学术体系具有哲学家的追求，以此统率其关于史学、儒学、道家、理学、学术史、文学、考据学等的研究，所以他并非探讨形而上学的哲学家，而是一位国学研究者。他试图开拓一条新的道路。

国学家们都是中国传统文化的守护者，他们面临西学东渐的迅猛之势，力图弘扬传统文化，增强民族自信，艰苦地探讨中国学术问题。他们对于国学的认识不尽相同，治学道路亦有很大差异，但都必须解决如下问题：研究中国学术有什么意义，怎样对待儒学与中国学术的关系，怎样评价晚清以来重新发起的古文经学与今文经学之争等。刘咸炘治国学不可能避开这些问题，他有自己独特的理解和认识。刘咸炘在讲授国学时认为：

> 欲求成学，必须自读，盖国学本与科学不同。科学程序、性质，均固定分明，亦以来自西洋，国人能读其书者稀，不能广览深究，惟凭转贩，故依次讲授，本毕功完。吾国学，则四部相连，多不可划疆而治，且陈编具在，待我穷研，即云浅尝，四部常识，已非一端，数大经史，亦不可一窥其略。

这里第一次指出了国学的综合性质，它与西方现代学科的专门性质是相异的，学习的方法也是不同的。他理解的国学是以中国的经、史、子、集四部书为对象的传统文化的研究，因而治学主张从博入手。国学研究的对象若理解为是关于中国文献与历史中存在的若干狭小而困难的学术问题，则我们研究每一问题，都必须具备关于中国四部书的知识，是不可能划疆而治的。1918年刘咸炘在尚友书塾主讲时，向学生开列基本的国学书目九十余种，计有《周易》《老子》《庄子》《素问》《诗经》《楚辞》《七十家赋钞》《十八家诗钞》《周礼》《管子》《通典》《仪礼》《礼记》《荀子》《白虎通义》《韩非子》《左传》《资治通鉴》《国语》《史记》《汉书》《后汉书》《文史通义》《四书》《吕氏春秋》《淮南子》《尔雅》《广雅》《说文解字》《音论》《读书杂志》《经义述闻》《经传释词》《古书疑义举例》《文选》《文心雕龙》等。1923年胡适在

《清华周刊》发表《一个最低限度的国学书目》，梁启超继在《清华周刊》发表《国学入门书及其读法》。我们将这三种书目比较，刘咸炘所列书目较少，四部书兼顾，没有门户之见，甚为实用，反映了他所理解的国学基础知识。国学的课题大都是采用传统的考据学方法研究的。关于考据问题，刘咸炘谈到治史，将"考证事实"列为首位。关于考证与史学的关系，刘咸炘认为："考证在成书之先，然不成书，则只是零碎事迹，不得为史。"这一见解可以启发我们对国学性质与方法的认识。中国文献与历史上存在狭小的学术考证问题，它们虽然分属某学科的研究范围，但却非某学科的研究方法可以解决的，而这些成果又难归入某学科。它仅是某专门学科研究的准备和事实依据而已，这正如"考证事实"与"史学"的关系一样。刘咸炘的国学观念中蕴含着合理的因素与智慧的闪光，值得我们认真体会。

经学是自汉代以来两千余年中国统治思想的理论基础，是中国传统文化的主流。中国古代学者皓首穷经，视"六经"为神圣，学术思想为之禁锢。清代乾嘉学者章学诚在《文史通义·易教》里明确提出"六经皆史"之说。此说倡自明代的王守仁，由于章学诚的阐发而在中国学术思想史上产生了划时代的影响。刘咸炘私淑章氏，接受并修正其说。他认为：

> 谓六经皆史，为政典、为典章制度者，章君穷于词之词也，不如直谓之正书。《诗》《书》《礼》《乐》，谓之四术，《易象》《春秋》《周礼》斯在此，固皆当时所尊，以为正本者也，即不经孔子之裁，虽无经名，而已可名为经矣。无论经之名为孔子以前所已有，或为儒者尊之之词，要其所以为经，

固不因圣裁。章君谓六经初不为尊称是也，而又谓义取经纶为万世法则稍褊耳。

他虽赞同六经为史，然以于义尚有不当之处，而对取经纶天下而为万世法之义，则以为是偏颇的。六经是中国古代经典，并不因儒家圣人的裁定而珍贵；谓"六经皆史"，这否定了六经为儒家之经典之说。刘咸炘解释说："理著于事，以事明理。过去之事留一影子即史也，故谓之藏往知来，《易》之象即影子也。《易》是虚拟，《书》《诗》《礼》《春秋》乃实记，皆明理，皆可言虚；皆依事，皆可言实。惟治经乃合明理之意。史该在经中。"六经之理著于事中，此即"六经皆史"之义。他由此引申，以为六经学术流别不同，分属各学，所以专治一经，不能称为"经学"。传统治经学以小学为途径，从事训诂考证，附会凡例，这并未得经之旨，所以也不能称为"经学"。六经既非儒家经典，也不具世法典型，这样就将其神圣性去掉了。刘咸炘在教学时并不要求学子普遍读经。他认为："诸经有切近不切近之别。《四书》《孝经》及《礼记》中精要之篇，为人之大义，自当熟读。《毛诗》之先授者，以其有韵易记，且诵诗舞勺，陶冶童心，本古小学之法也。至如《尚书》知远，本古大学之教；《周官》士礼，本非诵读之文，《易象》《春秋》，孔门亦不尽通，且《盘》《诰》聱牙，《仪》文细碎，卦爻象颐，成诵已难；左丘之《传》，同于马、班，更何须遍诵。"这从教学实际出发，指出普遍读经是没有必要的。国粹主义者治国学，以治经为主，力图掀起读经热潮，因而刘咸炘重申"六经皆史"，否定经学，反对读经，这在当时的四川是有助于学术思想解放的。在刘咸炘学术系统中，六经仅是其研究对象之一，它是包含在史之中的，而治学方法则取道家的思辨。他说：

> 吾常言，吾之学其对象，可一言以蔽之曰史；其方法，可一言以蔽之曰道家。何故舍经而言史，舍儒而言道，此不可不说。吾侪所业，乃学文之学，非《论语》首章所谓学也。此学以明事理为目的，观事理必于史，此史是广义，非但指纪传编年，经亦在内，学之言理，乃从史出。

这是其道家史观。因此他治学选择了很特殊的途径。刘咸炘的《经今文学论》是一篇精深的论文，评论了蜀中国学前辈廖平的学术思想，对今古经学之争的关键问题如关于今古文经典、孔子的评价、孔子是否作经、刘歆伪造经典、治学方法等，在肯定廖平《今古学考》的前提下尖锐地进行了批评。例如对今文经学家最讲求经典的微言大义，刘氏认为：

> 若言义理，则两家互有得失，未见孰全优而全劣也。廖氏《今古学考》曰："因革损益，止是制度，义理则百世可知，故今古之争，止在制度，不在义理，以义理今古所同也。"此论是也。两汉经学家微言大义亦自无多，以吾观之，其精深卓荦足以绍孔门而超诸子者，宋儒乃能发明之，而今文家反不措意，彼固以为不当空言义理也。夫于古事邪，则今文家所证明者孔子以前皆怪力乱神也；于孔子之学邪，则所证明者为粗略之政论，神秘之谶语。诸公之成绩如是焉耳。

今文经学家所倡的发明微言大义，实不如宋代理学家，其发明者皆尚古荒诞的东西，其经世致用则流为粗俗的政论。这是廖平、康有为等今文经学家的根本痼疾。刘咸炘的评论是尖锐而深刻的，至今对我们认识今文经学派的思想仍有指导的意义。因他深明今古文经学之弊端，故能在学术思想与方法上实现超越。

当时学术界出现西学与中学，新学与旧学之争。刘咸炘认真研读过西学，视野广阔，故能在更高的学术意义上来认识。他说："学之习尚风气有变，而学之范围标准无变。眩风气而忘标准，学者所以多偏争也。当学风之代嬗，新者于旧者，必间执其弊而攻之，其弊甚者也，所执甚信也。旧者不得不败而衰，然而旧者固亦有其不可磨灭者，虽衰而不绝也。"从世界学术史来看，刘咸炘对新学与旧学关系的认识概括了学术思想发展变化的规律。在此基础上，他对西学是采取"陶冶"的态度，因而探讨中国学术思想时善于较客观地进行中学与西学的比较研究。他认为：

> 西人之学以哲学为最高，而其义本为爱智，起于惊疑，流为诡辩，其后虽蕃衍诸科，无所不究，然大抵重外而忽内，重物理而轻人事；故求真之学则精，而求善之学则浅。伦理一科，仅分哲学之一席，其弊然也。西人谓中人有术而无学，不知彼正患其重学轻术。

西方重自然科学，中国重伦理道德，这是中西学的差异。他进而推究西方重在"治物"，故讨论量与质的问题；中国重在"治心"，故讨论事物的本与末的问题。刘咸炘以其"中"的观念力图在中西各种对立的哲学范畴中求得统一，以为中学之旨在本质上是求"通一"的："一"与"多"，"同"与"异"，"动"与"静"，

"无"与"有","量"与"质","本"与"末",它们都是相对的,但在绝对的意义上是"通而为一"的。这体现出其将儒家中庸与道家自然结合并融中西学为一体的学术观点。关于中西学本体论之异,刘咸炘比较后以为:

> 道家宗旨曰自然。自然者,莫使无故之谓也;此乃中华唯一之本体论。欧洲哲学之本体论,多于现象之后追究其最终之主使与所以使现象如此者是何原因。目的、机械之争是由是而起。中华圣哲则无此争,其视现象惟曰即是如此,本来如此而已,即所谓自然,更无主使,亦无原因。虽有无与道之名,即指一气,不过一切现象总体,非别有一物。

这里刘咸炘的道家思想表现得最为突出。他虽然见到中西本体论的差异,但过分强调道家本体论的学理意义,因而未见到它导致中国学术思想缺乏细密分析和精深探究,故在春秋战国百家争鸣之后长期处于停滞不前的状况,尤其在近代以来中西学发展的差距愈益增大了。刘咸炘承认中学存在"诸科杂陈,不详事物"的现象,遭到"专门不精"的讥评,但坚持以为中国先哲是求"本"舍"末",重在"治心",不重"物质"。而西方学术用科学方法所得是以物质养身,自夸征服自然,而实受自然支配,所以西学的成就并未超越中学。从学理来看,刘咸炘的见解有某些合理的因素,可是他忽略了西方社会在近代以来因物质文明和国力强盛已进入世界先进之列,而中国则远远落后了。刘咸炘未从中西学的比较中获取有益的东西,而是加强了对中国传统文化价值的信念。然而固守中华传统文化绝不意味着就可能实现民族文化复兴。中西学比较的结果，使刘咸炘民族主义的立场更为坚定，这最明显地表现在他对西方近代法治之论和自由平等之论的批判与否定。第一次世界大战后，西欧各国残酷的现实，曾令西方哲人和中国向西方寻求真理者对西方的物质文明和文化精神深感失望，试图从东方寻找到一种文化精神。刘咸炘亦因此赞美中国"守静知足"的国民性，愈益坚定其在情感上反对法治。自 1899年严复译约翰·斯图亚特·穆勒《群己权界论》（《论自由》）刊行，新文化运动之后西方平等自由之说更对中国产生巨大社会影响，成为反对封建思想的武器。刘咸炘对此亦表示反对，他说："自由平等之说倡，而人伦孝悌之说弃如弁髦。平等之说固已废阶级，自由之说且欲废家庭。"他以维护儒家礼法和封建等级制的态度而反对平等自由之说，由此可见其守护中国传统文化的民族主义精神。这样，在肯定中国传统文化价值的合理性的前提下，刘咸炘进而表示反对欧洲中心主义。他说：

> 彼西洋人于中国事实本不详悉，所据以成公例者仅西方之事，即使旁征奥、非、美诸洲及西亚一隅，亦不过大地三分之二耳。凡其所谓人类公例者，人类一部分之公例耳。所谓世界史者，世界大半之史耳；所谓上古史者，奥、非、美诸洲蛮族之史耳。此所谓不完之归纳也。故最近西人渐知华事，或传闻故籍，或发掘遗藏，前之公例常有修改，而吾华人乃作奏不去葛糞，沿袭他人而不知变，反鄙弃旧典，强以中国事附会之。

这以逻辑推理说明西方学术的许多公例的片面性，批评了世界学术史上的欧洲中心主义，指出某些汉学家已在改变对中国的看法，而国内一些学者仍然主张西化，遗弃中国传统文化。我们纵观刘咸炘对西学的态度，他不是如国粹主义者那样因维护传统文化以拒斥西学，而是通过阅读大量的汉译西学典籍而对西学有较深了解，将它与中国传统文化进行比较，敏锐地求得二者的差异，这样中国学术在比较中更为显著。但经过比较，刘咸炘从学理上说明中国学术的优长，加强了对中国文化的信念。

我们从刘咸炘特殊的学术渊源及所建立的学术思想体系，从他关于中国学术意义的认识和由道家史观出发对儒家的独立见解，从他关于中西学的比较所体现的民族主义态度，可以看出他在国学研究中异于民国初年老一辈的国学家。国学家中无论具国粹思想或具新文化思想的，他们都没有自觉地去建构一个思想体系。刘咸炘在广博的中国传统文化的基础上，参考了西学而自觉地建立了一个宏伟的体系。关于国学研究的价值，刘咸炘认为在于"以事明理"，指导人们的社会实践，期望以之改进社会道德，因此他不是持纯学术态度的。研究方法在国学中是很重要的，新的考据方法在20世纪20年代以后逐渐成为国学研究的基本方法。刘咸炘长于史学与思辨相结合的方法，故著述以史学本体研究和理性探索为特点。虽然他也有若干考证文章，但皆属资料汇集以示源流，而非严密的文史考证。刘咸炘在国学研究中独辟蹊径，探索着一条新的道路，在旧学的范围内作了最大的努力。他的国学观念包含有重要的合理的因素；他对中国学术的特点与价值的认识，于我们仍有启迪意义；其思辨与学理所臻之高度，仍值得我们学习。从刘咸炘学术的广博精深及其丰硕成就来看，他实不愧为蜀中的国学大师。

胡适的小说考证与整理国故

　　中国在 20 世纪之初发起的文学革命运动，或称新文学运动，标志古老的中国开始走上现代新文化的道路。新文学运动的倡导者胡适于 1961 年发表《四十年来的文学革命》总结说："这一运动——一般称为文学革命，但我个人愿意将它叫作'中国的文艺复兴'——是我与我的朋友在 1915 年、1916 年与 1917 年在美国大学的宿舍中所发起的。直到 1917 年，这一运动才在中国发展。"1915年胡适已形成了"活文学"的观念。1916 年他谈到中国历史上的文学革命时，以为元代以俚语创作的词曲、剧本及小说是一种真正的"活文学"出世。1917 年胡适发表的《文学改良刍议》是文学革命运动的宣言。这时其"白话文学"观念已经成熟，以提倡白话文学为文学革命的主要任务。中国自《诗经》早期作品产生以来的三千年间积累了极为丰厚的文学遗产，胡适以为其中的大多数是"死文学"，只有通俗的白话文学才是"活文学"，亦是有价值的文学。他在 1918 年发表的《建设的文学革命论》里将古典白话长篇小说《水浒传》《西游记》《儒林外史》和《红楼梦》认为是白话文学的典范，而且以为"我们今日所用的标准白话，都是这几部白话文学定下来的"。我们于此可见古典白话小说在新文学运动中的重要意义，而它们因托体甚卑以致长期以来被排斥于正统的文学史之外。它们的文学价值的发现，最初是源于外国的文学史家。俄国瓦西里耶夫于 1880 年出版的《中国文学简史》介绍了《金瓶梅》。英国翟理斯于 1900 年出版的《中国文学史》简要地述及小说和戏曲。日本笹川种郎的《历朝文学史》于 1903 年由上海中西书局翻译出版，论及了元明清的小说。这些文学史论著关于中国白话小说仅有简略介绍，因关于它们的资料贫乏与历史线索模糊，故许多问题未能解决。胡适推崇白话小说，并视之为白话文学的语言标准，但若要进一步阐明它们的文学价值，便必须采用新的科学方法去解决许多困难的学术问题；然而这却非新文学运动所能完成的任务，而应是当时整理国故的内容之一。胡适恰好既是新文学运动的发起者，又是整理国故的号召者，这使他由推崇白话小说进而从整理国故的视角去做认真的学术研究。

"国故"这一概念亦是 20 世纪初出现的，它体现了一种学术思潮。晚清以来随着西学东渐的加剧，一些文化保守主义者力图保存中华传统文化精华——"国粹"，从而树立民族文化的自信心，因而于 1903 年冬在上海倡议成立国学保存会。此会于 1905 年正式成立，创办《国粹学报》，刊行《国粹丛书》，宣告国粹学派的兴起。章太炎是国粹学派的代表人物，1906 年在日本东京为中国留学生组成的国学讲习会担任主讲。1910 年他将国学研究成果集为《国故论衡》由日本秀光社排印出版。自此以弘扬国粹为宗旨的国学思潮在中国学术界产生了巨大影响。这引起新文化学者们的关注。1919 年胡适在《新青年》杂志发表《新思潮的意义》，他说："我们对于旧有的学术思想，积极的只有一个主张——就是整理国故。"这是提倡用新文化的精神、评判的态度和科学的方法去研究中国传统文化，以作为新文学的理论建设。

胡适与同时代的王国维、章太炎、刘师培、梁启超等国学家对国学的内涵及对象的理解是不相同的，最为突出的是他对文学的重视，尤其是将白话小说亦作为重要的对象之一。1923年2月胡适在《东方杂志》第二十卷第四号发表了《一个最低限度的国学书目》一百八十一种。关于明清小说，他开列了十三种：《水浒传》《西游记》《三国演义》《儒林外史》《红楼梦》《水浒后传》《镜花缘》《今古奇观》《三侠五义》《儿女英雄传》《九命奇冤》《恨海》和《老残游记》。稍后在答《清华周刊》记者时，他又拟了一个《实在的最低限度的书目》四十种，其中所列小说有《水浒传》《西游记》《儒林外史》和《红楼梦》四种。胡适晚年回顾国学运动时，总是将它与中国文艺复兴运动相联系，以为中国文艺复兴运动的目的是：（一）研究问题，特殊的问题和社会迫切的问题；（二）输入学理；（三）整理国故；（四）再造文明。整理国故是胡适在领导国学新思潮时提出的一项研究国学最为实际的首要的工作。在整理国故的工作中，他很看重整理古典白话小说的意义。他在口述自传里说：

> 我曾说过"整理国故"——有系统和带批评性的"整理国故"——是"中国文艺复兴运动"中的一个部门。……我们这一文学革命运动，事实上是负责把这一大众所酷好的小说，升高到它们在中国活文学上应有的地位。……我建议我们推崇这些名著的方式就是对它们做一种合符科学方法的批判与研究，我们要对这些名著作严格的版本校勘和批判性的历史探讨——也就是搜寻它们不同的版本，以便于校订出最

好的本子来。如果可能的话，我们更要找出这些名著作者的历史背景和传记资料。

胡适为谋求中国学术的解放，开启了国学研究的新方向，阐述了新的国学观念，促进了国学运动的健康发展。他在国学的具体研究工作中是以研究白话小说的学术问题为整理国故的切入点的，为此他在晚年仍感到欣慰。他从现代学术意义来研究中国白话小说的学术问题，完成了系列的考证，计有：《〈水浒传〉考证》（1920）、《〈红楼梦〉考证》（1920）、《〈水浒传〉后考》（1921）、《跋〈红楼梦考证〉》（1922）、《〈三国演义〉序》（1922）、《〈西游记〉考证》（1923）、《〈镜花缘〉引论》（1923）、《〈水浒续集两种〉序》（1923）、《〈三侠五义〉序》（1925）、《〈老残游记〉序》（1925）、《〈儿女英雄传〉序》（1925）、《重印〈文木山房集〉序》（1925）、《〈海上花列传〉序》（1926）、《〈官场现形记〉序》（1927）、《考证〈红楼梦〉的新材料》（1928）、《百二十回本〈忠义水浒传〉序》（1929）、《读吴承恩〈射阳文存〉》（1930）、《辨伪举例——蒲松龄的生年考》（1931）、《跋〈西游记〉本的〈西游记传〉》（1931）、《〈醒世姻缘〉考证》（1931）、《跋乾隆庚辰本〈脂砚斋重评石头记〉抄本》（1933）、《重印乾隆壬子本〈红楼梦〉序》（1938）、《记金圣叹刻本〈水浒传〉里避讳的谨严》（1947）、《所谓曹雪芹小像的谜》（1960）。以上论文中大多数是为上海亚东图书馆新式标点的古典长篇白话小说作的序言。这些新整理本小说在社会上广为流行，确为新的白话文学创作提供了文学范本，同时实现了胡适整理国故的一种愿望。这些小说考证是国学研究的一种典范，是胡适对国学运动的重大贡献之一。

当胡适从事小说考证之初，中国学术界对小说的研究正处于起步的阶段，筚路蓝缕，甚为艰难。蒋瑞藻的《小说考证》于1920年出版，所汇集的一些小说资料极为杂乱，尚非学术研究的著作。鲁迅的《中国小说史略》于1923年出版，初步构架了中国小说发展的轮廓，虽有一些精辟的论述，但个案的研究尚未深入；其《小说旧闻钞》亦是一般资料性的汇编。胡适在研究中也曾参考过这些资料，但更多的重要资料是他通过各种方式和各种渠道获得的，而且采用了新的科学方法进行细密深入的考证，解决了许多学术难题，臻于很高的学术成就。

自1923年胡适发表《〈国学季刊〉发刊宣言》标志国学新思潮兴起以来，使国学的发展摆脱了国粹主义的桎梏；国学已是以中国文献与历史的若干细小而困难的学术问题为对象的，采用科学考证方法进行研究的一门新的学科。胡适于1919年提倡整理国故时即主张"用科学的方法，作精确的考证"；稍后又指出整理国故是"把三千年来支离破碎的古学用科学方法作一番系统的整理"。这"科学的方法"和"精确的考证"，或称科学考证方法，不仅是整理国故的方法，亦是新的国学研究的基本方法。胡适、顾颉刚、傅斯年、郭沫若都提倡科学考证方法，他们的理解略有差异，而基本精神则是相同的。胡适曾多次谈到科学方法，我们归纳起来它包含尊重事实的搜集材料、历史的方法和实证的方法。由于胡适个人的学术选择，在整理国故的过程中着重对于小说的研究；其取得巨大成就即在于具有新的文化观念并采用了科学的方法。他于1952年谈治学方法时说：

　　　我可以引为自慰的，就是做二十多年的小说考证，也替中国文学史家与研究中国文化史的人扩充了无数的新材料。只拿找材料做标准来批评，我二十几年来以科学的方法考证旧小说，也替中国文学史上扩充了无数新的证据。

我们现在略为考察胡适在小说考证中是怎样运用科学方法的。

（一）材料的搜集。1928年胡适在《治学的方法与材料》里说："科学的方法，说来其实很简单，只不过'尊重事实，尊重证据'。"凡科学研究工作都是建立在事实和证据的基础上的，因而搜集大量的客观的和新的材料成为首要的条件。1936年胡适致程靖宇书信里说："我对于一切青年人的劝告，是有几分证据，才说几分话。有一分证据，只可以说一分话；有三分证据，只可以说三分的话。"这是胡适在治学中严遵的原则。顾颉刚曾为胡适搜集过关于《红楼梦》的资料，在创立新红学的过程中起到了重要作用。他说："我们处处把实际的材料做前导，虽是知道事实很不完备，但这些事实极确实的，别人打不掉的。我希望大家看到旧红学的打倒，新红学的成立，从此悟得一个研究学问的方法。"可见搜集材料，以实际材料作为研究的前导与依据是具有方法论意义的，而就红学来说这竟是新与旧的红学的分野。胡适在作《红楼梦》考证时，非常辛苦地搜集有关曹雪芹家世的材料：他访求到曹雪芹友人敦诚《四松堂集》之海内孤本，以及各种版本的《红楼梦》，顾颉刚提供的《江宁织造职官表》和《圣驾（康熙）五幸江南恭录》。胡适以此说明新材料在考证中的意义：

　　我所以举《红楼梦》的研究为例，是说明如果没有这些新的材料，我们的考证就没有成绩。我们研究这部书，因为所用的方法比较谨严，比较肯去上天下地，动手动脚找材料，所以找到一个最早的"脂砚斋抄本"——曹雪芹自己批的本子，和一个完全的八十回抄本，以及无疑的最早的印本——活字本，再加上曹家几代的传记材料。因为有这些新材料，所以我的研究才能有点成绩。

此外如胡适寻求《海上花列传》和《官场现形记》作者的新材料亦是很不易得的。《海上花列传》的作者自署"花也怜侬"；蒋瑞藻《小说考证》引《谭瀛室笔记》以作者为松江韩子云，而其具体情况却难得知。胡适托友人陈陶遗访问其松江同乡韩子云的历史，陈陶遗介绍去找孙玉声。这时恰好胡适见到孙氏《退醒庐笔记》的出版消息，购得此书后即找到了韩子云的材料。胡适又与孙氏通信，请教一些问题，于是得知：韩子云名邦庆，别号太仙，又自署大一山人，作《海上花列传》则署名"花也怜侬"。胡适据新得的材料于1926年完成了《〈海上花列传〉序》，对作者进行了新的考证，并为之辨诬。《官场现形记》的作者自称"南亭亭长"，人们知道这是李伯元的别号，但其身世却不清楚。胡适因友人蒋维乔的介绍，与李伯元的侄子李祖杰取得联系，不久收到李氏的长信，从而得以了解作者的生平大概。胡适是极重视材料搜集的，但有时材料尚不具备，或尚未得到确实的证据，为应付出版社之需，对某些小说的考证作出过错误的判断。例如关于《水浒传》七十回本的版本来源和《镜花缘》作者李汝珍事迹的判断均有误，待到后来获得新材料始予以纠正。材料的搜集是困难的，但材料的辨伪尤为困难，更足以体现考证者的学术识见。

（二）历史的方法。这是将事件、人物、制度、学说、现象等视为历史过程的一个中段，它并非孤立的现象，有其产生的原因，也有所引起的效果。此亦被胡适称为"祖孙的方法"，即从上了解其"祖辈"，从下了解其"孙辈"，将人物或事件置于历史锁链中来考察。胡适说："指出它的历史背景，故能了解它在历史上占有的地位与价值，故不致有过分的苛责。一方面这个方法又是严厉的，是带有革命性质的，因为它处处拿一个学说或制度所发生的结果来评判它本身的价值。"胡适运用历史的方法研究《红楼梦》取得了学术的突破，开创了新的研究道路。自《红楼梦》传世之后，引起学者们关于小说主要人物的种种猜测与附会，例如以为是为清世祖与董鄂妃而作；以为书中女子多指汉人，男子多指满人，具有政治寓意；或以为所写的是宰相明珠之子纳兰成德的故事。1904年王国维在《〈红楼梦〉评论》的结语里感叹说："《红楼梦》自足为我国美术上之唯一大著述，则其作者之姓名，与著书之年月，固当为唯一考证之题目。而我国人之所聚讼者，乃不在此而在彼；此足以见吾国人之对此书之兴味之所在，自在彼而不在此也。"胡适考证《红楼梦》时说："《红楼梦》的考证是不容易做的，一来因为材料太少，二来因为向来研究这部书的人都走错了道路。他们怎样走错了道路呢？他们不去搜求那些可以考定《红楼梦》的著者、时代、版本等等的材料，却去搜罗许多不相干的零碎史事来附会《红楼梦》里的情节。他们并不曾做《红楼梦》的考证，其实只做了许多《红楼梦》的附会。"胡适关于《红楼梦》的考证发表了系列论文，第一次解决了作者的家世问题，涉及作者是曹寅之子或其孙的问题，曹氏家族与清皇室关系的问题，作者生平事迹问题，八十回本与一百二十回本的关系问题，续书的作者等问题。1951年胡适致臧启芳书信里追忆说：

我三十年前提出的"作者自叙"的历史看法……确定此论点之法，全靠历史考证方法，必须先考得雪芹一家自曹玺、曹寅至曹颙、曹頫，祖孙四代四个人共做了五十八年的江宁织造，必须考得康熙六次南巡，曹家当了"四次接驾之差"，必须考定曹家从极繁华富贵的地位，败到树倒猢狲散的情况——必须先作这种传记的考证，然后可以确定这个"作者自叙"的平凡而合情理的说法。

这种考证是我们从文学角度去研究《红楼梦》之前的必要的准备，亦是必不可少的工作。关于《西游记》的考证，除作者吴承恩的生平事迹之外，其故事来源的考证同样是很重要的。元代初年长春真人丘处机的《西游记》与白话小说《西游记》有无关系，小说中唐僧的故事与唐代高僧玄奘的关系，元人话本《大唐三藏取经诗话》与《西游记》的关系，话本中猴王的来历与印度佛教传说的关系，唐三藏取经故事在元人杂剧里的发展演变情况，这些都需要作细密的历史考证。胡适自1921年至1923年完成了《〈西游记〉考证》。他的考证还原了《西游记》的文学真实面目。这部小说长期以来被道士们认为是"金丹妙诀"，僧人们说是"禅门心法"，理学家又以为是讲"正心诚意"之书。胡适说：

这几百年来，读《西游记》的人都太聪明了，都不肯领略那极浅极明白的滑稽意味和玩世精神，都要妄想透过纸背去寻那"微言大义"，遂把一部《西游记》罩上了儒、释、道三教的袍子；因此，我不能不用我的笨眼光，指出《西游记》

有了几百年逐渐演化的历史，指出这部书起于民间传说和神话，并无"微言大义"可说。

此外，在关于《三国演义》《水浒传》和《三侠五义》等故事来源的考证中，胡适都同样用了历史的方法。

（三）实证的方法。此亦叫实验方法，胡适认为它要求从具体事实与境地下手，以一切学说和知识都是有待证实的假设，须要实行验证，以实验为真理的试金石。他于1928年谈到科学方法时概括为："在应用上，科学的方法只不过'大胆的假设，小心的求证'。"这即指实证方法。他还认为这种方法是西方近世自然科学使用的方法，而且中国清代乾嘉学派的考据学也是与之相同的。这些学者的学说是建筑在考据的基础上的。关于小说《醒世姻缘》作者的考证，是胡适运用实证方法的最典型的例子。约在1924年，上海亚东图书馆标点重印《醒世姻缘》而请胡适作序。因小说作者署名"西周生"，在未弄清作者的真实姓名与历史背景时，他不敢作序；直到七年之后得到了新的材料，并通过"大胆的假设，小心的求证"才解答了作者是谁的难题，故其《〈醒世姻缘〉考证》成于1931年。胡适谈到此例说：

> 这个难题的解答，经过了几许的波折，其中有大胆的假设，有耐心的搜求证据，终于得着我们认为满意的证实。这一段故事，我认为可以做思想方法的一个实例，所以我依这几年逐渐解答这问题的次序，详细写出来，给将来教授思想方法的人，添一个有趣味的例子。

《醒世姻缘》是一部白话长篇小说，故事托始于明代中期，但小说谈到杨梅疮和《水浒传》与《西游记》里的事典，可见它应成书于明末清初。胡适对小说的故事内容进行探究，发现它与蒲松龄《聊斋志异》中《江城》一篇，均写两世的恶姻缘，而且有惊人的相似之处。他于是做了一个大胆的假设：《醒世姻缘》的作者也许就是《聊斋》的作者蒲松龄。胡适说："我有了这个假设，就想设法证实它。不曾证实的假设，只是一种猜测，算不得定论。证实的工作很困难。"他先从两书之中求得内证，它们都着力写悍妇，两者一略一详，是稿本与定本的关系。然而这尚非有力的证据。1929年，胡适从邓之诚《骨董琐记》卷七蒲留仙（蒲松龄别号）条见到"留仙尚有《醒世姻缘》小说"。这是引清代藏书家鲍廷博的话，但出处不清楚。胡适托人去问邓之诚所转述的确切出处；邓之诚言是闻之于缪荃孙，而缪氏的《云自在龛笔记》稿本不可见。1930年胡适于北平见到孙楷第，请代为寻查；孙氏比较了小说和山东济南方志所记地理、灾异、人物，但仍未获得有力的证据。继而《聊斋》白话韵文的出现，胡适将它与《醒世姻缘》在用语——特别是土语上做了比较，更坚信了自己的假设。在《〈醒世姻缘〉考证》完成后的次年——1932年8月，胡适的友人罗尔纲从广西寄信，抄录了杨复吉《梦兰琐笔》里一则材料，其中确记："鲍以文云，留仙尚有《醒世姻缘》小说，盖实有所指。"这样终于使胡适的假设得到证实。在胡适的小说考证中关于作者、时代和版本等难题的解决，大都是其实证方法的成功运用，有的是几经反复才得以证实的。

胡适的小说考证是其整理国故的主要工作之一，亦是他对中国文艺复兴运动——提倡白话文学的重大贡献。整理国故是20世纪初年国学运动开展时提出的首要任务。胡适的小说考证的系列论文是很典型的国学论文，其采用的方法是国学研究的科学考证方法。他于1919年论国故学时曾说：

> 我以为我们做学问不当先存这个狭义的功利观念。做学问的人当看自己性之所近，拣选所要做的学问，拣定之后，当存一个"为真理而求真理"的态度。研究学术史的人更当用"为真理而求真理"的标准去批评各家的学术。学问是平等的。发明一个字的古义，与发现一颗恒星，都是一大功绩。

胡适正是以此种求真理的态度考证小说的。它在体现国学新思潮和使用科学考证方法等方面，确是"开辟一个新方向，打开一条新道路"，其意义与影响远远超越了小说考证本身。我们从胡适的小说考证与整理国故关系的考察中，可以从一个侧面认识国学的性质与方法。

傅斯年与历史语言学派

　　1927年中央研究院筹备处成立，隶属于大学院，蔡元培任院长。次年3月傅斯年受聘为国立中央研究院历史语言研究所筹备委员，继而任所长。此所设历史、语言、考古、人类学四组，最初研究人员——包括特约研究员约三十人，在抗日战争胜利后仅本所人员已发展至六十人。此所集聚了当时著名学者并培养了新一代学者，如陈寅恪、徐中舒、胡适、刘复、陈垣、容庚、商承祚、顾颉刚、朱希祖、马衡、容肇祖、赵万里、陈槃、李家瑞、劳干、赵元任、罗常培、李方桂、林语堂、沈兼士、杨时逢、丁声树、李济、董作宾、梁思永、丁文江、翁文灏、石璋如、岑仲勉、梁思成、芮逸夫、全汉升、张政烺、董同龢、高去寻、夏鼐、王宗武、周法高、逯钦立、王叔岷、杨志玖、何兹全、马学良、严耕望等。他们遵照傅斯年拟定的《历史语言研究所工作之旨趣》进行学术研究，研究论文主要发表于《国立中央研究院历史语言研究所集刊》，该刊自1928年创刊，迄于1949年共出版二十本；此外还出版学术专著单刊和专刊多种，搜集了大量资料，并在考古发掘、史地考察、方言调查、人类学调查和语音实验等方面取得很大成就。

历史语言学派是欧洲 19 世纪出现的一个重要的新史学派。其创始者是柏林大学史学教授利奥波德·冯·兰克（Leopold von Ranke，1795—1886）。他以科学方法研究历史，主张对史料作精确的考证，真实客观地反映历史。此派或称实证主义史学，受到欧洲近代实证主义哲学思潮的影响，采用自然科学——数学、天文学、地质学、生物学等方法，用于社会科学研究，强调史学研究的客观性和实证性。兰克谈到撰写历史著作的态度时说："历史学被认为有判断过去，为未来指导现在的职能，对这样的重任，本书不敢企望。它只想说明：什么确确实实发生了。对任何一种新研究，资料从何而来？作为本书的资料是回忆录、日记、信函、外交报告、见证者的叙述。他种材料只在下述情形方可引用：它们可从上述材料直接推衍出的，或是材料具有某种第一手的性质。这些材料必须页页核定过。"他强调"没有精确的研究，整体的概念只能是一个幻想"，但他通过对历史细节的精确研究后，将在更高的层次上关注历史的事物的普遍性，使批判方法、客观研究和系统构造联合起来。兰克学派将史学等同于史料学，提倡考据坚实，以调查材料、考辨材料的真伪为史学的更高艺术追求。这是对兰克史学思想的片面发挥，然而此派在欧洲近代史学上的影响却是非常深广的。

　　傅斯年于 1923 年 6 月离开英国到德国留学，他曾学习比较语言学、逻辑学、医学心理学、人类学、梵文和语音学。1924 年下半年，他开始转向史学，由于追求客观的、科学的、严密的学术倾向，遂选择了兰克学派。傅斯年于 1926 年归国后创立的中国历史语言学派，便直接受到兰克学派的影响。他多次主张借鉴欧洲近代的新史学，如说："历史学和语言学在欧洲是很近才发达的。

历史学不是著史，著史每多多少少带点古世中世的意味，且每取伦理家的手段，作文章家的本事。近代的历史学只是史料学，利用自然科学给我们的一切工具，整理一切可逢着的史料。"傅斯年于1943年明确地介绍了欧洲实证主义史学派兰克和莫母森，他说："本所同人之治史学，不以空论为学问，亦不以史观为急图，乃就史料以探史实也。史料有之，则可因钩稽有此知识，史料所无，则不敢臆测，亦不敢比附成式。此在中国，固为司马光以至钱大昕之治史方法，在西洋亦为兰克、莫母森之著史之点。"在这些论述里我们可见到傅斯年的历史语言学与欧洲近代实证主义史学的密切关系，然而它绝非兰克学派在中国的移植或化身。傅斯年仅吸收了兰克史学的实证精神和对史料细致的考辨态度，而更多的是从德国兰克学派的伯伦汉（Ernst Bernheim，1850—1942）的《史学方法论》里吸收实证主义史学方法。兰克虽然学过历史语言学，但从未将"历史"和"语言"熔铸为一个新词。傅斯年关于"历史语言"中的"历史"和"语言"的含义有其独特的理解，将二者合为一个新的学术名词，更赋予它以特定的内容，由此创立"中国历史语言之学"。

中央研究院设置历史语言研究所，这应是傅斯年向院长蔡元培建议而争取到的。我们注意到中央研究院于1927年筹备时，决议先设立理化实业研究所、社会科学研究所、地质研究所和观象台。次年4月研究院正式成立，傅斯年受聘为历史语言研究所筹备委员，旋任所长。此所的名义很新异，其设置是傅斯年在归国前夕即准备实施的计划，故到中山大学创办语言历史研究所。如果争取到此所在中央研究院设置，其成就与影响会更大，由此可以实现他的学术理想。中央研究院的成立，恰是一个最佳的机遇。

《历史语言研究所集刊》创刊时，蔡元培写了发刊词，他阐释"历史语言学"之义云："发明文字以后，传抄印刷，语言日加复杂，可以助记忆力，而历史始能成立……人类有这种特殊的语言，因而以产生历史，这也是人类在动物中特别进步的要点，而历史语言学，便是我们最有密切关系的科学。"他所强调的记录语言的是文字，文字用以记载史事。"历史"等同于中国传统文化，是广义的历史概念；"语言的材料"即文献资料，自然属于史料。这样，"历史语言学"即是"历史文献学"。蔡元培很可能依据傅斯年向他表述之意而撰述发刊词的，这从傅斯年对相关诸概念的解释中可以得到印证。

《历史语言研究所工作之旨趣》是傅斯年创立历史语言学派的宣言。他对中国历史语言学的渊源作了追溯，并含蓄地对其含义作了简略的论述。其所推崇的欧洲近代史学是将历史学等同于史料学的，即用科学的方法整理史料；这并非传统意义上的史学。其所推崇的欧洲近代语言学，以为它超越了比较语言学，已同生物发生学、环境学、生理学相似，而更科学化了，因"语言即思想"，所以其范围是很广大的；这并非传统意义上的语言学。傅斯年是在欧洲近代历史学与语言学的启发下形成中国历史语言学观念的。他回顾中国传统的历史学和语言学时，有意将两种学问结合。中国传统的史学，自汉代司马迁的《史记》以来，皆非"客观的史学"。从宋代欧阳修的《集古录》对金石碑刻的考订，司马光的《资治通鉴考异》用无限的史料考订旧记，以及南宋诸多学者对史料的考订辨疑——这种倾向到了明代已有欧洲近代史学的精神了。中国传统的语言学以东汉许慎的《说文解字》为代表，是一部没有时代观念的系统哲学。关于清代学术，傅斯年以为最具欧洲近代特色的，是顾炎武搜求直接史料订正文史和因时因地的音变观念为语言学，阎若璩以实在地理订正古代记载和以一切比核辩证儒家经典——他们是以考订史料的方式来对待历史学和语言学的。关于怎样继承传统的考据学，傅斯年在致王献唐的信里说："弟以为近千年来之实学，一炎于两宋，一炎于明清之际。两宋且不论，明中世后焦竑、朱谋㙔、方密之实开实学之风气。开风气者能博而不能精……亭林（顾炎武）百诗（阎若璩）谨严了许多。然此时问题仍是大问题，此时材料仍不分门户也。至乾嘉而大成，亦至乾嘉而硬化，专题能精确之，而忘命整个立场。至于王、段诸人而朴学观止。此后如再开大路，非（一）有大批新材料使用不可；（二）或一反明清之季之风气，扩大其范围，认定大题目，能利用乾嘉朴学之精诣，而不从其作茧自缚之处。"自清初顾炎武与阎若璩兴起了考据之学，亦称朴学，至乾嘉时期江永、王念孙、王引之、段玉裁等而臻于极盛。乾嘉学派的学风，梁启超概括为：孤证不为定论。罗列事项之同类进行比较研究，专治一业为窄而深的研究，文体贵朴实简洁。然而晚清以来，今文经学的复兴和国粹主义的涌动，中国的历史语言学不能随时发展而处于落后的局面。傅斯年借鉴欧洲近代学术的成功经验，总结中国近代学术落后的教训，提出三项标准以判断学术的价值：（一）凡直接研究材料，便进步，凡间接地研究前人所研究或前人所创造之系统，而不繁丰细密地参证所包含的事实，便退步；（二）凡一种学问能扩张它所研究的材料便进步，不能的便退步；（三）凡一种学问能扩充它做研究时应用的工具的，则进步，不能的，则退步。这是傅斯年创办历史语言研究所的宗旨，力图采用新工具，以处理新获的材料，在学术上取得新的成就。

历史语言研究所原计划在历史的范围设置五个组：文籍考订、史料征集、考古、人类及民俗、比较艺术；在语言的范围设置四个组：汉语、西南语、中央亚细亚语、语言学。在工作具体开展时，最初设置历史、语言和考古三个组，1936年增设人类学组。从其分组情况表明历史语言学并非简单的历史学和语言学的并列，它是一个新的综合性的学科。它以研究中国传统文化为对象，采用西方自然科学与中国考据学相结合的方法，以解决历史与文献上存在的若干学术问题。因此，历史组重在搜集史料并进行文籍考订；语言组进行语言学研究之外，做大量的方言调查，考证文字、语音与语义问题；考古组进行大量的考古发掘工作，以提供学术研究的新材料；人类学组搜集新材料，并对少数民族的族源进行考辨。历史、语言、考古、人类学，都是作为历史语言学的"几个不陈的工具"的，它们并非独立于历史语言学之外的学科，而是其有机的组成部分。傅斯年关于中国历史语言学的观点是很独特的，其学术组织亦是独特的，是他创建的一个综合性的学科。

20世纪初，瑞典的斯文·赫定、俄国的柯兹洛夫、英国的斯坦因、法国的伯希和等探险家和学者相继在中国西北地区考古，发现大量的汉文、中亚文、西夏文和藏文的历史文献资料。他们将这些资料带回欧洲进行整理和研究，使海外研究中国学问的汉学一时兴盛，取得举世瞩目的成就。西方汉学家研究中国的学问所关注的对象和使用的方法与中国传统学术是有差异的。傅斯年举例说："我们中国人多是不能解决史籍上的四裔问题的，丁谦君的《诸史外国传考证》远不如沙万君之译外国传。玉连之解《大唐西域记》，高几耶之注《马哥博罗游记》，米勒之发读回纥文书，这都不是中国人现在已经办到的。凡中国人所忽略，如匈奴、鲜卑、突厥、回纥、契丹、女真、蒙古、满洲等问题，在欧洲人却施格外的注意。"西方汉学的新成就曾使中国学者感到震惊，促使他们对中国传统文化研究进行新的思考。关于中国某些困难的学术问题的研究，这是中国学者特具优势，而且能在世界汉学中居于领先地位。傅斯年虽然肯定西方汉学的成绩，同时也肯定中国学者治中国学术存在的优势，他说："西方人研究中国或牵连中国的事物，本来没有很多的成绩，因为他们读中国书不能亲切，认中国事实不能明辨，所以关于一切文字审求、文籍考订、史事辨别等等，在他们永远一筹莫展。"历史语言学的研究，即重在文字审求、文籍考订和史事辨别等方面，这与国学研究的对象和重点是完全一致的。虽然中国学者治中国学颇有自信并有优势，但西方汉学的成就对中国学者来说却是一种巨大的挑战和压力，这点是傅斯年在留学欧洲的后期感受特别深的。1925 年在柏林大学时，他的学术兴趣转向，关注中国四裔的历史、中亚语和欧洲东方学研究文献，并通过蔡元培的介绍而与法国著名汉学家伯希和取得学术联系。他归国创立中国历史语言学派即有意同西方汉学争胜。当傅斯年受任为中央研究院历史语言研究所筹备委员时，曾表示"甚欲步法国汉学之后尘，且与之争胜，故其旨在提高"。在研究所设置之初，傅斯年在致蔡元培与杨杏佛的书信中说："此研究所本不是一个国学院之类，理宜发达我国所能欧洲人所不能者（如文籍考订等），以归光荣于中央研究院，同时亦须竭力设法将欧洲人所能我国人今尚未能者而亦能之，然后中国之历史学与语言学与时俱进。"力图赶上西方汉学，扬长避短，并在某些方面超越汉学的范围。在《国立中央研究院历史语言研究所十七年度报告》里，傅斯年重申了赶上和超越西方汉学之意："今若决意设置，正以自然科学看待历史语言之学，此虽旧域，其命维新。材料与时增加，工具与时扩充，观点与时推进，近代欧洲之历史语言学其受自然科学之刺激与补助昭然若揭。以我国此项材料之富，欧洲人为之羡慕无似者，果能改以新路，将来发展正未有艾。"在傅斯年的观念中历史语言学是广义的汉学，他准备建立一个严格的专业学术机关，形成一个集体，因而学术研究如同近代工场的分工合作一样，发挥合力的优势。1933 年他在致胡适的书信里说："这个研究所确有一个责任，即'扩充工具，扩充材料'之汉学（最广义的）。这样事业零星做也有其他机会，但近代的学问是工场，越有联络，越有大结果。"在筹备历史语言研究所时，顾颉刚亦是筹备委员，当商议建所的组织时，他认为"欲与人争胜，非一二人独特之钻研可成，必先培育一批人，积累无数材料加以整理，然后此一二者方有所凭借"。当时傅斯年不赞同此意见，但稍后却完全接受了，所以除本所之专业研究人员外，还聘请特约研究员和外国通讯员，并招收研究生，从而集聚了一大批著名学者。罗家伦评价傅斯年说："他办历史语言研究所时所树立的标准极高，观念很近代化。他的主张是要求办成一个有科学性而能在国际学术界站得住的研究所，绝不是一个抱残守缺的机关。"这个研究所是中国近代的学术典范，它在艰苦的多难的岁月里成长壮大，取得辉煌的成就。傅斯年具有世界学术的视野，力争中国历史语言学在世界学术中发生影响。研究所聘请西方著名汉学家米勒、伯希和、高本汉为外国通信员，通过他们将本所的学术研究成果推向欧洲。数年后傅斯年自豪地说："彼等（伯希和等汉学家）应知此时代表汉学者为本院。"蔡元培也说："中国学之中心点由巴黎而移至北平。"这是当时世界学术界所承认的事实。

中国历史语言学派的研究方法与胡适和顾颉刚的国学研究方法基本上是一致的。他们都主张用科学的方法，即自然科学的实证方法，而且都认为这种方法与中国传统考据学的精神有相通之处，但在具体理解方面是存在一些差异的。傅斯年提倡的科学方法源自欧洲近代实证主义史学派，但由于他在欧洲留学期间广泛地学过多种自然科学，受过严格的科学训练，从而形成更严密的实证的科学方法。他提倡的新方法是采用西方近代的地质学、地理学、考古学、生物学、气象学、天文学等自然科学的方法为工具，以整理史料，以为"若干历史学的问题非有自然科学之资助无从下手，无从解决"。他所列举的自然科学都是重资料的搜集，具有历史进化的特点，须考察、实验，并按合理程序进行工作的。他特别重视比较方法，以为史料学即是比较方法的应用："历史的事件虽然一件只有一次，但一个事件既不尽只有一个记载，所以这个事件在何种情形下可以比较而得其近真；好几件的事情，又每每有相关联的地方，更可以比较而得其头绪。"历史上某个问题、某个事件，当比较了各种性质的文献记载之后，便可发现矛盾、疑难、真伪等问题，从而经过科学的考证而寻得历史的真实。傅斯年将文字的训诂考订作为"语言学的观点"，他认为其代表著作《性命古训辨证》便是"以语言学的观点解释一个思想史的问题之一法。自十九世纪中叶以来，研究柏拉图、亚里斯多德著书者，其出发点与结论，每属于语学"。但是他仍然主张"语言学的观点之外，又有历史的观点，两者同其重要"。因为用文字训诂考订只可能解决个别语源与语义问题，若进一步以历史的观点考镜源流，才能使问题得到充分而圆满的解决。欧洲的兰克学派和中国的乾嘉学派都注重历史与文献的考证，追求客观真实的学术境界。傅斯年说："最近百年来，文史的学问趋向于考证，诚然考证只是一种方法，而不是一种目的。但人类的工作，目的和方法是很不容易分别的。考证学发达的结果，小题大做可成上品，大题小做便不入流。"这是关于考证学最重要的经验总结，即旨在解决学术上存在的狭小问题，若是宏大的问题则分属于其他各学科了。国学与历史语言学都采用西方近代的自然科学方法，但在具体研究中国历史与文献存在的若干狭小问题时，还得具体地运用中国传统考据学使用的工具和方法：二者的结合为科学考证方法。这是 20 世纪初年以来国学新倾向的显著特征。

历史语言研究所每年都有周密的工作计划。傅斯年在《国立中央研究院历史语言研究所二十年度报告》里总结了各组的工作情况。历史组整理了许多资料，研究成果有陈寅恪的《西夏文佛母孔雀明王经考释序》《支敏度学说考》《李唐氏族之推测》，徐中舒的《石本历代钟鼎彝器款识法帖再跋》《铜器中古代狩猎图像考》，朱希祖的《吴三桂周王纪年释疑》《后金国汗姓氏考》，赵万里的《两宋诸史监本存佚考》，赵邦彦的《汉代石刻中游戏图像考》等。语言组在方言调查及整理语言学资料外，研究成果有罗常培的《闭口九韵之古读及其演变》《知彻澄娘音值考》《敦煌写本守温韵学残卷跋》，王静如的《佛母大孔雀明王经夏梵藏汉合璧校释》《释定海方氏所藏至元通宝四体钱文》，刘文锦的《洪武正韵声类考》等。考古组进行发掘与调查外，研究成果有董作宾的《帚矛说》、郭宝钧的《古器物释名》、李济的《殷墟铜器五神及相关之问题》、刘屿霞的《殷代冶铜术》、丁山的《伯懋父郭跋》等。这些研究成果都属于考证性的论文。《历史语言研究所集刊》发表所内研究成果，其大半的论文亦是考证性的，例如胡适《建文逊国传说的演变》、陈寅恪《灵州宁夏榆林三城译名考》、徐中舒《耒耜考》、陈垣《〈大唐西域记〉撰人辩机》、赵荫堂《〈康熙字典·字母切韵要法〉考证》、孟森《清史祖布库里雍顺之考订》、劳干《汉晋闽中建置考》、陈乐素《〈三朝北盟汇编〉考》、陈述《阿保机与李克用盟结兄弟之年及其背盟相攻之推测》、黎光明《明太祖遣僧使日本考》、陈叔陶《〈新元史〉本证》、孙楷第《敦煌写本〈张淮深变文〉跋》、周一良《论宇文周之种族》、邓广铭《宋史职官志考证》、岑仲勉《天山南路元代设驿之今地》等等。集刊是傅斯年计划主办的，最能体现历史语言研究所的宗旨和学术特色，其中的论文以新资料、新工具、新问题见长，以科学考证方法对中国历史与文献的狭小学术问题做窄而深的研究。集刊在学术界独树一帜并取得巨大成功，这是傅斯年"致中国历史语言之学于自然科学之境界中"的宏图的实现。

傅斯年开创的中国历史语言学，它与国学名异实同，但他仍然表示反对国学，并且是作为历史语言研究所的宗旨而提出的。他说："我们反对'国故'一个观念。如果我们所去研究的材料多半是中国的，这并不是由于我们专要研究'国'的东西，乃是因为在中国的材料到我们手中方便些，因为我们前前后后对于这些材料或已经有了些研究，以后堆积上研究去方便些……世界中无论那一种历史学或那一种语言学要想做科学的研究，只得用同一的方法，所以这学问断不以国别成逻辑的分别，不过是因地域的方便成分工。"这里他明确地表示反对"国故"这个观念。胡适曾解释："国学"是"国故学"的缩写或省称。傅斯年认为历史语言学虽然研究的材料大多数是中国的，却并不限于此，研究这种学问不应当以地域或国界来分，例如研究中国地质属于地质学一样。

研究历史语言只得用同一方法，而因材料与工具的扩充，势必超越"国"的界限，弄得不"国"不"故"。此外还因"国故"易与"国粹"混淆。晚清以来各地办的存古学堂和民国以来各地办的国学院，皆以弘扬国粹为宗旨，所以傅斯年反对"国故"观念。他又承认国学研究的内容主要是语言、历史、民俗等题目，这些亦是历史语言学研究的范围。历史语言研究所是合力工作，专业研究，动手动脚找材料，力图改变"读书就是学问"的风气，注重新材料的发掘，采用自然科学方法，研究的范围扩大到东方各国；因此它在某些方面与国学研究有所区别。关于国学与历史语言学之辨，在傅斯年看来，这不仅是名词——概念之争，而是体现为学术精神的差异。此差异源自历史语言之学是在与欧洲汉学争胜的背景下创立的，目的是要在中国建立东方学——汉学，使它在世界学术中取得应有的地位。国学运动新倾向的代表人物胡适与顾颉刚确实缺乏国学的高瞻远瞩的眼光和博大恢宏的气魄。我们客观地回顾这一段学术史，将整理国故、古史辨派和历史语言学派在研究对象、研究方法、论文性质，以及相关的许多学者在这三个领域里的交互情形加以比较，则它们的基本特征是相同的，即以科学考证方法研究中国历史与文献存在的若干狭小的学术问题；这种研究不负担社会的道德的使命，不主张普及，不考虑成果的社会效应，是一种纯学术的研究。傅斯年希望"致中国历史语言之学于自然科学之境界中"，争取"科学的东方学之正统在中国"，这崇高而宏伟的愿望是非常不易实现的；它若实现，应是在一个方面标志着中华民族文化的伟大复兴。

顾颉刚与古史辨派

顾颉刚虽然被誉为新史学家，但其学术事业却与国学结下深厚的因缘。他早年进入学术界时是在北京大学国学研究所从事《国学季刊》的编辑工作，1926 年到厦门大学国学院任教授，抗日战争时期在内迁成都的齐鲁大学重建国学研究所，继而在重庆负责编辑国学性质的《文史杂志》。他投入国学运动并开创古史辨派，深受 20 世纪之初新的国学思潮的影响。

1915 年，顾颉刚深感中国没有一部学术史，便立志编纂《国学志》。这是一个宏伟的计划，包括著述考、学览、学术文钞、学人传、群书学录、学术名词解诂和学术年表。他回忆说："我的野心真太高了，要整理国学，就想用我一个人的力量去整理清楚。"这个计划虽然未能实现，却表明他有志于国学的兴趣。1920 年胡适在养病期间常与顾颉刚通信以讨论泛览的古籍，询问关于《古今伪书考》作者姚际恒的著述，计划编辑《辨伪丛刊》，由顾颉刚任其事。1921 年胡适草成《〈红楼梦〉考证》，尚嫌关于曹氏家族史料之不足，请顾颉刚代为搜集有关资料；他帮助胡适完成了《红楼梦考证改定稿》。1921 年春，顾颉刚在北京大学毕业，时北京大学成立研究所，下设国学门，沈兼士和马裕藻邀请他任助教兼《国学季刊》编辑。在研究所里他读到罗振玉和王国维的著作。清代乾嘉学派的考据学到罗振玉和王国维而集大成，顾颉刚正是以这两位学者考据的业绩为出发点的。他晚年在《我是怎样写〈古史辨〉的》中追忆说："我那时真正引为学术上的导师的是王国维，而不是胡适……数十年来，大家只知道我和胡适的来往甚密，受胡适的影响很大，而不知道我内心对王国维的钦敬和治学上所受的影响尤为深刻。"这种转变表明他在治学上追求一种更为纯正的谨严的考据方法。虽然如此，但胡适的影响与帮助仍是不可忽略的。正是胡适的引导使他加入整理国故的工作，开拓了古史辨的道路。1923年胡适发表《〈国学季刊〉发刊宣言》，提出了整理国故的意见和计划。顾颉刚说：

　　整理国故的呼声倡始于太炎先生，而上轨道的进行则发创于适之先生的具体计划。我生当其顷，亲炙他们的言论，又从学校的科学教育中略略认识科学的面目，又因性喜博览而对古今学术有些知晓，所以能够自觉地承受。

　　顾颉刚自觉地承受整理国故的工作，自此一直坚持下来。1931年在《古史辨》第三册自序里，顾颉刚表示，最初以为从关于几部古籍的考辨便可弄清中国古史的真相，但随着研究的深入而感到普泛地研究古史绝非个人能力所胜任，遂将研究的范围缩小到汉代以前的古典文献，否则研究是不可能深入和继续前进的。这种转化是从古史讨论进入到真正的国学研究。关于国学研究与辨伪工作，钱玄同于1923年发表《研究国学首先应知道的事》，特别强调辨伪的重要性。他指出研究国学应该吸收前人辨伪的成果，要敢于疑古，治古史不可存"考信于六艺"之见。他最后说："学术之有进步全由于学者的善疑，而'赝鼎'最多的国学界尤非用炽烈的怀疑精神去打扫一番不可。近来如梁启超君疑《老子》，胡适君和陆侃如君疑屈赋，顾颉刚君疑古史，这都是国学界很好的现象。"这很清楚地说明辨伪工作在国学研究中的意义，因而以疑古为特点的古史辨派应是国学运动的组成部分。

国粹派学者们的宗旨是"研究国学，保存国粹"。在他们看来，中国传统文化的精华是儒学，保存国粹即是保存儒家的伦理道德，因而赋予了国学以改变世道人心的重大社会使命。这是在西学大量涌进的历史背景下，一些文化保守主义者为保卫传统文化、抵制新文化而产生的一种学术思潮。1923 年胡适发表《〈国学季刊〉发刊宣言》，认为："国学的使命是要大家懂得过去中国的文化史；国学的方法是要用历史的眼光来整理一切过去文化的历史。"他表达了新文化学者的国学观念，使国学运动的发展脱离了国粹的故辙而走上新的发展道路。顾颉刚发展了胡适的国学观念，于 1926 年发表《北京大学〈国学门周刊〉发刊词》，全面论述了国学的性质与价值，回答了当时社会对国学的质疑。关于国学是什么，顾颉刚以为："是中国的历史，是历史科学中的中国的一部分。研究国学，就是研究历史科学中的中国的一部分，也就是用了科学方法去研究中国历史的材料。"这使国学概念的界定趋于确切：其"科学方法"即科学的考证方法；其"中国的史料"是广义的史料，即历史文献。顾颉刚理解的国学即是用科学的考证方法去研究中国的历史文献；因此国学是一门科学，具有纯学术的性质。据此，他严厉地批判了国粹派，他说：

老学究们所说的国学，他们是要把过去的文化作为现代人生活的规律，要把古圣遗言看作"国粹"而强迫青年们去服从，他们的眼光全注在应用上，他们原是梦想不到什么叫研究的，当然说不到科学，我们也当然不能把国学一名轻易送给他们。若说他们在故纸堆中作生活，我们也在故纸堆中作生活，所以两方面终究是相近的，无论我们的研究在故纸之外尚有实物的考查，就是我们完全投身于故纸堆中也与他们截然异趣。

这将国学新思潮与国粹派的界限划得极为清楚。顾颉刚坚持从纯学术观点来理解国学的价值，他认为关于社会政治与道德问题，仅是国学研究的对象而已，并不因此而肩负改良社会的工作；同时，因为是高深的研究，故"不希望把国学普及给一班民众"。现在我们看来，顾颉刚关于国学的论述仍存在一些缺憾，将国学的概念理解得过于狭窄；然而他继胡适之后驳斥了来自学术界种种攻击的意见，大大推进了国学向真正的学术道路的发展。他正是在其国学观念的指导下进行整理国故的，而且是以古史讨论为突破的；所以他在 1926 年 1 月写完《北京大学〈国学门周刊〉发刊词》后即用了两个多月的时间完成了《〈古史辨〉第一册自序》，它成为古史辨派的宣言，标志了一个新学派的诞生。

古史辨派是因讨论中国古史而兴起的。这里"古史"是指殷商以前的历史，或称"上古史"。《古史辨》第一册于 1926 年由朴社出版，至 1941 年共出版七册。其中顾颉刚主编第一、二、三、五册，罗根泽主编第四、六册，吕思勉和童书业主编第七册；共汇集了三百五十篇论文。它们的作者有胡适、顾颉刚、钱玄同、丁文江、魏建功、容庚、傅斯年、马衡、缪凤林、姚名达、周予同、冯友兰、刘复、罗根泽、钱穆、梁启超、余嘉锡、高亨、唐钺、刘盼遂、吕思勉、童书业、谭戒甫、唐兰、郭沫若、杨向奎、蒙文通、杨宽等数十位学者。他们形成了一个庞大的古史辨学派。在中国历史观念的演进过程中逐渐形成了"古史"的世系，即是在夏、商、周三代之前尚有"三皇""五帝"的存在。"三皇"之称始见于《周礼·春官·外史》，其名则见于西汉初年孔安国的《尚书序》，指伏羲、神农、黄帝。"五帝"为黄帝、颛顼、帝喾、帝尧、帝舜，见于《史记·五帝本纪》。这种拟构的古史世系自宋代以来即有许多学者表示怀疑，而晚清的学者崔述在《补上古考信录》和《三代考信录》里做了系统而详尽的考辨，开启了学术界的疑古之风。然而传统的观念是十分牢固的，国粹派的国学大师章太炎则坚持"经史非神话"的观点。20世纪初学术界怎样从现代史学的视角来看待古史世系是一个非常重大的学术问题。

自1923年顾颉刚发表《与钱玄同先生论古史书》遂引发了一场持续的大规模的学术讨论，参加讨论的学者众多，发表重要论文二十余篇。中国古史世系的"三皇""五帝"及"禹"是否属于历史真实，学术界分为"信古"与"疑古"的两派意见。这个问题的讨论涉及极广博的学术层面和众多的古籍，是极为困难而复杂的，实际上远远超出了古史讨论的范围，亦不是单纯的史学方法可以解决的。顾颉刚首先提出了"层累地造成的中国古史"之说，以为：时代愈后，传说的古史期愈长；时代愈后，传说中的中心人物愈放愈大。我们虽然不能知道某一事件的真实，但可知道其在传说中的最早情况。根据此说，他将"三皇""五帝"在典籍中出现的顺序加以排列，遂可见"禹"出现于东周初年，东周末出现"尧""舜",战国到西汉又在"尧"之前添加了许多古帝。这样对古史世系的考镜源流是采取史学的方法。然而这些"古帝"在典籍里记载的文字很古奥,如《诗经》中《商颂·长发》《大雅·文王有声》《鲁颂·閟宫》关于"禹"的记载,《论语》谈到的"尧""舜",都需要烦琐的训诂考释。《说文解字》关于"禹""尧""舜""夏""姬""姜"等字原始本义的训释,它们与"古帝"的关系更需要辩证。此外大量的工作是辨伪,即讨论古史所依据的典籍是否真实可靠;如果辨明所据的是后世伪造的典籍,则"古帝"存在的基础便崩溃了。怎样辨伪呢?顾颉刚认为:

> 第一,要一件一件去考伪史中的事实是从哪里来的,又是怎样变迁的。第二,要一件一件地考伪史中的事实,这人怎样说,那人又怎样说,把他们的话条列出来,比较看看,同审官司一样,使得他们的谎话无可逃遁。第三,造伪的人,虽彼此说得不同,但终有他们共同遵守的方式,正如戏中的故事虽各个不同,但戏的规律却是一致,我们也可以寻出他们造伪的义例来。

此项工作的进行涉及大量古籍的辨伪,如《尚书》著作的时代,其中《禹贡》《尧典》《皋陶谟》等篇是否后人伪作,以及《世本》《竹书纪年》《墨子》《周易》《左传》等的成书年代及真伪问题;这需用文献学来解决。当进行了以上几项工作后,尚需对传说与历史从社会学的视角做出性质的判断。关于禹是否有天神性,禹与夏有无关系,禹的来源,尧、舜、禹的关系,这些问题经过辩论后,疑古的古史辨派的意见居于优势,即认为:西周时禹被视为天神，东周时尊为人王，战国时以夏后并受舜禅。这样不仅黄帝、颛顼、帝喾、帝尧、帝舜属于古代神话传说，禹也是神话传说的人物。他们是后世人们为家族或民族的来源而依托和拟构的，因而这一段古史并非真正的历史。每个社会在发展过程中从原始社会进入文明社会的重要标志是文字的出现并用以记载史事，此方为一个民族历史的开端。

古史讨论自《古史辨》第一册之后，在第七册上编汇集了一组论文，其余各册的讨论是关于先秦典籍的辨伪，先秦诸子的考证和秦汉学术史等问题。《诗经》本来是文学研究的对象，而且它作为儒家经典似无可怀疑。古史辨派的学者们则从疑古的态度，采用考据学的方法，证实孔子并未删述六经，当然也未删订《诗经》，进而否定了汉儒的"美刺"说，辨明了《诗序》对作品本事的附会，揭露了《诗序》附会史事的方法，考订了《商颂》的年代；此外对《国风》的若干诗篇重新考释，共发表了三十余篇论文。古史辨派讨论《诗经》是用研究古籍的方法去解决所存在的若干学术问题的。

关于《老子》的研究，这应属于中国哲学史的范畴，但此著的真伪与作者是一系列复杂的学术问题，它成为古史辨派讨论的一个重点。自1922年梁启超于《晨报副刊》发表《论〈老子〉书作于战国之末》引发争论，历时十二年之久，《古史辨》第三、四册内共汇集二十七篇论文。在传统的观念中，老子是中国古代的智者，孔子曾向他请教，他著《道德经》——《老子》五千言。司马迁是第一个为老子作传的史家，他在《史记》里记述的老子事迹即混杂了道家和儒家之说，出现了许多矛盾的事实，如说"老子者楚苦县厉乡曲仁里人"，"或曰老莱子亦楚人也，著书十五篇，言道家之用，与孔子同时云"，"盖老子百有六十余岁，或言二百余岁"，"自孔子死后百二十九年，而史记周太史儋见秦献公"，"或曰'儋即老子'，或曰'非也'，世盖莫知其然否"。司马迁所记已是种种传闻，因此自北宋以来即有不少学者对《老子》及其作者表示怀疑。古史辨派的学者们根据孔子前无私人著书之事、《老子》非问答体，以及从文字、术语、文体的特点，从《吕氏春秋》用《老子》的文辞等而提出了诸种假设：老子确年长于孔子，《老子》是其遗言，成书在《孟子》《墨子》时代；《老子》成书于宋钘、公孙龙同时或稍后，作者是詹何；《老子》是战国初期的作品；《老子》成书于《吕氏春秋》与《淮南子》之前；老聃是孔子之师，《老子》是关尹所记老聃语录；老聃即太史儋，《老子》即其所著。学者们考证这些问题，不仅引用先秦两汉典籍，辨析有关材料，还参证有关注疏及清人成果，达于极其烦琐的地步。然而这些问题并未得到一个可以公认的结论，又由此引发了关于某些考据方法的质疑。

从上述古史辨派关于"三皇""五帝"的考辨，关于《诗经》性质的讨论和关于《老子》的辨伪，这三个典型的个案皆可说明：它们不属于史学的研究。所以当时学术界感到古史辨派"所用的材料不是古史的材料，所用的方法不是研究古史的方法"。顾颉刚没有正面回答问题，但承认是专门研究古书，不是建设古史，而是在一个小范围里做深入的工作。这正是以考据的方法研究中国文献与历史的细小的学术问题。由此证实"古史辨"并非史学讨论，而是国学研究。这种研究因是复杂、困难、烦琐的学术问题，很难有一个确切的公认的结论。一位青年对顾颉刚说："我对于古史愈疑愈多，更碰更繁，越深入越不见底了！我看你找了无数材料，引了无数证据，预料定有断然的结论在后头，但末了仍是漆黑一团。如何你十年前的怀疑，到此刻仍未确定呢？"此所谓的"结论"，是指辨伪破坏了旧说后，应有一个被认同的见解。顾颉刚说："《古史辨》中提出的问题，多数是没有结论的，这很足以致人烦闷。我希望大家知道《古史辨》只是一部材料书，是搜集一时代的人们的见解的，它不是一部著作。"总的看来，古史辨派是以疑古的态度进行辨伪工作，对传统观念予以破坏。为什么要做这些破坏呢？周予同于1926年说："辨伪的工作在现在国内乌烟瘴气的学术界，尤其是国学方面，我承认是必要的，而且是急需的……所以辨伪虽是国学常识，但也是第一步的工作。"这种辨伪的破坏，实质上是对国学运动中国粹观念的颠覆，由此才可能从事新的学术建设，所以是国学运动的首要工作。国学研究的对象涉及中国的经学、史学、哲学、文学、文献学等学科中的文献与历史的若干细小的学术问题，它为各学科的建设提供新的事实的依据。它所探讨的问题却又非哲学、史学、文学、文献学等学科按照本学科的方法可以解决的。

国学研究方法发展了传统的考据学，这使它区别于其他各学科。顾颉刚谈到古史辨派与清代考据学的区别说：

> 清代的学者辛辛苦苦积累了许多材料，听我们用，我们取精用宏，费了很少的功夫，即可得到很大的效力。然而清代学者大都是信古的，他们哪里想得到传到现在会给我们取作疑古之用……他们的校勘训诂是第一级，我们的考证事实是第二级。

古史辨派的方法是在传统的考据学的基础上吸收了西方自然科学的实证方法，因而是科学的考证方法，也是国学研究的基本方法。古史辨派以"考据方式发现事实"，在发现事实的过程中常常采用西方的实证方法，即将散乱的材料进行分析、分类、比较、试验、归纳、假设、求证。1940年顾颉刚在成都主持齐鲁大学国学研究所时总结自己的研究方法为："初由材料以发生问题，次由问题以寻求材料，而由此新得之材料以断决问题，且再发生他问题，二者循环无端，交互激发，遂得鞭辟入里，物无遁形。"然而古史讨论中存在的某些问题，不仅是争议而无结论，还暴露了考据方法的诸多弊端。方法固然是学术研究的工具，但不同的学者使用同一方法去研究同一对象，而所得的结论可能是不同的，这是学术研究的特殊性。我们现在回顾古史讨论，古史辨派学者的一些意见曾破坏了传统文化观念，同时开启了寻求真知的科学精神；他们的意见至今仍有学术的光辉。当然其中的许多学术问题仍存在争议，而且尚需继续考证，因为旧的因袭与谬妄被扫除后又会滋生新的。国学研究的意义就在于以细密的考证澄清中国学术上的诸多因袭与谬妄的事实，体现我们中华民族追求真知的精神并不断去逼近真理。

郭沫若对国学运动的贡献

　　四川的国学运动是开展得较早的。辛亥革命后的 1912 年元月四川军政府将原枢密院改为国学院，由吴之英任院长，刘师培任院副，以研究国学、发扬国粹为宗旨，创办了《国学杂志》。四川地处西南，中国新文化运动虽然影响所及，但旧文化的势力仍十分强大。1923 年 1 月，胡适的《〈国学季刊〉发刊宣言》由北京大学《国学季刊》第一期刊出，标志了国学运动的一种新思潮的形成，使国学运动脱离了国粹主义的羁绊而走上一条新的道路。然而四川的国学运动尚沿着旧学的轨道行进，活跃于国学界的，主要是晚清尊经书院和存古学堂培养的以今文经学为优势的学者们。四川国学运动性质发生根本变化是在抗日战争时期。中国抗日战争全面爆发后，国民政府于 1938 年底迁都重庆。在特殊的历史条件下，重庆成为全国政治与文化中心。国民政府军事委员会政治部第三厅厅长由郭沫若担任，因此集合了一大批进步文化工作者。1940 年秋第三厅改组，成立文化工作委员会，郭沫若为主任委员。文化工作委员会是国民政府专设的学术研究机构，参加工作者有茅盾、老舍、陶行知、沈志远、张志让、邓初民、杜国庠、王昆仑、翦伯赞、侯外庐、郑伯奇、田汉、洪深、马宗融、卢于道、胡风、黎东方等学者和作家，出版了许多经典的学术论著。中国著名学者云集于西南，重庆的学术思想也空前活跃，这大大推进了四川国学运动的发展。1938年12月至1946年5月，郭沫若在重庆期间动员抗日力量，团结进步人士和文艺工作者展开救亡工作，激发了创作热情，其时也是他国学研究的丰硕时期；其学术研究与国学运动存在密切联系。

　　郭沫若少年时代在家乡乐山的家塾里学习《四书》《五经》，又读过《庄子》《老子》《墨子》《管子》《韩非子》等典籍，培养了后来研究中国古代社会的兴趣，并奠定了国学研究的基础。郭沫若的一生主要从事革命文化活动，却又因命运的偶然与学术的追求，在特殊的环境里沉潜地进行学术研究。1928年2月，郭沫若流亡到日本，此后的十年间，他利用新的资料，采取科学的方法研究甲骨文和金文，著有《中国古代社会研究》《甲骨文字研究》《殷周青铜器铭文研究》《金文丛考》《两周金文辞大系考释》等著述，为后来深入研究中国古代社会思想做了准备，展示了深厚的学术潜力和敏锐的创见，预示着一代学术的新开拓。1942—1945年，郭沫若发表了近二十篇关于中国古代学术思想的考证与批判的论文，最后结集为《青铜时代》和《十批判书》，于1945年分别由重庆群益出版社和文治出版社出版，使其关于中国古代社会的研究得以圆满完成，标志其学术事业臻于巅峰。他的三大史学巨著——《中国古代社会研究》《青铜时代》《十批判书》，构成一个完整的系统，成功地运用了马克思主义的唯物史观探讨中国古代社会性质，以人民的价值标准对古代思想进行清算，而在方法上则是理论批评与传统考据的结合。这样，它们异于传统的讲义式的著述，在主要的方面具有国学研究的倾向。整理国故是为了再造中华文明，必将有助于建设新文化。胡适的大力倡导，得到学术界的响应，于是整理国故的运动展开了。郭沫若当时也是新文化运动的重要人物。他迅即于 1924 年 1 月发表《整理国故的评价》，提出了异议。关于“整理国故的流风”，他认为从上到名人教授，下至中小学生皆以“整理”相号召，竟向中学生也讲演整理国故，似乎研究国学是人生和社会的唯一要事；这样，国学研究家们超越了自己的范围，扰乱了别人的业务，夸大了国学的价值，因而无此必要。关于整理国故的价值，他以为不可估之过高，因为“一般经史子集的整理充其量只是一种报告，是一种旧价值的重新估价，并不是一种新价值的创造。它在一个时代的文化的进展上，所效的贡献殊属微末”，希望国学家认识到此点。此外郭沫若大胆地提出了古籍的今译，他认为：“整理国故的最大目标，是在使有用的古书普及，使多数的人得以接近。古书所用文字与文法与现代已相悬殊，将来通用字数限定或者汉字彻底革命时，则古书虽经考证、研究、标点、索引，仍只能限于少数博识的学者，而一般人终难接近。于此今译一法实足以济诸法之穷，而使有用古书永远不朽。”此时郭沫若尚未从事中国传统文化的学术研究，对整理国故及其价值的看法是比较客观的。我们现在重温郭沫若的意见，可以见到国学在现代中国学术中的合理位置，不宜过分夸大其在现代社会中的意义。整理国故的价值，郭沫若最后谈道：

　　我们常常向朋友们谈笑话，说我们应该努力做出些杰作出来，供百年后的考证家考证。——这并不是蔑视考据家或者国学研究家的尊严，实在国学研究或考据、考证的价值原是只有这样。它只是既成价值的估评，并不是新生价值的创造。

国学研究是否存在"新生价值的创造"，对此郭沫若尚未从民族文化的学术高度予以认识。然而从其所述里将"考据家"和"国学研究家"，将"国学研究"和"考据"等同，这暗示了国学研究即是考据，在中国传统学术里它是一门独特的学问。

1929 年，郭沫若在日本从事学术研究，对于整理国故有了新的见解。他在《中国古代社会研究自序》里，对于胡适关于中国古代哲学的研究，以为全部都有重新批判的必要：

> 我们的"批判"有异于他们的"整理"。"整理"的究极目标是在"实事求是"，我们的"批判"精神是要在"实事之中求其所以是"。
>
> "整理"的方法所能做到是"知其然"，我们的"批判"精神是要"知其所以然"。
>
> "整理"自是"批判"过程所必经的一步，然而它不能成为我们应该局限的一步。

胡适和郭沫若均是从较宽泛的意义上来理解"整理"的。郭沫若不满足于一般的"整理"，更倾向于对传统文化的批判，力图在国学研究中引入批判精神。这里他混淆了事实考证和理论研究的两个学术层面。国学研究即用传统的考据方法以解决中国文献与历史的若干细小的疑难学术问题；它提供关于中国学术研究真实可靠的依据，限于事实的层面，然而它又绝非仅仅是"既成价值的估评"，它的成果具有新的或很高的学术意义。国学研究是存在局限的，它不可能对中国传统文化做全面的本质的判断；因此郭沫若主张"要跳出'国学'的范围"，这样才可能认清中国文化的真相，于是必须进行"清算"与"批判"。郭沫若的学术追求大大超越了国学范围，但谈到研究中国的学问时非常强调其特殊性，他说：

> 不是说研究中国的学问，应由中国人一手包办。事实是中国的史料，中国的文字，中国人的传统生活，只有中国人自身才能更贴切地接近……外国学者对于东方情形不甚明了，那是情理中事。中国的鼓睛暴眼的文字实在比穿山甲、比猬毛还要难于接近的逆鳞。外国学者的不谈，那是他们的矜慎；谈者只能依据旧有的史料，旧有的解释，所以结果便可能与实际全不相符。在这时中国人应该自己起来写这半部世界文化史上的白页。

关于中国的学问中，只有那些文献与历史上细小的困难的考证性的学术问题——国学研究的问题，是外国汉学家甚感无能为力的，这有赖于中国学者自己解决。如果我们在此意义上来理解郭沫若这段文字，则最能表明国学研究的性质与价值。因为郭沫若是具有马克思主义思想的学者，故劝告谈"国故"的学者们除了饱读清代乾嘉考据学著述而外，"也应该知道还有马克思、恩格斯的著作，没有辩证、唯物主义的观念，连'国故'都不好让你们轻谈"。这个建议无论在当时还是现在都有其深刻意义，应为治国学者们认真思考的。郭沫若治历史和国学正是运用了辩证唯物的观念，才使他富于批判精神而取得卓越学术成就。

民国成立以来，旧的封建势力为了对抗新文化运动，于1913年成立了"孔教会"。袁世凯发布了"学校祀孔"的命令。学术界一些国粹主义者们以提倡旧学，保存国粹，将国学等同于儒学，大力提倡读经；新文化学者陈独秀、傅斯年、胡适等皆反对此种倾向。读经与反读经成为新旧思想论争的重点，这一直延续到20世纪40年代。1943年5月，郭沫若发表专文《论读经》，他认为："中国古代总是必须研究的，儒家的经典正是研究古代的一部分重要的资料，这无论怎样是值得研究值得读。"古代儒者及统治者将儒家经典视为神圣，以为是治国平天下的工具，伦理的原则，人生的真理，因而长期作为统治思想的理论依据。清代章学诚始大胆地以学术眼光来看待它，提出"六经皆史"的命题。郭沫若则更把它作为史料，在研究古代社会时仅具有史料的价值。这应是学术思想史上的一个大的进步，有助于解放思想，破除旧的传统观念。郭沫若并不反对读经，但并不希望没有文学修养的、没有研究古代社会的、没有各种科学知识的青年去读经，因为这些青年没有读经的资格；他特别希望那些提倡读经的先生们认真地去读。在读经的问题上，郭沫若表现了较客观求实的态度，并坚持了先进的文化观念，很含蓄地给予国粹主义者们提倡在社会和中小学校普遍读经以一种有力的批评，使国学研究脱离儒家经典束缚而成为真正的学术。

中国古代社会史料中的困难问题，必须采用考据学的方法才能解决。郭沫若在研究中国古代社会和学术思想时，进行了细密的大量的考证工作，使其著述具有突出的考辨性质，以区别于学院讲义式的论著。在《中国古代社会研究》中即利用了新的甲骨文和金文的资料以及先秦典籍中的资料对殷代历史、铁的出现、

《周易》的时代、井田制、五服、夏禹等进行考证，以此重新阐释了中国古代社会历史。郭沫若在重庆时研究中国古代学术思想，原拟著成《先秦学说述林》，为出版的方便而将先秦诸子中涉及考证的十余篇论文集为《青铜时代》，并将思想史研究的十篇论文集为《十批判书》，而在批判性的论文里亦融入考证性的论辩。此外他关于中国古代文学的研究——特别是关于屈原的研究，亦具有史学与考据相结合的特点。这正实现了他研究国学，"跳出国学范围"的主张，力图使事实与理论的研究融为一体。

考据是特别重视证据的。胡适曾提出"小心求证"，但未谈到怎样求证。郭沫若说：

> "五四"以来，读书的方法更加科学化了，对于一种或一篇作品，假使有可疑的地方，我们晓得用种种方法去考察，在书外求证，在书内求证，总得把它弄得一个水落石出。有时考证所得的结果确是很精确的。读书的方法确是比前人进步了。

他提出了"在书外求证，在书内求证"的方法，即是考证文献中某一问题，除了在该文献内求得证据，还要在其他相关的文献中求得证据，兼顾内证与外证。例如郭沫若为探讨西周的农业问题，便对《诗经》中的《七月》《楚茨》《信南山》《甫田》《大田》《臣工》《噫嘻》《丰年》《载芟》《良耜》等篇作了细密的分析和今译，从而有力地说明了西周农业社会的特点，这纯粹使用内证。关于战国时期重要军事家吴起的生平事迹及思想的考证，郭沫若依据现存《吴子》六篇——《图国》《料敌》《治兵》《论将》《应变》《励士》

为内证，又广泛采用《史记》《战国策》《韩非子》《吕氏春秋》《淮南子》《说苑》《新序》等典籍中的资料做为外证，这样终于将此学术难题考证清楚了。

研究古代社会和古代思想，易于产生附会现代意识的偏向，过分夸大古代的意义；对此郭沫若有非常理性的深刻的认识。先秦的"名家"被称为"辩者"，如宋钘、尹文、惠施、公孙龙及墨家辩者，他们的论辩或诡辩是包含有逻辑思想的，但绝不意味着他们就建立了真正的逻辑学。郭沫若不赞成脱离社会背景来谈先秦"名家"逻辑的倾向，他说："整个说来，无论是先秦名家、墨家辩者，或其他学派，对于名辩的努力，都没有达到纯粹逻辑术的地步。或许是资料丧失了吧。但是无征而必地高扬先秦的学术成就，或称颂辩者最有科学精神，都不免犯了主观主义的毛病。我自信对于这种态度似乎还能保持了相当远的一个距离。"我们为什么要去研究中国古代思想呢？这是专门从事文献与历史考证的国学家们颇难回答的问题，郭沫若以高瞻远瞩的学术眼光谈了自己的感受，他说：

> 我是以一个史学家的立场来阐明各家学说的真相。我并不是以一个宣教师的态度企图传播任何教条。在现代要恢复古代的东西，无论所恢复的是那一家，事实上都是时代的错误。但人类总是在发展的，在现代以前的历史时代，虽然都是在黑暗中摸索，经过曲折迂回的路径，却也和蜗牛一样在前进。因而古代学说也并不是全无可取。而可取的部分大率已融会在现代的进步思想里面了。

这对我们现在的国学研究犹有启迪的意义，不仅使我们可以认识传统与现代的联系，尤其警示我们不要再犯"时代的错误"。

20世纪初的国学运动以"整理国故"而展开。郭沫若反对普遍地提倡"整理"，亦反对夸大国学的价值，以为整理国故仅是旧价值的重估而已。在他的观念中国学研究即等同于考据，而以为中国学问中某些史料考证的困难问题有赖于中国学者自己解决。自1929年起的十年内，郭沫若在日本从事中国古代社会研究，抗日战争时期，他在重庆继续对中国古代社会研究，而重点是先秦诸子思想的研究。他的研究具有历史唯物主义新史观的批判性，和将国学的传统考据与史料辨析的实证性相结合的学术特点。郭沫若提出科学的考据，注意材料的辨伪，于书内求证和书外求证，定位的综合考证，解决了中国古代社会与思想的若干疑难的问题。他治史学突出批判精神，即对史料的时代性和文献考证的重新检核，对历史人物和思想在弄清事实真相之后给予重新评价。我们从郭沫若的学术论著可见，他有坚实的国学基础，力图使用国学研究的考证方法以探讨中国古代社会和古代思想问题，构成新的学术体系。郭沫若于抗日战争时期在重庆完成的学术论著不仅是对中国学术的巨大贡献，还推动了四川国学运动的新发展。

国学与儒学

儒家之道的发现

    在中国传统文化观念中的"道"是形而上的最高的概念，隐微而深奥，难以认识。儒家之道也是如此。儒家圣人孔子称赞弟子曾参于其道"一以贯之"，认为曾参在日常行为中已贯通了儒家之道。孔子的弟子们私下问曾参这道是什么，曾参说："夫子之道，忠恕而已矣。"（《论语·里仁》）忠恕是以己之诚心，推己及人；但这并非道之本体，乃是人们在社会实践中所体现的"道"的一个方面。孔子的弟子端木赐（子贡）说："夫子之文章，可得而闻也；夫子之言性与天道，不可得而闻也。"（《论语·公冶长》）他从孔子平日的威仪与文辞能见到其道德的显现，却从来未听到关于"性与天道"之说。这"性与天道"当是儒家之道了，但孔子未曾言及，弟子们亦无从而知；它是颇为神秘的。儒家亚圣孟子承传孔子之道，讲说仁义，也未说明儒家之道是什么。自孟子之后，儒家之道失传了。虽然如此，儒家之道是曾存在的，它是儒家关于宇宙万物的认识，是关于事物最高的常理，是儒家学说的逻辑的起点。

    公元前 206 年西汉王朝建立后，幸存的儒家典籍渐渐传世，其中《乐经》散佚，尚存《五经》——《周易》《尚书》《仪礼》

《诗经》《春秋》。汉武帝独尊儒术，《五经》被朝廷确定为儒家经典，并成为儒家学说的理论基础。史学家司马迁在《史记·孔子世家》里肯定孔子作《书传序》，著《礼记》，删定《诗经》，晚年著《易传》——《上象》《下象》《上象》《下象》《系辞上》《系辞下》《文言》《说卦》《序卦》《杂卦》；曾以《诗》《书》《礼》《乐》教弟子。《春秋》为孔子作，已见于《孟子·滕文公下》。这样，儒家经师们遂认为《六经》皆孔子所作，而儒家之道即存在于其中了。然而此说是缺乏事实依据的。《周易》是中国古代卜筮之书，孔子在《论语》里曾谈到过。《尚书》是中国古代典、谟、训、诰等汇编的政书，《礼记》是关于礼制的解说，我们从《论语》里仅见到孔子对夏、殷、周的礼制沿革的两则谈话，不可能得出此二书为孔子所作的结论。在《论语》里孔子引《诗经》计十八处，曾教弟子学习，并未留下他删定的任何痕迹。关于《春秋》，司马迁继孟子之后认为它是孔子所作，他杂引《论语》的《卫灵公》和《微子》后说："子曰：'弗乎弗乎，君子病没世而名不称焉。吾道不行矣，何以见乎后世哉！'乃因史记而作《春秋》。"此判断实出于附会，而无真实依据。从上述可见，《六经》乃中国古代典籍，其中有的典籍曾被孔子作为教材而教授弟子，它们皆非孔子所作。然而传世的《五经》确实又与儒家思想有重要关系，这主要是《周易·易传》《礼记》和《春秋公羊传》。《周易·易传》是秦汉时期儒家经师解说《周易》的杂著，融入了阴阳五行学说，阐释了宇宙自然生成论及卦象的意义。《礼记》是汉代经师汇集儒家对礼制的说明，以及其他儒家学说，确能表现儒家政治伦理思想。《春秋公羊传》是汉代经师对《春秋》含蕴的微言大义的阐释，寓褒贬，别善恶，宣扬儒家的正统思想。因有了这三种著作,《五经》才可视为儒家之经典。我们从这三种著作所阐释的儒家思想,可见到儒家将自然与社会政治的联系,礼制规范的意义,政治伦理的思想。由此使儒家学说成为统治阶级社会政治伦理的理论基础。

《五经》虽然在汉代立为官学,但统治者最看重的是《春秋》所寓的政治意义;其义在于定名分,寓褒贬,尊王,大一统。这正是汉王朝统一中国后所需要的一种巩固政权的政治理论。董仲舒即以治《春秋》知名,元光元年(前134),他在向汉武帝作的对策中阐述了《春秋》之义。他的三次对策因提出"天人相与"之说,故被称为"天人三策"。他说:"臣谨案《春秋》之中,视前世已行之事,以观天人相与之际,甚可畏也。国家将有失道之败,而天乃出灾害以谴告之;不知反省,又出怪异以警惧之;尚不知变,而伤败乃至,以此见天心之仁爱人君而欲止其乱也。"孔子曾谈到天命,却未将它与现实社会政治直接联系起来。董仲舒以天之所施的自然灾害,用以警示帝王,给帝王权力以一种更高的限制,这固然有一定的进步意义,但帝王并不完全相信天会谴责的。董仲舒的对策能得到汉武帝的赏识是在于:帝王受天之命而改正朔,易服色;帝王之尊乃是上承天意以顺圣人之命;儒家的仁义礼乐是治理国家的最适之道;天不变,道亦不变,奉行天道则治世永恒。此为帝王之统治建立至高的绝对的永恒的合理性找到了理论的依据。他最后向汉武帝建议:"臣愚以为诸不在六艺(六经)之科、孔子之术者,皆绝其道,勿使并进。邪辟之说灭息,然后统纪可一而法度可明,民知所从矣。"汉武帝接受了此建议而独尊儒术,造成中国的思想专制,非常有利于国家的统一。董仲舒发挥《春秋》之义而形成的专著《春秋繁露》更强调区别社会贵贱尊卑的等级，以君臣、父子、夫妇之义为王道之"三纲"，引入阴阳五行之说附会儒家之道。他阐释"三纲"的主从关系："天子受命于天，诸侯受命于天子，子受命于父，臣受命于君，妻受命于夫。诸所受命者，其尊皆天也。"按照这种关系，社会中的个人被层层的尊卑等级所制约，而天子则是合乎天命的最高统治者。

甘露三年（前51），汉宣帝召儒臣十余人于未央宫殿北藏书之处石渠阁举行会议，宣帝亲自主持，由萧望之奏其议。此次会议的目的在于统一对统治思想的认识，辩论《五经》经义的异同，求得对经义的基本理论的共同见解；其次是以经处是非，即各家在辩论中体现学说在社会政治的实际效应。辩论的结果，"穀梁"之学代替了"公羊"之学成为《春秋》学的正宗，形成了统治思想的理论基础。东汉建初四年（79）冬，汉章帝于京都洛阳白虎观亲自主持召开会议，参加的儒臣十余人，亦是讨论《五经》异同，以求对经学问题的统一认识，建立系统的统治思想的理论规范，由史臣班固奉诏编诸臣之议而撰成《白虎通义》。此次会议形成的基本论点可以概括为：一、以礼教为中心将经学不同派别融合；二、确立封建等级制度，强化三纲六纪；三、用神学目的论沟通天人关系，以论证等级制度的神圣性。《白虎通义》在实质上相当于国家宪法，对儒学概念及礼制等皆做了详细的说明与规定。其中肯定《五经》是孔子所定的，而且认为孔子"定《五经》以行其道"；以为《五经》是儒家之道的体现；以五行比附伦理关系，确定社会尊卑等级；认为统治者使用刑罚是佐助德治的，乃顺天之度。白虎观会议的重要理论建树是确立"三纲六纪"的社会伦理规范：

三纲者，何谓也？谓君臣、父子、夫妇也。六纪者，谓诸父、兄弟、族人、诸舅、师长、朋友也。故《含文嘉》（纬书）曰：君为臣纲，父为子纲，夫为妻纲。又曰：敬诸父兄，六纪道行，诸舅有义，族人有序，昆弟有亲，师长有尊，朋友有旧。何谓纲纪？纲者张也，纪者理也。大者为纲，小者为纪。所以张理上下，整齐人道也。

其规定的社会伦理规范与孔子学说是有关的。孔子说"君君、臣臣、父父、子子"，"天下有道则礼乐征伐自天子出"，"唯上智与下愚不移"，"君使臣以礼，臣事君以忠"，"上好礼则民易使也"。汉代儒者们依据孔子之说，参证《五经》、纬书、阴阳五行等说，经过讨论，终于达成关于政治、伦理、礼制、道德等问题的共识，成为此后中国的统治思想。我们反观汉代经学的历史，不难见到汉儒将《五经》作为体现儒家之道的经典，实为对《五经》性质的误解，而当其成为统治思想之后遂俨然似儒家之道了。他们并未认识真正的儒家之道。

唐代中期韩愈以复兴儒家之道自任，发起古文运动，试图建立儒家之道的承传系统——道统。关于儒家的道统，最初是由孟子提出的，他在《尽心篇》里以为圣人之道由尧、舜、禹、汤、文王，传至孔子而集大成。韩愈发挥孟子之说，作《原道》以探求儒家之道的本原。他认为将"仁"与"义"贯彻于实践即是儒家之道，儒家经典即是记载"道"之文。此道"尧以是传之舜，舜以是传之禹，禹以是传之汤，汤以是传之文、武、周公，文、武、周公传之孔子，孔子传之孟轲，轲之死，不得其传焉"。其弟子们以韩愈为儒道之传承者。北宋欧阳修继而再发起古文运动，亦以恢复儒家之道为号召，苏轼以为在孟子之后由韩愈和欧阳修继承了道统。苏轼虽然宣称欧阳修"论大道似韩愈"，并在晚年称颂韩愈，但实际上对这两位古文家所说的儒家之道是表示怀疑的。他早年曾评论说："韩愈于圣人之道，盖亦知好其名矣，而未能乐其实。"这意味着韩愈和欧阳修不懂得真正的儒家之道，他们仅从仁义来理解，而仁义并非道之本体。那么，什么是儒家之道呢？对此，苏轼也感到困惑，他说："甚矣，道之难明也。论其著者，郁滞而不通；论其微者，汗漫而不可考。其弊始于昔之儒者，非圣人之道而无所得，于是务为不可知之文，庶几乎后世以为深知之也。后之儒者，见其难知，而不知其空虚无有，以为将有所深造乎道者，而自耻其不能，则从而和之曰然。相欺以为高，相习以为深，而圣人之道日以远矣。"（《中庸论上》）这将儒家圣人之道不明的原因归咎于早期儒者，责备他们未求得圣人之道而又去作些高深莫测之文，以致后世儒者因袭而去道愈远。其实孔门弟子曾努力求圣人之道，但仅得皮毛，或一知半解，未认识真正的道体。孔子也在求真正的"道"，并表示"朝闻道夕死可矣"。我们相信孔子是求得的，他却不愿明白地告诉弟子，让他们在人生实践中去领悟，但他是留下了理解儒家之道的一些线索的。

公元 960 年北宋王朝建立，中国进入封建社会后期发展阶段，学术思想活跃。学者们以求真重证的态度看待儒家学说，从怀疑汉唐经师对儒家经典的解释，进而考辨儒家经典的真伪，因而在经学史上被称为"变古"的时代。北宋中期周敦颐（1017—1073）及同时的程颢、程颐、张载等一批学者出现，他们认为汉唐经师和唐宋古文家并不懂得儒家之道，不是真正的儒者；只有他们才发现了儒家圣人不传的秘密，真正阐发了儒家学说的义理。他们治学的对象、目的和方法皆异于汉代以来的儒者，因而只有他们才是真正的儒家之道的传承者。这样，周敦颐等学者形成儒学发展中一个新的学派——理学。南宋时理学成为一个时代的思想主潮，并获得重大的发展。

南宋理学大师朱熹努力发扬濂洛之学，确立理学创始人周敦颐的历史地位。他说："我有宋圣祖受命，五星集奎，开文明之运；然后气之漓者醇，判者合，清明之气得以全付乎人，而先生（周敦颐）出焉，不由师传，默契道体，建图著书，根极领要。当时见而知之，有程氏者遂扩大而推明之。"同时的理学家张栻也说："学者论师友渊源，以孔孟之道复明于千载之下，实自先生（周敦颐）发其端……于是河南二程先生兄弟，从而得其说，推明究极之，广大精微，殆无余蕴。学者始知乎孔孟之所以教盖在此。"南宋后期理学的意义为统治阶级认识，使理学上升为中国的统治思想，并建立了由孔子、孟子至宋代理学家的纯正的儒家道统。理学家自称他们发现儒家之道的秘密，并得到学术界和统治阶级的认可，那么，这"道"究竟是什么呢？

孔子和孟子均无宇宙生成论，荀子曾专论天道，仅论及"天行有常"，未进一步作形而上的探讨。新儒学的创始者周敦颐在其《太极图说》里第一次提出宇宙生成说：

> 无极而太极。太极动而生阳，动极而静；静而生阴，静极复动。一动一静，互为其根。分阴分阳，两仪之焉。阳变阴合，而生水、火、木、金、土。五气顺布，四时行焉。五行，一阴阳也；阴阳，一太极也；太极，本无极也。五行之

生也，各一其性。无极之真，二五之精，妙合而凝。乾道成男，坤道成女。二气交感，化生万物，万物生生而变化无穷焉。

这是由高度的思辨对儒家之道的本体论的解说，以无极的范畴作为逻辑的起点，以阴阳变化而生万物，分别善恶，将天地之道与儒家伦理道德结合；因此周敦颐达到"默契道体"的境界。"太极"与"阴阳"两个范畴出自《周易·系辞》："是故《易》有太极，是生两仪，两仪生四象，四象生八卦，八卦定吉凶，吉凶生大义。"周敦颐吸收了"太极"的范畴，但不是将其作为宇宙万物的本原，而且将它与"八卦""吉凶"等观念分离。"无极"的范畴，虽然自宋以来即以为它出自道家陈抟，又传自穆修，但这些说法都无法确证，因而我们相信它是出自周敦颐的思辨。如果以"太极"为宇宙万物之本原，若从逻辑而言，在它之前应还有更高的东西，这就是"无极"。朱熹解释说："'无极而太极'只是无形而有理。周子恐人于太极之外更寻太极，故以无极言之。既谓无极，则不可以'有'底道理强搜寻也。"这个"无极"从理论的推演是可以成立的：它是形而上者，故无形；它既然是"无"，便不能以"有"的观念再去搜寻其意义了。值得我们注意的是，西方古典哲学中，德国哲学家黑格尔也谈到"无"，并与"有"相对待。他认为"有"是逻辑起点的一个纯粹的抽象，其直接否定性是"无"，因而绝对理念是"无"。若就"有"的无确定性而言，"有"才是"无"。黑格尔承认："这些开始的范畴，只是些空虚的抽象体，两者中彼与此都是同样的空虚。"新儒学的"无极"与"太极"同样是两个哲学范畴，即"无"与"有"，然而周敦颐不是将"无极"作为"太极"的否定，而是作为"太极"之前的存在，虽然它是纯粹的空虚，但在逻辑推理上是更为合理的。自周敦颐解决了儒家圣人之道的本原后，程氏兄弟继而探求儒家之道的秘密。

《礼记》内有一篇《中庸》，它甚为特殊，不是对《仪礼》的解说，而是谈论儒家之道的。孔子谈到过"中庸"这个概念，他说："中庸之为德也，其至矣乎，民鲜久矣。"（《论语·雍也》）因此儒家认为《中庸》是孔子之孙子思传述孔子之言。自魏晋以来，它渐为学者们关注，至程氏兄弟从中发现了儒家之道不传之秘。程颐说："《中庸》始言一理，中散为万事，末复合为一理。"他肯定："《中庸》之书，决是传圣人之学不杂，子思恐传授渐失，故著此一卷书。"《论语·公冶长》记述孔子之弟子端木赐说："夫子之文章，可得而闻也；夫子之言性与天道，不可得而闻也。"这"性与天道"，孔子未向弟子们讲说过，却见于《中庸》第一章："天命之谓性，率性之谓道，修道之谓教。"此即是对"性与天道"关系的说明。程颐解释说："此章先明性、道、教三者所以名。性与天道，一也。天道降而在人，故谓之性。性者，生生所固有也，循是而之焉莫非道也。道之在人，有时与位之不同，必欲为法于后，不可不修。"朱熹更做了详细的解说：

命，犹令也；性，即理也。天以阴阳五行化生万物，气以成形，而理亦赋焉，犹命令也。于是人物之生，因各得其所赋之理，以为健顺五常之德，所谓性也。率，循也。道，犹路也。人物各循其性之自然，则其日用事物之间，莫不各有当行之路，是则所谓道也。修，品节之也。性道虽同，而气禀或异，故不能无过不及之差，圣人因人物之当行者而品节之，以为法于天下，则谓之教，若礼、乐、刑、政之属也。

"性"即是"理"，亦即"天理"，人赋之天理表现为五常——仁、义、礼、智、信，循着此行则是"道"。然而人虽赋有天然之性，但气质有异，圣人用法以节制不善之行为便是"教"。这样儒家之道的形而上的抽象的最高范畴"无极"及其变化可以理解为"天理"，而它成为社会伦理道德的理论基础。朱熹说："宇宙之间，一理而已，天得之而为天，地得之而为地，而凡生乎天地之间者，又各得之以为性，其张之为'三纲'，其纪之为'五常'，盖皆此理之流行无所适而不在。"我们可见，儒家之道并不神秘，它是自然的朴素的人本主义，即是人们禀赋的自然之理；这自然之理成为了社会伦理道德的理论依据。由于《中庸》意义的发现，经过宋代理学家的发挥，儒家之道重现于世。

古代历史文献《周易》《尚书》《仪礼》《诗经》和《春秋》虽然在汉代被确定为儒家的经典，但它们不能体现真正的儒家之道。《论语》和《孟子》是儒家圣人的弟子们所记的孔子和孟子的语录。《礼记》中保存的《大学》和《中庸》被认为是孔子的弟子曾参和孔子的孙子子思所传孔子之意。这四种书最真实地保存了原始儒家的学说，它们价值的发现应归功于宋代的理学家们。

理学家为了学得圣人之道，必须探讨儒学的义理。弟子们问程颢："圣人之经，如何穷得？"程颢回答："学者先预读《论》《孟》。穷得《论》《孟》，自有个要约处，以此观他经，甚省力。"他又说："常语学者，且先读《论语》《孟子》，更读一经，然后看《春秋》。先识得这个义理，方可看《春秋》。《春秋》以何为准？

无如《中庸》。"关于初学者的为学次第，因理学家为学的目的在于进德，因此程颐告诉弟子："入德之门，无如《大学》。今之学者，赖有此一篇书存，其他莫如《论》《孟》。"理学家们探讨义理，基本上是探讨《中庸》与《大学》之义，并参证《论语》和《孟子》。这方面程颐用功最深，他整理了《大学》的文本，对《中庸》作了详解，强调它们与《论语》《孟子》这四种书的重要意义。朱熹传程颐之学，将这四种书定名为《四书》，完成了《四书或问》《论孟精义》《论孟要义》和《学庸详说》等著；尤其是用了四十余年的精力，经反复修改，完成了《四书章句集注》，集中阐释了濂洛理学思想。朱熹认为治学次第是《大学》—《论语》—《孟子》—《中庸》。他解释说："某要人先读《大学》，以定其规模；次读《论语》，以立其根本；次读《孟子》，以观其发越；次读《中庸》，以求古人之微妙处。《大学》一篇，有等级次第，总作一处，易晓，宜先看。《论语》却实，但言语散见，初看亦难。《孟子》有感激兴发人心处。《中庸》亦难读，但看三书后，方宜读之。"自《四书章句集注》流行之后，经朱熹弟子们的宣扬，遂渐渐在社会上和学术界产生巨大影响，以至理宗皇帝以朝廷的名义赞扬《四书》，使孔子之道复明于天下。因此新儒学家们出现以《四书》取代《五经》的倾向，而且为宋代以后的理学家和统治者所肯定和支持。在儒家的义理探讨方面，虽然《四书》取代了《五经》，但理学家又不敢公开表示对《五经》的否定，其态度是极复杂而微妙的。《四书》包含了真正的儒家之道，这正是理学家的重大发现并予以阐扬的。他们发现儒家失传之道见存于《中庸》，进德为学之次第见存于《大学》。此两篇孔门遗书与《论语》《孟子》是为《四书》。他们阐释了原始儒学的意义，恢复了儒学的真实面目，重建了自孔子、孟子至周敦颐、张载、程颢、程颐、朱熹的纯正的儒家道统。新儒学思想由此得到统治阶级的支持而上升为统治思想，对中国封建社会后期的社会政治伦理发生了重大的影响。宋代理学家们以无极而太极，太极产生阴阳，由阴阳变化而产生万物的宇宙生成论，建构了儒家哲学的本体论，并将纯粹抽象的范畴"无极"与"天命"和"天道"相联系，形成"天理"的范畴，进而与社会政治伦理相联系，构成理学的基本理论。他们在儒学的义理探讨方面达于精微细密的程度，体现了中国思想在形而上的巨大进步。宋代理学家们有强烈的社会使命感，以修身、齐家、治国、平天下为政治理想，以儒家之道为学习对象，努力追求道德的自我完善，为中国思想的发展开拓了一个崇高的精神境界。

宋明理学家为学之宗旨

一

儒学发展至北宋中期出现了非常重大的变化，在近世被称为新儒学。它与原始儒学、汉唐儒学和北宗初年以来提倡复兴儒家之道的古文家之学有着性质上的区别，在当时称为道学、正学或圣学，在南宋中期称为理学，经元代之后在明代而更为兴盛，故又称宋明理学。《宋史》为理学家们特立《道学传》，将他们从传统的《儒林传》中分立，这应是根据儒家在宋代的实际情况而作出的决定，体现出确切的学理判断。中国传统学术的分类在汉代初年有"九流十家"之说，此后关于典籍有经、史、子、集四大类之分，其中每一家每一类之学又具综合的特点，很难进行细致精确的划分。这种情况至晚清因西学的东渐与新学的兴起，尤其是辛亥革命之后 1912 年严复任北京大学校长进行文科改良而建立新学科时始有变易，中国传统学术面临接受西方近代学科分类观念重新进行学术分科的境况。虽然这是中国学术发展的必由之路，但将中国学术纳入西方学术框架，始终存在着方枘圆凿格格不入的情境。新儒学——理学在 20 世纪初以来按照现代学科分类成为中国哲学的研究对象之一。从新的哲学观念或从思想史和学术史的视角来研究理学，若回答理学是什么，即概括它的基本学术特征，由此将它与传统儒学予以区分，这却成为很困难的学术问题。我国近世哲学家、思想史家和学术史家对此曾做过探讨，大致有三种意见。第一种意见认为：道学是关于人的学问，它所讲的是人在宇宙中的地位，人和自然的关系，个人和社会的关系，个人发展的前途和目的。第二种意见认为：宋明理学是封建社会后期的统治思想，"性与天道"是理学讨论的中心内容，这是哲学问题，同时涉及政治、道德、教育、宗教等许多领域。宋明理学以儒学的内容为主，同时也吸收了佛教和道教思想。它是在唐朝三教融合、渗透的基础上，孕育发展起来的一种新学术思想。第三种意见认为：理学家的"理"为其学说的基本特征，以"理"代替正统儒学中至高无上的"天"的地位；把自然、社会、人生以至历史，凡是真的、善的、美的、光明的，都说成合乎"天理"，凡是假的、恶的、丑的、偏的、黑暗的，都说成是"人欲"，是属于该去之列的。此外还有学者以理学的重要创始人之一程颐为例以说明理学的特征是：其认识论和内心反省方法，是极力强调乃至夸大个人的主观认识的能动作用，亦即心的作用，只要通过内心反省工夫，恢复固有的良知良能，即可达到与天地万物融为一体，万物皆为自己所用，从而下学上达，成就内圣外王之道。这些见解都很概括而深刻，能从某一方面说明理学的基本特征，然而我感到它们不是很确切的，即按照其中某一见解，并不能使我们将这新儒学与其他儒学区别开来。因为若以理学是关于人的学问，它探讨人类精神生活的普遍性问题，这过于宽泛，适应于诸种人文学科；若以它是在三教融合的基础上形成的，则未见到它与佛教和道教的本质的区别；若以"理"或"性与天道"为理学的核心，则此二者仅是理学的部分范畴，尚不能以之为其基本特征；若以理学家通过个人内省成就"内圣外王"之道，这又近似道家和原始儒家。我们认识理学的基本特征之所以感到困惑，是由于其内容丰富和理学家之间派系与宗传分歧所致，更由于以西方哲学观念与方法而仅关注其外部的某些特点所致。我们如果试用中国传统学术观念从学术内部联系，并考察理学的历史，或者可以见到其真切的特征。虽然这样的方法很合理，但实际应用起来仅有一定的指导意义，仍不易切入和把握。当我们回顾中国学术史上关于理学史的研究成就时，不得不钦佩清代初年著名学者黄宗羲曾经做出的贡献。从他的论著中已经为我们指出了探究理学整体学术特征的方法与途径：这就是理学家为学的宗旨。

　　黄宗羲是明末著名理学家刘宗周的弟子，如果说刘宗周是理学的终结者，黄宗羲则是宋至明代七百年理学发展过程的总结者。他的《宋元儒学案》和《明儒学案》以"理学之儒"的观念建构了理学史体系，是研究理学的经典性著述。黄宗羲于清康熙十五年（1676）完成《明儒学案》六十卷，此年他六十七岁。这部《明儒学案》实为明代理学史，它以著名理学家为个案，对每家之学术宗旨作出总评，继而介绍其生平事迹与治学情况，最后汇列有关语录及论学之著。清代初年学术界鉴于明代学术空疏之弊，批评明代理学——王阳明心学的末流，兴起考据学和经世之学。黄宗羲在此时能从学术史的高度重新客观地评价明代理学，他说："尝谓有明文章事功皆不及前代，独于理学，前代之所不及也，牛毛茧丝，无不辨晰，真能发先儒之所未发。"他首创"学案"体旨在全面总结有明一代理学之成就，但认为儒家之道在孟子之后失传，宋代理学家发现了真正的儒家之道，使儒学得以承传，因此理学家才是真正的儒者。这沿袭了理学家的观念，所以他标示的"明儒"即是明代理学家。完成《明儒学案》之后，黄宗羲由明代理学上溯宋元理学，进行《宋元儒学案》的撰述，在其八十二岁患重病之前，此稿基本上完成，但属未定稿，尚需增补修订。在此稿的撰述过程中，其季子黄百家协助做资料的搜集与编纂，后经全祖望的增补，又经王梓材与冯云濠据各种稿本进行校勘编定，于道光十八年（1838）刊刻传世，即今通行之百卷本《宋元学案》。王氏与冯氏在整理时态度严谨，于每个学案分别注明稿本来源。今可考的黄宗羲原本、黄百家纂辑之《宋元儒学案》即"黄氏原本"，计存宋代著名理学家三十一个学案，其中黄宗羲为十六个学案作了序录，留下案语三十一则，附录其有关理学问题的论述十一篇。我们将《明儒学案》和《宋元儒学案》（黄氏原本）中的序录、案语及所附论文合观，从中可见到黄宗羲关于诸理学家为学宗旨的论述。黄宗羲特别注重对各家为学之宗旨的探讨，在撰著《明儒学案》时，他批评明代周汝登的《圣学宗传》和孙奇逢的《理学宗传》之疏失说："从来理学之书，前有周海门《圣学宗传》，近有孙钟元《理学宗传》，诸儒之说颇备。然陶石篑（望龄）《与焦弱侯书》云：'海门意谓身居山泽，见闻狭陋，常愿博求文献，广所未备，非敢便称定本也。'且各家自有宗旨，而海门主张禅学，扰金银铜铁为一器，是海门一人之宗旨，非各家之宗旨也。"学者有各自论学的宗旨，著学术史的不能以自己的主观意见去代替各家的宗旨，应客观地总结各学者的学术真实。明代理学家李材说："僭谓学急明宗，不在辨体。宗者何？则旨意之所归宿者是也。"王阳明嘱咐弟子说:"以后与朋友讲学,切不可失我的宗旨。"理学家为学的宗旨各不相同,对其学术之认识首先是把握其宗旨。黄宗羲说:"大凡学有宗旨,是其人之得力处,亦是学者之入门处。天下之义理无穷,苟非定以一二字,如何约之使其在我。故讲学而无宗旨,是无头绪之乱丝也。"他在论著中将理学家们为学之宗旨概括得极为简要,它是学者治学的关键;若要认识某位学者之学术,便应从认识其宗旨切入。儒家经典中含蕴的义理众多,理学家学习儒学,善于从自己深有感悟的某义理、某范畴、某概念进行思考和体验,以之去贯串整个儒学义理,体现出独特的治学途径和方法,由此形成自己的学术个性。我们细读黄宗羲关于理学各家为学之宗旨的论述,可见他所指出的宗旨实为治学的途径,而与此相关的是治学的方法、治学的目的和治学的对象。各家的宗旨不同,但又存在相似与共同之处。我们若从宋明理学家的为学宗旨进行比较,归纳他们共同的治学对象、目的和方法,便可见到他们存在共同的宗旨,它即是理学的基本的学术特征。

二

理学是儒学的一个学派。理学家是学者,他们治学的对象,即他们学习什么,这与传统的儒者和其他学者颇为相异。儒家圣人孔子对弟子因材施教,分为德行、言语、政事和文学四科。他们学习《诗经》《尚书》《周礼》《周易》等典籍,以期懂得古代礼制、礼法和礼仪,亦会赋诗言志,以便将来为统治阶级服务、维持礼教、施行德治、稳固社会秩序。汉代的儒者以儒家经典为研究对象,因典籍的流传在秦以后存在今文与古文两种,文字相异,家法不同，遂在经学中分为今文经学派与古文经学派。今文经学派以《六经》为孔子的政治学说，对经典的解释着重发掘微言大义以服务于现实政治。古文经学派以《六经》为孔子整理的史料，对经典的研究侧重于名物训诂的考释。自唐代中期韩愈等文学家自称儒者，以复兴儒家之道自任，志于改革文风、文体和文学语言，主张学习先秦两汉散文，发起"古文运动"，于创作中力图实现"文道合一"。北宋初年以来，在朝廷的支持下，文学家们重新发起古文运动，旨在反对五代的文弊，及时尚的西昆体和太学体文风。欧阳修主张"文道并重"，使古文运动摆脱奴仆于儒道的地位，在北宋中期取得胜利。苏轼认为欧阳修是当代的韩愈，他说："愈之后二百有余年而得欧阳子，其学推韩愈、孟子以达于孔氏，著礼乐仁义之实，以合于大道……士无贤不肖不谋而同曰：欧阳子，今之韩愈也。"欧阳修和苏轼关于道的认识与韩愈等有异，但古文运动若要争取统治阶级的支持，仍然要举起复兴儒学的旗帜，宣传儒学之道的合理性。由于北宋古文运动的胜利，这对当时正在兴起的理学构成一种学术的和政治的威压。理学的创始者们以为自孔孟之后儒学的发展甚为纷歧，提出了真正的儒学是什么的问题。程颢将理学家与一般学者相区别，他说："学者须学文，知道者进德而已。有德则'不习无不利'，'未有学养子而后嫁者'，盖先得是道矣。学文之功，得一事是一事，二事是二事，触类至于百千，至于穷尽，亦只是学，不是德。有德者不如是，故此言可为知道者言，不可为学者言。"这认为一般学者致力于文献的研究，穷究事物之理，虽然求得的知识很多，仍在求知的层面。学者之中的"知道者"即真正懂得儒家之道的，他们超越了具体事物的知识，以先验的体悟而求增进个人的道德。他这是对理学内部而言的。程颐深感当时儒学的弊端，一是古文家溺于文章，二是经学受牵于训诂，三是儒者受异端之惑。如果除去异端之学，则儒学存在"文章之学""训诂之学"和"儒者之学"。他将前二者排除于儒学之外，以为真正能传儒家之道者只有他们理学家之学才堪称"儒者之学"。他最后归纳说："今之学者歧而为三：能文者谓之文士，谈经者泥为讲师，唯知道者乃儒学也。"这样否定了汉唐的经师和唐宋提倡古文的学者为儒者。理学家是"知道"的，他们治学的对象是儒家之道。什么是儒家之道呢？孔子称赞其弟子曾参于其道的坚持——"一以贯之"。其他的弟子问曾参这"道"是什么，曾参说："夫子之道，忠恕而已矣。"这"忠恕"仅是孔子之道的外在的体现，并非"道"之本体。子贡能从孔子平日的威仪与文辞见到其道的外现者，而对孔子之道——"性与天道"便未听说过。因此孔子之道的本体是神秘不可知的。汉儒传述曾子作的《大学》，以为"大学之道，在明明德，在亲民，在止于至善"，这是说的儒者道德修养的次第，也即是为学的层次，亦非道之本体。汉儒传述孔氏子思作的《中庸》，以为"天命之谓性，率性之谓道"是对孔子"性与天道"的说明。理学大师朱熹从理学的观点解释说：

> 命，犹令也。性，即理也。天以阴阳五行化生万物，气以成形，而理亦赋焉，犹命令也。于是人物之生，因各得其理，以为健顺五常之德，所谓性也。率，循也。道犹路也。人物各循其性之自然，则其日用事物之间，莫不各有当循之路，足则所谓道也。

理学家以"理"解释"性"，它即是超然的主宰自然规律的力量。人们各自禀赋之天理为"性"，各人应顺天理便是"道"。这样"性与天命"的本原是"理"，它是为儒家之道。"道"是怎样产生的呢?《周易·说卦》有"立天之道曰阴曰阳"之说，这是关于"道"的本体问题。理学创始人周敦颐以为天地万物发生之先有一个"无极"存在，即无任何东西存在。他假设"无极"而产生"太极"，它动而生"阳"，静而生"阴"，"阴阳"的交合变化而产生万物。这便是"道"，其本原为"无极"。此是纯粹的理性思辨，而"无极"是不可知的。"道"与"理"为一物的两面，南宋理学家陈淳解释说："道与理，大概只是一件物，然析为二字，亦须有分别。道是就人所通行上立字，与理对说，则道字宽，理字较实。理有确然不易底意，故万古通行者道也，万古不易者理也，理无形状，如何见得只是事物上一个当然之则便是理，则是准则、法则，有一个确定不易底意。"道是本体，理则是关于道的准则和法则的理论。道、理、性、命，这几个理学范畴是存在相互关系的，它们构成理学的理论基础，而理成为新儒学派的理论核心。朱熹解释说：

> 宇宙内一理而已，天得之而为天，地得之而为地，而凡生于天地之间者，又各得之以为性。其张为三纲，其纪为五常，盖皆此理之流行无所适而不在。若其消息盈虚，循环不已，则自未始有物之前，以至人消物尽之后，终则复始，始复有终，又未尝有顷刻之或停也。

"理"成为宇宙的本原，支配着自然的运转和社会人生的准则，它无始无终，是形而上的先验之物：这是理学家们自诩为得到儒家圣人不传之秘。他们很有信心地从唐宋古文家那里夺回儒家的道统。

关于儒家的道统，即儒家之道的宗传，《孟子·尽心》里已认为圣人之道自尧、舜、禹、汤、文王相传，至孔子而集大成。韩愈力图恢复儒家道统，在《原道》里重申孟子之说，确定儒家之道由尧、舜、禹、汤、文王、武王、周公传于孔子，孔子传于孟子，此后中断。宋代古文家以韩愈继孟子之后使儒学复兴，而欧阳修是继韩愈之后的儒家道统的承传者。理学家既然将"能文者"的古文家排除于儒学之外，所以他们无视古文家建立的道统，而以为理学的创始人周敦颐才是继孟子之后真正的道统的承传者。朱熹努力确立周敦颐的历史地位，他说："我有宋圣祖受命，五星集奎，开之明之运；然后气之漓者醇，判者合，清明之气得以全付乎人。而先生（周敦颐）出焉，不由师传，默契道体，建图著书，根极领要。当时见而知之，有程氏者遂扩大而推明之。"同时张栻也说："学者考论师友渊源，以孔孟之道复明于千载之下，实自先生（周敦颐）发其端……先生起于远方，乃超有所自得于其心，本乎《易》之太极，《中庸》之诚，以极乎天地万物之变化……于是河南二程先生兄弟从而得其说，推明究极之，广大精微殆无余蕴。学者始知乎孔孟之所以教盖在此。"经过南宋许多理学家的努力，理学在南宋后期上升为统治思想，统治者承认了理学家新建的道统。宋理宗于淳祐元年（1241）诏曰：

朕惟孔子之道，自孟轲后不得其传，至我朝周敦颐、张载、程颢、程颐，其见实践，深探圣域，千载绝学，始有指归。中兴以来，又得朱熹，精明思辨，表里浑融，使《大学》《语》《孟》《中庸》之书本末洞初，孔子之道，益以大明于世。

朱熹的弟子黄幹在《圣贤道统传授总叙说》里对此有较详的解说。明末理学家刘宗周又以明代心学家王阳明是宋代之后的道统的继承者，他说："孔孟既没，越千余载，有宋诸大儒起而承之，传孔孟之道，焕然复明于世，厥功伟矣。三百余年而得阳明子，其杰者也。夫周子，再生之仲尼乎！明道（程颢）不让颜子，横渠（张载）、紫阳（朱熹）亦曾（参）、思（子思）之亚，见力直追孟子。自有天地以来，前有五子（孔子、孟子、颜子、曾子、子思），后有五子（周敦颐、程颢、程颐、张载、朱熹），斯道可谓不孤。"自此儒家之道的宗传得以完全确立。

理学家为弘扬儒家之道，使之承传，他们同先秦和两汉的儒者一样注重讲学，提倡师道。程颢说："古之学者，皆有传授。如圣人作经，本欲明道。今人若不先明义理，不可治经，盖不得传授之意云尔。"他认为儒家之道的传授，必须师长将经典的义理向弟子们讲明，道统才可以延续。陆九渊阐述师道的重要意义说："秦汉以来，学绝道丧，世不复有师。以至唐曰师、曰弟子者，反以为笑，韩退之、柳子厚犹为之屡叹。唯本朝理学，远过汉唐，始复有师道。虽然学者不求师，与求而不能虚心，不能退听，此固学者之罪。学者知求师矣，能退听矣，所以导之者乃非其道，则师之罪也。"他表明自宋代理学的兴起即恢复了师道，但指出学者不从师、不努力，这是学者的过失；如果既从师又努力，而其师不能引导于正道，这是师长的过失。儒家之道能得以很好的传授，才可保证道统得以绵延。黄宗羲在《宋元儒学案》（原本）是以程朱学派为主，建构了宋元理学宗传系统。理学的创始人是北宋中期的周敦颐，其渊源可追溯至宋初的胡瑗与孙复。同时的邵雍和张载也是理学的创始人，但以濂洛之学特盛。洛学出自周敦颐，创始人为二程——程颢、程颐，其重要弟子是谢良佐、杨时、游酢、尹焞。杨时的弟子胡安国、罗从彦为程氏之再传弟子；朱熹、张栻、吕祖谦为程氏之三传。朱熹之学极盛，其重要弟子有黄幹、辅广、陈埴、陈淳、魏了翁。谢良佐之弟子为陆九渊。朱熹之再传弟子为真德秀、何基、饶鲁、董梦程，三传弟子为吴澄。北方传二程之学的为许衡。黄宗羲在《明儒学案》里建构了以阳明学派为主的明代理学宗传系统。王阳明之学源自陆九渊，而从学于明代理学家娄谅。明初以来的理学家吴与弼、陈献章、薛瑄、吕柟、王恕皆能发挥程朱之学，他们之间存在师友关系。明代中期以来，王阳明的心学特盛，其门下弟子众多，形成浙中、江右、南中、楚中、北方、粤闽各派，其末流则为泰州学派。晚明又别出顾宪成为首的东林学派，而刘宗周是王学最后的弘扬者，亦是明代理学的终结者。这样七百年的理学宗传是以师道传授而维系的，儒家的道统亦由此继承和发扬了。近世钱穆论及宋代理学说："新旧党争，终使北宋陷于衰亡而不救。此时乃有周、张、二程理学家之兴起。盖道统既高于政统，师道既高于治道，则在朝不如在野。为士者既以师道自任，则在己之修养讲论，乃更重于出仕以从政。此乃宋代理学家之所以异于汉唐儒。《宋史》特立《道学传》，以别于《儒林传》，亦非无理。"在宋代理学家的努力下，终于争回并重建了儒家道统。他们以为道统高于政统，理学家高于政治家，师道高于治道，儒学高于政治。因此他们不太看重现实社会政治，专致于学习儒学之道，承传道统这是理学家为学区别于其他学者之处。

三

　　新儒学者学习儒家之道，是希望自己成为"圣人"，这是他们治学的目的。什么是圣人呢？《庄子·天下篇》云："以天为宗，以德为本，以道为门，兆于变化，谓之圣人。"这是指宗法自然，品德完善，达于至道，能洞察天下万物变化之端的睿智者。儒家所尊崇的圣人是尧、舜、禹、汤、文王、武王、周公、孔子。他们与其他宗教的圣人之区别在于：儒家的圣人不是超然出世的，他们能对社会政治伦理发生巨大作用，或者他们的言行能对社会政治伦理发生巨大影响，然而像孔子一样却并不一定成为帝王或政治家。冯友兰说："中国圣人的精神成就，相当于佛教的佛，西方宗教的圣者的精神成就。但是中国的圣人，不是不闻世务的人。他们的人格是所谓'内圣外王'的人格。'内圣'是就其修养的成就说，'外王'是就其在社会上的功用说。圣人不一定有机会成为实际政治的领袖。就实际的政治说，他大概是一定没有机会的。"这内圣外王的至高至善的圣人的精神成就是否普通常人可以通过学习而至其境界，孟子的回答是非常肯定的。例如有人问他："人皆可以为尧舜，有诸？"孟子曰："然。"（《孟子·告子》）尧、舜是儒家最尊崇的圣人，既然人皆可以达到其精神境界，理学家则以此作为自己追求的最高目标。弟子问周敦颐"圣可学乎？"他以为是可学的，指示学圣之路是："一为要。一者，无欲也，无欲则静虚动直。静虚则明，明则通；动直则公，公则溥。明通公溥，庶矣乎!"他主张除去个人私欲,体现"无极之真"的道体,即可达于圣人之境界。成圣之路又是不容易的,周敦颐以"希圣"为目标,而又以伊尹和颜渊为具体学习的榜样。他认为此二人是"大贤",所谓"志伊尹之所志,学颜子之所学"。伊尹有宏大的政治抱负,颜渊的品德醇善,通过努力超越他们则可为圣,接近他们的境界则为贤。程颐的成圣意志是坚决的,他表示:"人皆可以至圣人,而君子之学必至于圣人而后已。"他指出的成圣之路是:"随事观理,而天下之理得矣。天下之理得,然后可以至于圣人。君子之学,将反躬而已矣。反躬在致知,致知在格物。"程氏之学的特点很突出,其弟子吕希哲说:"二程之学以圣人必可学而至,而已必欲学而至于圣人。"南宋初年朱熹之父朱松将程氏之学概括得很确切,他说:"夫达于天德之精纯,而知圣人之所以圣,诚意正心于奥窔之间,而天下国家所由治,推明尧、舜三代之盛,修己以安百姓,笃恭而天下平者,始于夫妇,而其终也察夫天地:此程氏之学也。"程氏之学是"学而至于圣人"之学,所以程颐在《明道先生墓表》和《上皇太后书》里,均将其兄弟之学称为"圣学",这成为理学之别称。普通学者自谓要"至于圣人",这必然在学界和社会上被视为狂怪之徒,而加以嘲笑的。程颐的弟子杨时以为学习圣人是很不容易的,然而为学须要确立崇高的目标,因此"以圣人为师,犹学射而立的"。有了既定的目标,学习圣贤的道德行为,进而认识圣贤之道,这是杨时指出的"为学之方"。朱熹更以为普通的"乡人"皆可以很快成为圣人,他说:"为学,须思所以超凡入圣。如何昨日为乡人,今日便为圣人,须是竦拔,方始有进。"这发挥了孟子"人皆可以为尧舜"之说。但要为尧舜,必须徐行渐进,朱熹强调首先应道德行为上贯彻孟子所说的

"四端"："恻隐之心，仁之端也；羞恶之心，义之端也；辞让之心，礼之端也；是非之心，智之端也。"(《孟子·公孙丑上》)此后再找出自己不能为尧舜的原因，立定志向，坚持修养工夫，便自然地前进。同时的陆九渊虽然学术观点和治学方法与朱熹相异，但成圣的主张是相同的。他以为成圣是"学者之事，当以此为根本"。在他看来愚夫愚妇都知道仁、义、忠、信，并且能在日常生活中实践，而圣贤只不过将这些品德发展和充分体现而已；这也是治学的根本。学术中的专门知识，如天文、地理、象数等，不是一般学者可以学的，它们与成圣没有什么关系。在朱熹之后，程朱学派成为理学的正宗，以至明代理学的发展难以超越其范围，有所谓"此亦一述朱、彼亦一述朱"的现象。这种情况至明代中期王阳明心学的创立才得以改变。黄宗羲高度评价王阳明在理学史上的意义，他说："姚江点出'良知人人现在，一反观而自得'，便人人有作圣之路。故无姚江，则古来之学脉绝矣。"此学脉即是宋代理学家"学必至圣人"的主张。王阳明晚年悟得人的先天即具有一种正确的判断，它来自所禀赋的天理，只要将此先天的良知应用于对事物的认识，即是圣人了。其心学的末流泰州学派甚至束书不观，记得几条语录，高谈性理，不治事务，便以为自己是圣人了，竟有"满街都是圣人"之说。周敦颐所谓"志伊尹之志"，这作为立志是可以的。伊尹佐商汤伐夏桀，成为商汤的宰相，坚持以法治国，是古代的大贤。理学家们是不具备伊尹的才能与政治品格的。他们学习圣人是选择颜渊作为榜样，因而周敦颐提出的"学颜子学"是最切实的，只要达到颜子的境界，距成圣便很近了。程颐对颜子之学曾有阐发。他青年时代在太学时，儒者胡瑗问诸生"颜子所学何学"？程颐的问答最完满，并对理学的发展产生了影响。他说：

> 学以至圣人之道也……故颜子所学，则曰："非礼勿视，非礼勿听，非礼勿言，非礼勿动。"仲尼称之，则曰："得一善则拳拳服膺而弗失之矣。"又曰："不迁怒，不贰过。""有不善未尝不知，知之未尝复行。"此其好之笃，学之得其道也。然圣人则不思而得，不勉而中；颜子则必思而后得，必勉而中。其与圣人相去一息，所未至者守之也，非化之也。以其好学之心，假之以年，则不日而化矣。

> 后人不达，以谓圣本生知，非学可至，而为学之道遂失。

颜渊是孔子最喜爱和最得意的弟子，以德行称著，安贫乐道，三十二岁便死了。他虽无功业可言，但儒者以为他若不早死是可以成为圣人的，仍尊之为"复圣"。颜子之学是圣学，学颜子则学其德行即可，这是容易做到的；虽然不一定对社会有贡献，但其精神境界是崇高的。这样理学家都学颜子之学，明代亦是如此。王阳明认为只有颜子是真正见到圣人之道的，他说："见圣道之全者唯颜子……颜子殁，而圣学之正脉遂不传矣。"理学家们是圣学的正脉的承传者，而颜子所见圣人之道的全体，其究竟是什么亦不得而知，需要理学家个人去体悟。关于颜子之学，刘宗周具有总结性的意见，他说："茂叔（周敦颐）教人，每令寻孔颜乐处。所乐何事？此个疑案，后人解开消得，一似指空花蹈幻影，无有是处。程子说不是贫，又不是道。朱子又说未尝不是道。若有极口道不出者，毕竟是何事？此事不从言说得，不从妙悟得。学者须实学孔、颜之学始得。孔颜乐处，即是孔颜学处。"孔子说：

"贤哉，回也，一箪食，一瓢饮，在陋巷，人不堪其忧，回也不改其乐。贤哉，回也！"（《论语·雍也》）理学家肯定颜子所乐即是道，不必说是乐道。颜子因有高尚的德行，才能臻于近似圣人的境界。学颜子是通过进德修业之路，以求个人道德的日新。

进德修业是培养个人道德情操从平常日用生活之事做起，以求达于圣贤之境，此为"下学而上达"。陆九渊说："大抵为学，但当致之进德修业，使此心于日用间戕贼日少、光润日著，则圣贤垂训向以为盘根错节未可遽解者，将涣然冰释，怡然理顺，有不加思而得之者矣。"圣贤的垂训极为简约，并未指出具体的进德之路，需要学者去悟解。陆九渊所说的进德方法实为"克己复礼"，于日常生活中克制私欲以明天理，日进其德，便易于理解圣贤之训了。明代理学家吴与弼说："因思延平先生（李侗）所与处者，岂皆圣贤？而能无疾言遽色者，岂非成汤'与人不求备，检身若不及'之功效欤？而今而后，吾知圣贤之必可学，而学之必可至。人性之本善，而气质之可化也的然矣。下学之功，此去何如哉！"南宋理学家李侗严格要求自己，待人和蔼可亲，行为从容不迫。吴与弼以为这近于圣贤了，因此坚定了学圣必至的信念，悟得从发扬个人本性之善即是下学之功而可上达的。如果理学家学习圣贤已经取得成效，其外在表现便有些像圣贤了；这是理学家追求的"圣贤气象"。在理学家看来，孔门弟子中的曾点即具有圣贤气象。孔子的弟子子路、冉有、公西华、曾点侍坐，孔子请他们各言其志。子路、冉有、公西华都谈了今后的人生理想。曾点时在鼓瑟，放下瑟，表示其志与三子相异。他并不正面回答，而是说："莫春者，春服既成，冠者五六人，童子六七人，浴乎沂，风乎舞雩，咏而归。"（《论语·先进》）孔子慨然赞同曾点之意。曾点所向往的是在美好的自然环境中求得怡然自适，并无学者的矜持严肃，也无某些儒者迂腐而不近人情；这是某种高大宏博之志在自适时的自然流露。程颐特别欣赏曾点的气象，他说："孔子与点，盖与圣人之志同，便是尧舜气象也。"朱熹对此解释说："曾点之学，盖有以见夫人欲尽处，天理流行，随处充满，无所欠阙。故其动静之际，从容如此。而言其志，则又不过即其所居之位，乐其日用之常，初无舍己为人之意，而其胸次悠然，直与天地万物上下同流，各得其所之妙，隐然自见于言外。视三子之规规于事为之末者，其气象不侔矣，故夫子叹息而深许之。"这种圣贤气象是学者内在的道德充盈，天理流行的外现，绝非勉强效法可致的。朱熹所集《近思录》卷十四所推许的具有圣贤气象的理学家有周敦颐、张载和程颢。周敦颐胸怀洒落，如光风霁月，清明高远；他不除窗前草，让它有生生自得之意。张载晚年常常危坐终日，左右尽置简编，俯而读书，仰而思考；他虽气质刚毅，而人们觉其亲和，治家接物，做到正己以感人。程颢之人格纯粹温润，有如精金良玉，胸怀浩荡，待人一团和气，遇事从容不迫，偶尔吟风弄月，其声容令人有崇深之感。此外如程颐在晚年经从编管地归来，励精所学，处患难贫贱若处富贵荣达；其容貌气色安详甚于平昔，表现出儒者处逆境的安命的态度，俨然是一位圣者了。他对弟子说："学者不学圣人则已，欲学之，须熟玩味圣人之气象，不可只于名上理会。"理学家们以"学以至圣人"为治学的目的，尽管很少的理学家具有圣贤气象，而距"成圣"仍是遥远的，然而他们有此种追求，正表明中华民族一种崇高的精神品质。

四

　　学习儒家之道以期走上成圣之路，这是非常艰苦的。《尚书·洪范》"睿作圣"，意谓圣者于事无所不通；所以圣人不但品德高尚完善，而且是睿智精明的。虽然孟子以为"人皆可以为尧舜"，这种可能性很小，因为文化水平低下的民众，固然可以成为品德高尚的人，却不可能达到"睿作圣"的境界。在理学家们看来，不认识儒家之道是不可能成圣的，而儒家之道又是精微的，因此成圣之路必须通过努力学习以认识儒家的义理。张载说："读书少则无由考校得义精，盖书以维持此心，一时放下，则一时德性有懈。读书则此心常在，不读书则终看义理不见。"他是针对学习儒家经典而言的，强调读经以明儒家之道的义理，这样可以增进德性的培植。程颐对此表述得更为精切，他说："天下之理得，然后可以至于圣人。"他还认为儒者以识理为先，行为实践是次要的。如果仅注重实践而识理不足，则不能明辨好恶与是非；这样若遇到异端邪说，便易受诱惑而走上歧途。程颐主张以识理为主，是异于传统儒家重入世重社会实践的，它成为理学家的人生与社会基本倾向。因此唐宋古文家注重于文，提倡文以贯道或因文见道，以及汉唐经师于经典考详略，采异闻的训诂，程颐以为此两者皆无助于个人之修身，是属于舍本逐末，"非圣人之学"，可以不学的。圣人之学是"使人求于内"的。理学家认为身修心正，则齐家、治国、平天下等事，皆可以义理类推。朱熹说："学者若得胸中义理明，以此去度量事物，自然泛应曲当。人若有尧舜许多聪明，自做得尧舜许多事业。若要一一理会，则事变无穷，难以逆料，随机应变，不可预定。今世文人才士，开口便说国家利害，把策（论）便述时事得失，终济得甚事？只是讲明义理，以淑人心，使世间识义理之人多，则何患政治之不举耶！"明代理学家李材关于修身与齐家、治国、平天下的关系说："齐家不是兜揽家，盖在家身，家即是修之事矣。治国不是兜揽国，盖在国身，国即是修之事矣。平天下不是兜揽天下，盖在天下身，平天下即修之事矣。"他们以为自天子至庶人均致力于修身，则家可齐，国可治，天下亦太平了。这纯是主观想象，将社会现实政治问题看得过于简单。自孔子、孟子及宋明理学家，他们品德固然高尚，睿智聪明，具有圣贤气象，或者就是圣贤，然而面对复杂、多变、残酷的社会现实政治，实际上是采取退避的态度而无能为力的，仅能做到独善其身而已。理学家们虽然提倡读书，却限制在很狭窄的范围，他们识理的内涵，实际上也是很狭窄的。朱熹以为圣人的人生与社会经验都很丰富，历见许多道理，它们都被写在书册上，以让人们学习。读圣人所著的经典，便可间接地懂得人生与社会的道理。这于儒者亦是次要的。他认为："今读书紧要，是要看圣人教人做工夫处是如何。"读书明理是为了成圣，理学家寻找到一条具体而明确的"入德之门"。

汉代儒者致力于研治《五经》——《周易》《尚书》《仪礼》《诗经》《春秋》，唐代儒者的治经范围扩大为《九经》——《周易》《尚书》《诗经》《周礼》《仪礼》《礼记》《春秋左传》《公羊传》《穀梁传》。这是传统儒家尊奉的经典。理学家并不否认这些经典的重要性，他们却特别推崇《四书》。程颐从《礼记》中发现《大学》与《中庸》两篇，将它们与《论语》《孟子》合为《四书》以作为儒者首先必学的经典，由此可以上溯《六经》。《宋史》卷四二七《道学列传》称："颐于书无所不读，其学本于诚，以《大学》《语》《孟》《中庸》为标志，而达于《六经》。"这应是程颐的卓识。《五经》或《九经》它们实为古代的卜卦、政事、礼制、诗歌、历史的文献，并不能真正体现儒家的思想。《论语》和《孟子》是儒家圣人的语录，《大学》被认为是曾子所记孔子之言，《中庸》是孔子之孙子思所传。它们真实地保存了原始儒家思想。儒家之道自古代圣人传之孔子，孔子传之曾子，曾子传之子思，子思传子孟子。宋代理学家自以为是他们发现了孟子之后儒道不传之秘密，他们确为真正的儒家。朱熹之所以被誉为理学之集大成者，其主要功绩是用了四十年的精力完成《四书章句集注》，以濂洛之学的观点阐释了《四书》的义理。此后它成为理学家学习和研治的主要经典，影响着理学的发展。关于学习《四书》的意义，朱熹说："某要人先读《大学》，以定其规模；次读《论语》，以立其根本；次读《孟子》，以观其发越；次读《中庸》，以求古人之微妙处。"这是一个读书明理的循序渐进的过程，其中的《大学》居于首要地位，它指示了"为学次第"——"三纲""八目"。

周代贵族子弟八岁入小学，十五岁入大学。古代小学教授六艺—礼、乐、射、御、书、数，汉代以来以文字、音韵、训诂之学为小学。大学为古代贵族子弟读书的处所，即太学，学习儒家经典。理学家认为《大学》的首章是曾子所记孔子之言。首章提出的"大学之道，在明明德，在亲民，在止于至善"是为三纲。理学家将"明德"解释为以众理而应万事；"亲民"为"新民"，新为革其旧习，又当推己及人；"至善"乃尽天理之极，无一毫私欲，达于至善即至于圣人之境。"八目"次第是格物、致知、诚意、正心、修身、齐家、治国、平天下。这次第又分两段，修身以上是明德之事，齐家以下是新民之事，它们表达了理学家的政治与道德的理想。"八目"之首是格物。朱熹解释说："格，至也。物，犹事也。穷至事物之理，欲其极处无不到也。"穷理，探讨儒家经典的义理，进而认识天下事物之理，这是理学家最基本的治学方法，使他们区别于汉唐的儒者。当然，宋代学者治学是以探讨义理见长的，如欧阳修、王安石、苏轼等也探讨儒家经典的义理，但理学家探讨儒家义理有其独特的见解和完整的系统，并达于思辨的精微的高境，此却为其他儒者所不能及的。近世学者吕思勉说："理学之特色，在其精微彻底。一事之是非，必穷至无可复穷之处，而始可谓定。……宋儒所谓理者，果能贯天地人幽明常变而无间否，自难断言。然其所长，则固如此。其说自成一系统，其精粹处，确有不可磨灭者，则固不容诬也。"新儒学派自称为"理学"正体现了其学术特色，自宋及明代的理学家们关于"无极"与"太极"，"理"与"气"，"性"与"命"，"天理"与"人欲"，"儒"与"佛"，"理一"与"分殊"，"魂"与"灵"等等问题，均有细密的辩论，求得思辨之极致，穷理之难于复加，确为中国思想史上思辨之高峰。关于格物穷理，例如天下万物之理可以穷吗，怎样去穷究，主观的认识与客观事物有无矛盾，怎样处理知与行的关系，对这些问题理学家均做了探讨。程颐说："格物穷理，非是要穷尽天下之物，但于一事上穷尽，其他可以类推……所以能穷者只为万物皆是一理，至如一物一事虽小，皆有是理。"若要穷尽天下万物之理是不可能的，学者只能就主要事物之理去穷尽，在普遍性的理论原则的指导下是可以类推其他事物之理的。程颐的弟子谢良佐补充说："学者且须是穷理，物物皆有理。穷理则能知天之所为，知天之所为则与天为一，与天为一无往而非理也。穷理则是寻个是处有我，不能穷理，谁识真我。何者为我，理便是我。穷理之至，自然不勉而中，不思而得。从容中道曰理，必物物穷之乎？曰必穷其大者。理一而矣，一处理穷，触处皆通。"他所说的理，是普遍的公理，即天理。学者通过探究事物的义理，使个人的认识与天理融而为一，在认识事物时便能表现自己正确的见解，遇事物则能触处会通，无有不合理者。朱熹指出主观认识之理，必须与客观事物之理的一致，而且穷理必须从实学而得，而不是仅凭自己的感悟。他说："事事物物皆有个道理，穷得十分尽，方是格物。不是此心，如何去穷理？不成物自有个道理，心又有个道理。枯槁其心，全与物不相接，却使此理自见，万无是事。不用自家心，如何别向物上求一般道理？不知物上道理却是谁去穷得。近世有人为学，专要谈空说妙。不肯就实，却说是悟。此是不知学，学无此法。"他很强调通过读书去与物接触，以认识客观存在之理。这与禅宗的顿悟和心学的默识的认识论有严格的区别。元代理学家许衡总结说："二程以格物致知为学，朱子亦然。此所以度越诸子。《大学》，孔氏之遗书也，其要在此。凡行之所以不力，只为知之不真。果能真知，行之安有不能者乎？'博学之，审问之，慎思之，明辨之'，只是每个知得真，然后道'笃行之'一句。"这说明程朱学派以《大学》为学之次第，首重格物穷理，因而其成就超越了许多学者。许衡同时提出了"知"与"行"的问题。他以为实践之不得力，乃是无真知指导。孔子指出的博学、审问、慎思、明辨，是一个求真知的步骤，当获得真知之后便可笃行了。然而理学家之为学是求之于内的，即仅止于修身，并不提倡社会实践。王阳明提出的"知行合一"之说，解决了"知"与"行"的矛盾。新儒学派在北宋和南宋初期皆称为道学，理学与心学是道学的两个主要流派。心学一派不主张格物穷理。王阳明自述其早年曾相信朱熹的格物之说，他与友人为了学圣，试从格物做起。他们以亭前竹子为例，以观物求理。其友人竭思观竹至三日而劳思成疾，王阳明自己观竹七日也病了。他晚年因获罪于权阉被贬贵州，于龙场的困苦生活中忽然悟得，格物是在个人身心上做，即以个人感悟而认识物理。所谓"知行合一"便仅仅是在个人主观意识中完成的。他说："今日学问，只因知行分作两件，故有一念发动，虽是不善，然却未尝曾行，便不去禁止。我今说个知行合一，正要人晓得一念发动处，即便是行了。发动处有不善，就将它不善的念克倒了，须要彻根彻底，不使那一念不善，潜伏在胸中。此是我立言宗旨。"知与行是在个人意念萌动时统一了；意念的产生即是知，也是行；克制不善的意念便可入圣。王门弟子王畿阐发说："天下只有个知，不行不足谓之知。知行有本体，有工夫，如眼见得是知，然已是见了，即是行；耳闻得是知，然已是闻了，即是行……本体原是合一，先师因后儒分为两事，不得已说个合一。知非见解之谓，行非履蹈之谓，只从一念上取证。知之真切笃实即是行，行之明觉精察即是知。知行两字皆指工夫而言。"这表达得更清楚，所谓知不是见解，行不是实践，都是在观念中的本与体的同一。"知行合一"是指培植个人道德的一种工夫而已，即克制个人的不善的私念。由此可见，理学家以格物穷理为治学的主要方法，心学家的治学方法颇异，但他们治学的目的是相同的。

如果以格物穷理为理学家治学的基本方法，而澄心静坐则是一种辅助的治学方法。理学家盛传"程门立雪"的佳话，记述游酢和杨时最初去见伊川先生程颐时，"伊川瞑目而坐"，两弟子一旁侍立。程颐觉醒后说："贤辈尚在此乎？既晚，且休矣。"两弟子出门，门外积雪已深一尺。此则佳话向来以为表明师道尊严，但实际上是反映程颐闭目静坐的工夫。程门弟子豫章先生罗从彦，程氏再传弟子延平先生李侗均习静坐工夫。李侗记述师从罗从彦之事："曩时，某从罗先生学问，终日相对静坐，只说文字，未尝及一杂语。先生极好静坐，某时有知，退入室中亦静坐而已。先生令静坐中，看'喜怒哀乐未发之谓中'未发时作何气象。此意不唯于进学有力，兼亦是养心之要。"李侗关于静坐识理深有体会，他说："学问之道，不在于多言，但默坐澄心，体认天理。若见虽一毫私欲之发，亦自退听矣。久久用力于此，庶几渐明讲学始有力也。"程氏及其弟子提倡在静坐中思考儒家义理之奥秘，体察道德修养以克制私欲，这是成圣必不可少的工夫。明代理学家白沙先生陈献章说："伊川先生每见人静坐，便叹其善学。此一'静'字，自濂溪先生主静发源，后来程门诸公递相传授，至于豫章、延平尤专提此教人，学者以此得力。"这说明静坐是濂洛之学的一种不可少的治学方法。中国道家以静坐修养为静功；佛家以静坐时住心于一境，冥想妙理为禅定。显然理学家的静坐工夫来自道家，特别是禅宗。朱熹从李侗承传濂洛之学，也赞同静坐，但更主张读书明理，将二者的主从关系予以区分，以免学者因强调静坐而入于歧途。他说："大率为学虽是立志，然书亦不可不读，须将经传本文熟复。如仲思（弟子）早来所说专一静坐，如浮屠氏块然独处，更无酬酢，然后为得。吾徒之学，正不如此。遇无事则静坐，有书则读书，以至接物处事，常教此心光呛呛地，便是存心，岂可凡百放下，只是静坐！"读书穷理与静默悟理，是宋代程朱之学的两种治学方法，相辅相成，但以前者为主。然而明代王阳明的心学则是以静坐默识为主；他说："教人为学，不可执一偏。初学时，心猿意马，拴缚不住，其所思虑，多在人欲一边，故且教之静坐息思虑。久之俟其心意稍定，只悬空静守，如槁木死灰，亦无用，须教他省察克治。"他将澄心默识分为两个阶段，初学者先要在静坐中息灭思虑，除去个人私欲，然后通过省察克治去认识天理。他以为圣人之道是在个人本性之中，不必向外寻求，通过澄心默识即可有格物致知的功效。王门末流泰州学派以至于废书不观，不务实事，专注瞑目静坐。罗汝芳说："孔门学习，只一'时'字。天之心以时而显，人之心以时而用。时则平平而了无道作，时则常常而初无分别。入居静室而不易广庭，出宰事为而同经史，烦嚣既远，趣味渐深，如是则坐愈静而意愈闲，静愈久而神愈全，尚何心之不真，道之不凝，而圣之不可学哉！"这样的学圣之路，人人可为，所以出现满街都是圣人的情况竟是可能的。理学家的治学方法，其格物穷理与传统儒者和一般学者相同，但其穷理主要限于儒家经典《四书》的范围；其澄心默坐方法则大大异于传统的儒者和一般学者，所以理学家的治学方法很特殊。

五

理学家以儒家之道为治学对象，以完善自我道德修养成就圣贤为治学目的，用格物穷理兼以静坐默识的方法寻求儒家义理，着重于进德的内省：这是他们所共同的为学趋向。然而怎样"入德之门"，即通过什么具体途径以逐渐达于道德完善的境地，这在理学家之间是各异的：此即各家论学之宗旨。这是学者个人在治学过程中积累的经验与感悟，从而形成具有独特旨意的归宿。理学家将其宗旨作为向弟子传授的心法，亦作为其论学的纲领以便于弟子们以极简约概括的方式学习和领悟。程颐从《礼记》中发现《中庸》一篇，以首章是子思传述儒家之道，予以阐发。朱熹认定"此篇乃孔门传授心法，子思恐其久而差也，故笔之于书，以授孟子"。传授心法即传道。理学家不同于一般学者以求知为目的，而力求进德，因此他们的论学宗旨着重在于进德的工夫，这意味着学习、体悟、涵养、持守、实行。朱熹说：

> 学者工夫，但患不得其要。若是寻究得这个道理，自然头头有个着落，贯通浃洽，各有条理。如或不然，则处处窒碍。学者常谈，多说持守未得其要，不知持守甚底。说扩充，说体验，说涵养，皆是拣好底言语做个说话，必有实得力处方可。

从什么地方作为进德的门径，这需要做切实的工夫。学海无涯，为学的工夫何在呢？朱熹说："某所得处甚约，只是一两切要句上。却日夜就此一两句上用意玩味，胸中自是洒落。"这简要的一两句切要的话便是理学家为学的宗旨。当我们读黄宗羲的《宋元儒学案》和《明儒学案》时，可见到他于许多重要的理学家皆有关于他们为学宗旨的述评；这体现了他"学有宗旨"，学者论学贵于"得其人之宗旨"的主张。兹根据理学家们之自述为学之宗旨及黄宗羲的评论，试对宋明重要理学家之宗旨述要。

濂溪先生周敦颐之学以"诚"为本。他以为圣人的品格主要是诚。《大学》所谓"欲正其心者，先诚其意"，诚意即意向于善，真实而不自欺。周敦颐从内心的寂然不动的静处以把握"诚"，工夫用于主静。若内心静时反复考虑吉凶悔咎及不善之动，使之归于静，以达于意之真实；因此"诚"是各种行为实践之本原，可以通向成圣之路。明道先生程颢之学"以识仁为主"。"仁"是孔子学说的核心价值观念，它有博爱、慈爱、爱人、人道之意，通过"克己复礼"以体现。程颢强调仁者与自然的浑然同体，义、礼、智、信皆是"仁"之外现；以诚敬的态度保持仁，则遇事坦然，也无须去穷索事物之理。这样人格光明磊落，浑然太和之气流行，可以使人受到感化。因此他心性平和，不矜持、不防检，应顺自然，努力去识仁之本体而近于道。朱熹之学虽然出于二程，但所传的是小程子之学。伊川先生程颐主"敬"，"敬"即恭敬、端肃之意。《周易·坤》："君子敬以直内，义以方外。"《论语·子路》："居处恭，执事敬。"程颐发挥古圣之语，以成为进德修道的基本途径。他以为学者治学，不必追求高远之义，只需于日常生活中做到"敬"即可。所谓"敬以直内"，即是尊崇尊卑长幼秩序的礼法。敬是个人的修养持守，只要顺理而行便合于义，这样做便合"内外之道"。在洛学中"敬"有两层含义：一是由"敬"才能入"诚"，于治学主张专一，专心致意；二是尊师重道，于日常生活中首先应对师长表示尊敬，以便使自己在重大社会场合中令人肃然起敬。以"敬"作为进德的途径是较易行的，又因程颐提倡师道，大兴讲学之风，使洛学得以发扬和广为流传。横渠先生张载崇尚礼法，他认为学者须懂得礼仪、礼法，因为礼可以培养人的德性。如果经常守礼法，并以指导实践，克己行义，使个人具有严正刚大的气质，便可养成孟子所说的"浩然之气"，这样也就接近圣贤境界了。因为张载过于讲求礼法，似乎主要关注个人的外在行为，在社会实践中必然近于法家的法治观念，遂可能偏离个人的内在道德修养，所以关学在北宋后渐渐失传。朱熹传程颐之学，不专主敬，发挥程颐"涵养须用敬，进学在致知"之意，因而论学主张"居敬"与"穷理"并重。他以为穷理，则居敬的工夫将大大地增进；做到居敬，则穷理的工夫便会专主而趋于细密。居敬是坚持与收敛，穷理是推寻究竟；此二者相辅并行，不可偏废。关于濂洛之学的为学宗旨的源流与异同，黄宗羲评述云："明道、伊川大旨虽同，而其所以接人，伊川已大变其说，故朱子曰：'明道宏大，伊川亲切。大程夫子当识其明快中和处，小程夫子当识其初年之严毅，晚年又济以宽平处。'是自周元公主静，立人极开宗，明道以静字稍偏，不若专主于敬，然亦恐以把持为敬，有伤于静，故时时提起。伊川则以敬字未尽，益之以穷理之说，而曰'涵养须用敬，进学在致知'，又曰'只守一个敬字，不知集义，却是都无事也'。然随曰'敬以直内，义以方外，合内外之道'，盖恐学者作两项工夫用也。舍敬无以为义，义是敬之着，敬为义之体，实非有二。自此旨一立，至朱子又加详焉，于是穷理、主敬，若水火相济，非是则只轮孤翼，有一偏之义矣。"若只提倡守敬，则仅是道德家进德的途径，而穷理则是学者寻求真知的途径。朱熹将二者结合，可使理学不致偏于单纯的伦理之学，兼具学术性的特点。故朱子之学能得到盛大的发展。宋代以程朱之学为主的理学，在发展过程中其学术宗旨为诸弟子所承传，也为明代一些理学家所发挥。然而明代理学家却又有不少新的论学宗旨，使理学的学理更加细密。康斋先生吴与弼继承程朱之学的宗旨，关于为学工夫则主张处静时注意于心性的涵养，处动时注意于行为的省察，做到"敬以直内，义以方外"，"明德"与"诚意"并重。这样遂"敬义夹持，明诚两进"为其学的宗旨。白沙先生陈献章出于康斋门下，但为学旨却有自己的特点。他对义理的探究已至精微，工夫全在于个人的涵养，努力做到喜怒哀乐未发而不至于空寂，万感交集而不为之动意。因此于天下之物，虽然觉其可爱与可能得到，但均视之漠然而不动于中。其学以"虚"为本，以"静"把持，于日常行践克制私欲，应顺自然，具有古代曾点与宋代邵雍的从容和顺气象。阳明先生王守仁，其学说的主旨是"致良知"，以为学者最关键的工夫是去人欲而存天理，在主观意念中完成"知行合一"，以发展个人天赋的良知。关于"良知"之说，弟子们的理解颇为纷歧，龙溪先生王畿辨析了几种见解之后，谈到其本义说："古人立教原为有欲设，消欲正所以复还无欲之主体，非有所加也。主宰即流行之主体，流行即主宰之用，体用一原，不可得而分，分则离矣。所求即所得之因，所得即求之证，始终一贯，不可得而别，别则支矣。吾人服膺良知之训，幸相默证，务求不失其余，庶为善学也。"王阳明不以知识为重，反对在意念的动静上用功。其"致良知"充分发展了宋代理学家"存天理，灭人欲"之说，发展个人本然之善，在意念中消除私欲，这样即可能成圣。见罗先生李材从《大学》中拈出"止修"二字作为论学的宗旨。他认为"知止而后有定"，"心正而后身修"是孔子和曾子的真传。人之本性乃至善，发展为"四端"。天命之真，即体现在人的视听言动之间，若时刻在视听言动之间克制私欲，知其所止，则自然达于修身了。近溪先生罗汝芳发展了"致良知"之说，以为凭着赤子之心行事，不须学习，不须思考，已与天地万物同体，物我相忘，即达圣人之境。此种道理不须去把持，只需适应，心胸开阔明净，道自显现。如此可以省去理学思辨的深奥烦琐和因袭套用的习气，使学者立即悟得为圣之道。明代理学的终结者蕺山先生刘宗周为学之宗旨是"慎独"。此出自《中庸》首章："是故君子戒慎乎其所不睹，恐惧乎其所不闻。莫见乎隐，莫显乎微，故君子慎其独也。"君子应本着义理行事，常怀敬畏之心，虽不见闻也不敢须臾离开天理；即使在幽暗之中，处理细微之事，只有自己独自知者，也应遏制人欲于萌动之际，时时戒惧，以免离开正道。黄宗羲说："先生宗旨为慎独。始从主敬入门，中年专用慎独工夫。慎则敬，敬则诚。晚年愈精微，愈平安，本体只是些子，工夫只是些子，仍不分此为本体，彼为工夫。亦并无这些子可指，合于无声无臭之本然。从严毅清苦之中，发为光风霁月，消息动静，步步实历而见。"明朝亡后，刘宗周悲痛不已，绝食以殉国，践履了"慎独"的宗旨。以上所述宋明理学家各自为学的宗旨，这是认识各家治学的途径，是理解各家之学的关键。他们虽然为学的宗旨各异，但以"兴天理，灭人欲"而希望达于圣人的境界则是共同崇尚的，此即"理一分殊"。七百年理学之活力即在于"理"的"分殊"，以使其学理丰富而发展兴盛。

在中国学术史上，宋明理学家对于儒家之道的本质有最真切的认识，并以此作为治学的对象。他们在学习儒家之道时，依据各自的经验与体悟而寻求到一条进德修道的具体途径，通过格物穷理与静坐默识的方法，以期达到自身道德完善的圣贤境界。他们不同于原始儒家对社会现实政治的关注，他们缺乏入世的精神，着重于"内圣"方面的修养。他们不同于汉唐的儒者以训诂方法去注释儒家的传统的经典，而是发现《大学》和《中庸》的价值，并与《论语》《孟子》合并作为儒家之道的本原之所在，竭力从思辨的方法去阐发其中的义理。他们不同于一般以博学求知为目的的纯粹学者，其治学的目的是使自己成为品德高尚的独善其身的道德家。我们从理学家的治学对象、目的、方法和宗旨，可见到这个新儒学派的基本特征。新儒学派于儒家之道的理性思辨达到了空前的理论高度，关于道德修养方面用了精细切实的工夫。他们追求圣人的精神境界，体现了中华民族一种崇高的精神。新儒学派在中国思想史上具有非常重要的地位，其理性永远具有学术的光辉。它不仅对中国学术思想，并对欧洲启蒙思想均产生过巨大的影响。自南宋后期以来，中国统治集团认识到理学在国家现实社会政治中的重要意义，将它上升为中国统治思想，理学由此从纯粹的学术而与社会政治相联系，在一定程度上又成为禁锢人民精神的枷锁。黄宗羲在对整个理学历史进行深究之时，正值清代初年经世之学与考据之学的兴起。他对明季理学末流批评说：

> 儒者之学，经天纬地，而后世乃以语录为究竟，仅附答问一二条于伊洛门下，便厕儒者之列，假其名以欺世。治财富者则目为聚敛，开阃捍边者则目为粗材，读书作文者则目为玩物丧志，留心政事者则目为俗吏。徒以生民立极，天地立心，万世开太平之阔论钤束天下。一旦有大夫之忧，当报国之日，则蒙然张目，如坐云雾。世道以是溃倒泥腐，遂使尚论者以立功建业，别是法门，而非儒者之可与也。

晚明以来理学的积弊充分显露，它既因缺乏入世精神而脱离现实社会政治，又因囿于狭隘的学术范围而难以推动真正的学术发展，因此必然在中国封建社会后期走上末路。虽然如此，但在中国新文化运动之后仍有不少文化保守主义者以理学思想为国粹，其余绪在近年国学热潮再度兴起时犹可见到。我们对于宋明理学家为学宗旨的探讨，有助于认识新儒学的基本特征及其真实的学术面目，亦有助于我们对中国传统文化的反思与评价。

南宋以来之治道与理学思想

儒学发展至北宋中期出现了巨大的变化，新儒学家发现真正的儒家之道，重建儒家道统，对传统的"三纲六纪"进行新的解释，志于修己以臻至道德完善之境。新儒学被称为道学，南宋中期称为理学，以与道学之心学派相区别。南宋初年濂洛一派理学逐渐发展为时代学术思潮，但尚具民间性质，未被统治阶级重视，继而遭到禁黜。南宋后期理学的政治伦理意义为统治阶级所认识，并上升为统治思想。宋亡后理学不仅没有衰微，在元明清三代继续发展，统治阶级更予大力弘扬，使之成为国家治道的理论基础。近世中国政治思想史等著作皆探讨每个时代思想家们的政治主张，这固然能反映政治思想发展的历史，却忽略了每个时代统治者的政治思想，即统治思想。历史上思想家们的政治见解颇为纷歧，既有坚守传统的、也有新变的和异端的；他们的思想如果未被统治阶级作为治道的理论则非统治思想。自西汉独尊儒术以来，儒家思想成为统治思想，但在北宋建立之后，由于社会政治经济的变化，新兴的理学适应了社会的需要，终于在南宋后期上升为统治思想，并为此后元明清三代所发展和加强。在此过程中理学思想是怎样成为统治思想的，它是怎样与传统儒家政治伦理学说合流的，统治阶级为什么要以理学思想作为治道的理论？兹就以上诸问题试作探讨。

一

南宋之初，统治集团总结北宋灭亡的历史教训时，清算了王安石变法派的政治路线，绍继元祐政治，曾被列入元祐党籍的程颐等洛党和苏轼等蜀党均得以平反昭雪。绍兴元年（1131）宋高宗下诏追赠程颐直龙图阁，制词曰："周衰圣人之道不得其传，世之学者其欲闻仁义道德之说，孰从而求之？亦孰从而听之？尔颐潜心大业，高明自得之学，可信不疑。而浮伪之徒，自知学问文采不足表见于世，乃窃借名以自售，外示恬默，中实奔竞，使天下之士闻其风而疾之，是重不幸焉。朕所以振耀褒显之者，以明上之所与，在此而不在彼也。"当时对理学代表人物程颐的褒显是出于政治的需要，对其学术思想并无真正的认识，仅见到他对传统儒学继承的意义。此后不久即遭到朝臣的反对，陈公辅请求禁黜程学。理学家们自称儒家圣人孔子之道自孟轲后不得其传，至周敦颐和程氏兄弟才发现圣人不传之秘，使儒家之道得以承传。陈公辅认为他们的言论与行为甚是狂怪，将使士习大坏。理学家胡安国上奏高宗，为程学辩护云："孔孟之道，不传久矣，自颐兄弟始发明之，然后知其可学而至。今使学者师孔孟，而禁不得从颐学，是入室而不由户。本朝自嘉祐以来，西都有邵雍，程颢及其弟颐，关中有张载，皆以道德名世，公卿大夫所钦慕而师尊之。"此辩护论理不足，亦无新意，故受到朝臣的批驳，胡安国因而落侍读之职。南宋中期濂洛之学由朱熹、张栻等的阐发而兴盛。

宋宁宗庆元二年（1196）以理学为伪学，并以为"比年以来，伪学猖獗，图为不轨，动摇上皇，诋诬圣德，几至大乱"，而被严禁。嘉定四年（1211）政局发生变化，李道传上疏申言理学的政治意义，以为："本朝河洛之间，大儒并出，于是孔孟之学复明于世，用虽未究，功则已多。近世儒者又得其说而推明之，择益精，语益详，凡学者修己接物，事君临民之道，本末精粗，殆无余蕴。诚使此学益行，则人才众多，朝廷正而天下治矣。"李道传特别突出朱熹对理学的贡献，他说："臣闻学莫急于致知，致知莫大于读书，书之当读者莫出于圣人之经，经之当先者莫要于《大学》《论语》《孟子》《中庸》之篇。故侍讲朱熹有《论语孟子集注》《大学中庸章句》《或问》，学者传之，所谓择之精而语之详者于是乎在。臣愿陛下诏有司取《四书》，颁之太学，使诸生以次诵习，俟其通贯浃洽，然后次第以及诸经，务求所以教育天下人才，为国家用。"当时伪学之禁开弛，但此议并未施行。嘉定九年（1216）魏了翁上疏乞求为理学创始者周敦颐、程颢、程颐请谥。他认为理学创造者于"继往圣，开来哲，发天理，正人心，其于一代之治乱，万世之明暗，所关系盖不浅"。魏了翁的乞谥意在为理学恢复名誉，尤其强调理学与国家治道的关系，终于在嘉定十三年（1220）宋宁宗诏赐周敦颐等三人谥。这表明理学的政治意义渐为宋代最高统治者所重视。

理学作为国家治道的理论基础，上升为统治思想的标志是南宋淳祐元年（1241）理宗皇帝发布的诏书：

　　　朕惟孔子之道，自孟轲后不得其传，自我朝周敦颐、张载、程颢、程颐，真见实践，深探圣域，千载绝学，始有指归。中兴以来，又得朱熹，精思明辨，表里浑融，使《大学》《论》《孟》《中庸》之书，本末洞彻，孔子之道，益以大明于世。朕每观五臣论著，启沃良多。今视学有日，其令学官列诸从祀，以示崇奖之意。

在发布诏书后，理宗追封理学创始者，作《道统十三赞》，确立尧、舜、禹、汤、文王、武王、周公、孔子、孟子、周敦颐、张载、程颢、程颐为儒家之道承传的系统。宋太祖十世孙赵昀因崇尚理学，史称其"以理学复古帝王之治"，谥为理宗。自此，理学成为中国封建社会后期的统治思想。

理学作为新儒学在于对儒家政治伦理学说的发展与补充，并以义理做了新的阐释。西汉元光元年（前 134）汉武帝接受了儒臣董仲舒的建议而独尊儒术，因汉儒认为帝王之尊乃上承天意以顺圣人之命，仁义礼乐为治国最适之道，奉行天道则治世永恒。这极符合统治者的政治需要。东汉建初四年（79）章帝主持白虎观会议，确定封建等级制度，强化三纲六纪，提倡礼教，论证等级制度的神圣性：这成为此后中国统治者的治道理论。理学在本质上是为统治阶级服务的，发展了儒家的政治伦理学说。周敦颐说："古者圣王制礼法，修教化，三纲正，九畴叙，百姓大和，万物咸著，乃作乐以宣八方之气，以平天下之情。"程颐说："盖仁，可以通上下言之，圣则其极也，人伦之至也。伦，理也。既造伦理之极，更不可以有加。"朱熹说："宇宙之内一理而已，天得之而为天，地得之而为地，而凡至于天地之间者，又各得之以为性。其张为三纲，其纪为五常，盖皆此理之流行无所适而不在。"他们皆将儒家的纲常伦理纳入理学思辨，以求合理的解释。理学家很重视修身，期望自我道德完善，并希望人人皆达于至善，则天下民风淳厚，实现社会教化。朱熹概括说："讲明正学，其道必本乎人伦，明乎物理。其教自小学，洒扫应对以往，修其孝悌忠信，周旋礼乐。其所以诱掖激励，渐历成就之道，皆有节序。其要在于择善修身，至于化成天下，自乡人而可至于圣人之道。"如果天下人人皆向善，国家便易治了：这正是统治阶级对于民众的要求。宋理宗为适应社会政治的需要而提倡理学，无疑是在汉武帝之后甚有政治远见的君主。

儒家之道的真谛确为理学家所发现。汉代学者以为儒家之道在《六经》，因《乐经》已佚，仅存《周易》《尚书》《仪礼》《诗经》《春秋》五经。孔子曾以它们为教材，但并非他删述者，所以儒家之道在孟子后无传。理学创始人之一程颐从《礼记》中发现《大学》和《中庸》两篇，认定《大学》乃儒家为学之次第，《中庸》乃孔门传道之心法，俱为孔氏之遗书，而《论语》和《孟子》是儒家圣人之语录。这样，真正的儒家之道便存在此四种书里。朱熹弘扬濂洛之学，以四十余年之精力完成《四书章句集注》，集理学之大成。朱熹的《四书章句集注》的学术影响极大，他集理学诸家之说，阐释儒家之道，表明儒家政治理想，指出了完善个人道德的成圣之路，使孔子之道得以大行于世。理学家们发挥了原始儒家的精义，恢复了儒家真正的面目，重建了自孔子、孟子、周敦颐、张载、程颢、程颐、朱熹的纯正的儒家道统。

理宗皇帝不仅在诏书里承认新的儒家道统，肯定《四书章句集注》对儒家义理的阐发，他在国家文教政策中坚持贯彻理学思想。宝祐四年（1256）丙辰科的御试策问即提出理学与国家治道的问题：

盖闻道之大，原出于天，超乎无极太极之妙，而实不离乎日用物事之常，根乎阴阳五行之颐，而实不外乎仁义礼智刚柔善恶之际。天以澄著，地以靖谧，人极以昭明，何莫由斯道也。圣圣相传，同此一道。由修身而治人，由致知而齐家治国平天下，本之精神心术，达之礼乐行政。其体甚微，其用则广，历千万世而不可易。然功化有浅深，证效有迟速者何与？

文天祥作了万字的对策，有云：

臣请溯其本原而言之。茫茫堪舆，块圠无垠，浑浑元气，变化无端，人心仁义礼智之性未赋也，人心刚柔善恶之气未禀也。当昆时，未有人心，先有五行；未有五行，先有阴阳；未有阴阳，先有无极太极。未有无极太极，则太虚无形，冲漠无朕，而先有此道。未有物之发，而道具焉，道之体也。既有物之后，而道行焉，道之用也。其体则微，其用甚广……天以澄著，地以靖谧，则山川草本顺其常。人极以昭明，则君臣父子安其伦。流行今古，纲纪造化，何莫由斯道也。

理宗很欣赏此策，赐文天祥状元及第。我们从问策与对策，可见皆阐释了周敦颐在《太极图说》中表述的道之本原，以及理学家将自然之道与政治伦理配合的理论。今幸存之福建建阳书肆所利《论学绳尺》十卷，为南宋后期魏天应编的科举考试论文。

其试题出自《五经》、《史记》、《汉书》及荀子、扬雄等著，但已有较多的《四书》题，而考生在文中以发挥《四书集注》之说为主，如陈子直论《夫子与点如何》有云：

> 知圣人所与之意，则知贤者所得之在。贤者之乐何乐也？固非以得时行道之为乐也，亦非以眇然绝俗，离世自乐其乐之为乐也。是高一世而乐与人同，道超万物而动与时偕，其清足以洁，其大足以容，物我之两忘，而形体之顺适。此则贤者之至乐，而圣人之所深与也。方孔门三子言志之时，而曾点独拳拳于浴沂风雩之趣，夫子与之。

高本潜论《仁义礼智之端如何》有云：

> 故愚尝因孟氏之言，穷以为天下之言性者，不可溺于高远，吾之所谓仁义礼智者，皆实理也。天下之言情者，不可拘于凡近，吾之所谓的四端者，皆是理也。成之者性，而情动焉，感而生情，而性寓焉，则所谓心学者，其端乎此可推矣。不然则反以礼为伪，以智为术，仁义为定名，未必皆不知道言之也。噫：安得孟氏子与之言道哉？

林雷震论《夫子之道忠恕》有云：

> 所谓忠恕者，天地之至诚无息，而万物各得其所也。至诚无息者，道之体也，万殊所以一本也。万物各得其所者，道之用也，一本所以万殊也。学者虽不可与语此，然忠恕之

道，则通上下而言之，始焉尽已，而终则无可尽向也。推己而言，则不待推，学至于此，是则为圣人之忠恕，而一贯之理尽在是矣。

这些论文皆从理学的观点揣测儒家圣人立论之意，从而阐发理学家所理解的儒家之道。它们每篇约五百字，而且遵循一定的行文规范；每题先标出处，次举立论大意，终以评语。这表明南宋后期科举论文的程序渐严，形成定格。论文之结构已具破题、接题、小讲、大讲、入题、原题，成为后来八股文之滥觞。

宋人罗大经谈到淳祐以来的学术风尚说："盖至于今，士非尧、舜、文王、周、孔不谈，非《语》《孟》《中庸》《大学》不观，言必称周、程、张、朱，学必曰致知格物；此自三代而后所未有也，可谓盛矣。"这反映了理学不仅是一种社会文化思潮，它已因统治者的提倡并以文教政策的方式贯彻。宝庆三年（1227）宋理宗追封朱熹为信国公时发布的诏书有云："朕观朱熹集注《大学》《论语》《孟子》《中庸》，发挥智贤蕴奥，有补治道。"这"有补治道"正是理宗提倡理学思想的根本原因。他以行政和文教的方式推行理学，目的在"复古帝王之治"，这不仅是尊重理学，而是使之成为统治思想。度宗皇帝于咸淳六年（1270）发布诏书："《太极图说》《西铭》《论语序》《春秋传序》，天下士子，宜肆其文。"这是继理宗强调《四书》的意义之后，以政教的方式令士子必读四种重要的理学论著。理学已成为国家的治道理论基础而上升为统治思想了。

二

　　当某种学说成为统治思想之后，必然有许多追求功名利禄等
辈以附会为进取之具；理学的命运也是如此。宋末周密记述当时
社会上趋附理学的情形："复有一等伪学之士竞趋之，稍有不及，
其党必挤之为小人，虽时君亦不得为辨之；其气焰可畏如此。然
所行所言，略不相顾，往往皆不近人情之事，驯至淳祐、咸淳，
则此弊极矣。是时为朝士者，必议论愦愦，头脑冬烘，敝衣菲食，
出则破竹轿，舁之以村夫，高巾破屦。人望之知为道学君子，名
达清要，旦夕可致也。然其家囊金匮帛，为市人不为之事。贾师
宪（似道）独持相柄，唯恐有夺其权者，则专用此等之士，列之
要路，名为尊崇道学，其实幸其愦愦不才，不致掣其肘，以是驯
至万事不理，丧身亡国。"南宋的灭亡，人们归罪于权奸贾似道的
误国，亦归罪他任用理学之士。这是极肤浅的看法。其实在宋末
也出现了富于儒家气节和理学思想的爱国志士，如江万里、刘辰
翁、谢枋得、文天祥等人。南宋的灭亡主要是由于社会政治经济
等内部和北方游牧民族兴起的外部条件，并非理学思想所致。理
学作为中国封建社会后期的统治思想是有其合理性的，所以元蒙
新王朝以及明代和清代的统治者仍选择理学作为统治思想。

　　在历史上任何统治阶级所面临的社会现实是权力角逐，经济
利益，天灾人祸，军事战争，民众生活，刑罚奖赏，阴谋叛乱等
等严重的事务，加以时时警惕的政变，可谓危机四伏，稍有不慎
便可能威胁到政权的存在。统治集团必须认真应付社会现实的诸
多严重的问题，但同时又必须在意识形态方面加强统治，为民众

指出一种美好的社会理想，尤其须有可以为社会认同的伦理道德规范，通过行政手段施行，以维持社会正常的生活秩序。在社会制度、生产力和生产关系未有重大变革时，宋以后的封建王朝只能继续以理学为统治思想，此外尚无其他任何一种学说可以代替。

中国北方的蒙古族于 13 世纪之初兴起，准备进取中原。太宗窝阔台于宋端平三年（1236）接受了儒者赵复的建议，在燕京建立太极书院。蒙古行中书省军前杨惟中因用军于蜀湘京汉，得到儒者赵复等及理学典籍，送至燕京。《元史》卷一八九《儒学》一《赵复传》记载："自复至燕，学子从者百余人……惟中闻复论议，始嗜其学，乃与（姚）枢谋建太极书院，立周子祠，以二程（程颢、程颐）、张（载）、杨（简）、游（酢）、朱（熹）六君配食，选取遗书八千卷，请复讲授其中……（姚）枢既退隐苏门，乃即复传其学，由是许衡、郝经、刘因，皆得其书（《传道图》《伊洛发挥》《师友图》《希贤录》）而尊信之。北方知有程朱之学自复始。"可见在宋灭亡之前四十三年，理学经赵复传至北方，已为蒙古统治集团所接受。1280 年蒙古灭宋后，不可能以蒙古族的方式治理中国，必须采用中国文明的制度与先进的意识形态。因元朝的社会等级是由蒙古人、色目人、汉人和南人（被征服的南方汉人）构成的，在此背景下，儒者的社会地位比起唐宋时代是大大降低了，特别是南人的社会地位。然而元朝在文化政策上虽然要兼顾各民族的文化习惯，但只有采用儒学——理学的政治伦理思想作为治道的理论，才可能建立稳固的社会秩序。元仁宗延祐二年（1315）恢复了科举考试制度，次年发布追封理学创始者周敦颐的制词：

盖闻孟轲既没，道失其传，孔子微言，人自为说。谅斯文其未丧，有真儒之间在，濂溪周敦颐，禀气之至精，绍绝学于独得，图《太极》而妙于万化，著《通书》而同为一诚，传圣教灿然，复明其体，功当其不泯。朕守成继体，贵德尊贤，追念前修，久稽彝典，已从朝建之祀，盍殊乡国之封。于戏！霁月光风，想清规之如在；玄衮赤舄，冀宠命之斯承。

这表明朝廷大力提倡理学之意。仁宗皇帝还表示自己对中国帝王治统的继承和对贵德尊贤的崇尚。顺帝元统二年（1334）的御试策问更明确地表示对中国三代以来帝王传统的继承：

制曰：古人有言，得天下为难，保天下为尤难。自古持盈守成之君，莫盛于三代。夏称启能承继禹之道，殷称贤圣之君六七作，周称成康能致刑措。夫以禹之力的惟启，以文武之德而惟成康。贤贤之君之众莫若殷，亦不过六七而已。其后惟汉之文景，而言文景之治，犹不得比之三代。善继承者，何若斯之难也。我祖宗积德累世，至于太祖皇帝，肇启土宇，建帝号，又七十余年，世祖皇帝始一天下。以致至元之治，厥惟艰哉！

元王朝只有以继承中国帝王传统为号召才能取得其统治的合法性，也才能为广大汉族民众所承认。然而即使到元代末年，蒙古贵族中仍有人反对接受儒家的礼制。至正三年（1343）中书左丞乌克逊良桢上书顺帝：

纲常皆出于天而不可变。议法之吏乃言国人（蒙古）不拘此例，诸国人（色目人）各从本俗。定汉、南人守纲常，国人诸国人不必守纲常也。名曰优之，实则陷之：外若尊之，内实侮之。推其本心，所以持国人者，不若汉、南人之厚也。请下礼官有司及右科进士在朝者会议：自天子至于庶人皆从礼制，以成列圣未遑之典，明万世不易之道。

元代蒙古人和色目人是否一律遵循儒家之礼制，这长期以来未列入法典。乌克逊良桢力主礼制应为所有各族遵守并列入法典，这一建议得到了顺帝的同意。从上可见儒学一理学在元王朝亦为统治思想，但蒙古贵族和色目人也有持不同意见的，统治者却不得不坚持并力图在政治中使之加强。

明王朝重建汉民族国家，继宋元之后更加重视以理学思想为治道的理论基础，理学作为统治思想得以牢固地确立。太祖朱元璋平定江南时，于婺州召见理学家范祖干，问治道何先？范祖干持《大学》以进，并言："帝王之道，自修身齐家，以至治国平天下，必上下四旁，均齐方正，使万物各得其所，然后可以言治。"朱元璋感叹说："圣人之道所以为万世法。吾自起兵以来，号令赏罚，一有不平，何以服众。夫武定祸乱，文致太平，悉是道也。"洪武元年（1368）太祖朱元璋下诏："天下甫定，朕愿与诸儒讲明治道，有能辅朕济民者，有司和遣。"次年他大力提倡兴建学校，认为："治国以教化为先，教化以学校为本。京都虽有太学，而天下学校末兴。宜令郡县皆立学校，延师儒，授生徒，讲论圣道，使人日渐同化，以复先王之旧。"洪武十四年（1381）朝廷正式颁布《五经》《四书》于北方学校。在朱元璋看来，欲复中国古代先王之治，必须讲求治道，而理学思想是有补于治道的。明成祖在永乐间（1403—1424）命儒臣胡广等纂集宋代理学家的重要著述为《性理大全》七十卷，继又命胡广和杨荣等编纂《四书大全》四十卷。《四库全书》经部《四书大全》提要云："《四书》自朱子章句集注以后，真德秀始采《朱子语录》附于《大学章句》以下为集编。祝洙复仿而足之，为《四书》附录其后。蔡模之《集疏》，赵顺孙之《纂疏》，吴贞子之《集成》，皆荟萃众说，以相阐发，而不免稍涉淫滥。唯陈栎《四书发明》，胡炳文《四书通》较为简当。栎门人倪士毅，又合二书为一，颇加删正，名为《四书辑释》。至明成祖永乐中，诏儒臣胡广、杨荣等，编集诸家传注之说，尝为一编，赐名《四书大全》，御制序文，颁天下学校。于是明代士子制义以应科目者，无不诵习《大全》，而诸家之说尽废。"因《性理大全》和《四书大全》颁布天下，作为士子学习和科举考试的经典，这标志理学是统治思想已取得权威的地位。理学家认为真正的儒家之道是他们在孔氏遗书《中庸》里发现的。正统十年（1445）英宗皇帝的殿试策问，要求回答：

　　道原于天地而贯于古今，人之所共由，而不可须臾离者。见之于《易》，已有天、地、人之道。子思谓诚者天之道，诚之者人之道，而不及地之道，何与？先儒于《中庸》自二十一章以下，分天道、人道，而言其旨，可得详与？夫子与颜渊问仁，告以克己复礼；仲弓问仁，告以主敬行恕。先儒释以乾道、坤道，而不及人之道，又何与？尧、舜、夫子皆圣人，道固同也，而孟子曰尧、舜之道，孝悌而已矣，曾子曰夫子之道忠恕而已矣，何其道之不同与？夫子又谓孝悌为土之次，《中庸》谓忠恕违道不远，何与？

这要求辨析儒家关于道的各种解说，以求对儒家之道的义理的发挥。此对策已佚，我们无从得知答案，然从问策可见帝王对儒家之道的重视，并希望士子在理学的义理上统一认识。孝宗皇帝于弘治十五年（1502）制的《明会典序》里，阐明帝王之治是遵循理学之"天理"说的。他说：

> 朕惟自古帝王君临天下，必有一代之典，以成四海之治：虽其间损益沿革，未免或异，要之不越乎一天理所寓也。纯乎天理，则垂诸万世而无弊；杂以人为，虽施之一时而有违；盖有所不可易焉者。唐虞之时，尧舜至圣，始因事制法，凡仪文数度之间，天理之当然，无乎不在。故积之而溥厚，发之而高明，巍然焕然，不可尚已。三王之圣，禹、汤、文、武，视尧舜不能无间，而典制寝备，纯乎是理，则同是以雍熙泰和之盛，同归于治，非后世所能及也。……由朝廷以及天下，诸凡举措，无巨细精粗，咸当于理而得其宜。积之既深，持之既久，则我国家溥厚高明之业，雍熙泰和之治，可并唐虞，轶三代，而垂之无穷，必将有赖于是焉。

"兴天理，灭人欲"是理学的重要命题，明代帝王以为古代帝王之治是符合天理的，明王朝之治承继先王亦符合天理，故得以臻于治世，绵延永久。明代历朝之君对理学的提倡，促进了理学在元代之后的重大发展。

清朝是中国最后一个封建王朝，也是在元朝之后以游牧民族入主中原的王朝。它鉴于元王朝国祚不久的教训，吸取了明朝的治道经验，因而虽理学末流之弊在明代后期甚为显著，清初学术克服空虚疏漏之失而转向实学，兴起经世之学与考据之学，但清代统治者仍坚持理学为统治思想，而且愈益强化。圣祖皇帝是清代最有学识和最为英明的君主，清王朝政权是在康熙时期稳固下来的，以理学为治道的国策亦是由他制定的。他主张施行"为政以德"的儒家德治，于康熙九年（1670）上谕礼部：

> 朕今欲法古帝王尚德缓刑，化民成俗，举凡敦孝悌以重人伦，笃宗族以昭雍睦，和乡党以息争欲，重农桑以足衣食，尚节俭以惜财用，隆学校以端士习，黜异端以崇正学，讲法律以儆愚顽，明礼让以厚风俗，务本业以定民志，训子弟以禁非为，息诬告以全良善，诚离逃以免株连，完钱粮以省催科，联保甲以弥盗贼，解仇忿以重身命。以上诸条，着通行晓谕八旗并直隶各省、州、府、县、乡、村人等，切实遵行。

圣祖皇帝学识广博，于理学尤有很深的造诣，大力提倡理学思想以施行德治。康熙十二年（1673）他特命儒臣订正明代纂集的《性理大全》，以为它"明性命仁义之旨，探主敬存诚之要，微而律数之精义，显而道纯之源流，以至君德、圣学、政教、纲纪，靡不大小兼该，表里咸贯，洵道学之渊薮，致治之准绳也"。他要求天下臣民，认真学习此书，因其为致治之准绳，以之为治道的理论，则可复兴三代之治世。圣祖皇帝于晚年又命儒臣李光地等，选择行世之理学诸书，取其要义，编为《理学精义》以颁示天下。

康熙五十六年（1717）御制《性理精义序》云：

> 朕自冲龄，至今六十年来，未尝少辍经书。唐虞三代以
> 来，圣贤相授受，言性而已。宋儒始有性理之名，使人知尽
> 性之学，不外循理也。故敦好典籍，于理道之言，尤所加意。
> 临莅日久，玩味愈深，体之身心，验之政事，而确然知其不
> 可易。

他以多年的执政经验和切身的体会，深感理学之于修身，治
人，治国的重要意义，不仅是统治思想，应是普遍的真理。世宗
曾于雍正八年（1730）御记圣祖的庭训格言，如圣主认为："自汉
以来，儒者世出，将圣人经书，多般讲解，愈解而愈难解矣。至
宋时，朱熹集注《四书》《五经》，发出一定不易之理，故便于后
人。朱子辈有功于圣人经书者，可谓大矣。"他又说："朕惟训汝
等，熟悉《五经》《四书》性理，诚以其中，凡存心养性，立命之
道，无所不具故也。"圣祖与其他宋以来诸帝王此较，他不仅以理
学为治道，而更将理学作为个人修身齐家治国平天下的政治信念，
对它有深刻的认识，并以之训诫子孙。

清高宗对理学亦有深入的理解，他在国子监讲《大学》第三
章"为人君止于仁，为人臣止于敬，为人子止于孝，为人父止于
慈，与国人交止于信"之义云："是故为人君者，匪为博施济众以
为仁，即瘅恶弼教之义，亦必当本于仁而出之，所谓止也。人臣
之敬，讵其夙夜匪懈，恪恭承旨之谓，即绳衍纠谬，陈善闭邪，
亦必当本于敬而出之，所谓止也。生事死葬，祭之以礼，人子之
止于此者，盖终身之事，非谓无父母即无子之止于善也，若夫父

子日严，似殊无母之慈，而不知父之严，正所以行其慈也。至于兄友弟恭，夫唱妇随，皆与人交之义，而朋友之信，因该其中矣。余故云：此虽言文王之止于至善，而实训万古五伦之要道也。"他对儒家伦理学说阐发得很精微，因它是维系封建社会秩序的原则，如果五伦关系稳固，人们在关系序列中定位，则社会便易治理了。高宗在读书时写下大量札记，其中读理学典籍的心得最多，如对《中庸》首章关于儒家之道云："天命之谓性，性之与理，本非有二。盖天以于穆不已，理化生万物，而人皆得此理以为生，即具此理以为性。故体之于人，即可以识天命之不二，而验之于天，又可以察人生之无奈。无极、太极、阴阳，此天之一理所流行也。性缘理而立，理从性而生，此人之本于理，以为知觉也。不禀于天，则性何自；不应乎事，则理何由见？故理为制事之宜，乃百圣不能易之至言也。夫岂别有所谓理而可以妄加之于人哉！通乎此，则一贯之道也，性善之旨也。然非至诚之人，不能达其说，盖诚为应事之本。忠君孝亲必极其诚，然后能合其宜、合其道者，道心也。"这以周敦颐《太极图说》的理论解释"天命之谓性"，阐发"性"与"理"的关系，以天理作为最高的政治伦理范畴，以此为统治思想的逻辑的起点。

清代自圣祖在经筵和国子监讲学，此后形成传统。宣宗皇帝于道光三年（1823）在国子监讲《大学》"欲修其身者、先正其心，欲正其心者，先诚其意"之义理云："圣人垂训后世，齐家、治国、平天下胥本于一身。身也者，显物重袷，表率之则也。有明德新民者，岂可忽哉！……人君以一身，上承尧、舜、禹、汤之绪，下慰亿兆蒸黎之望，万机至赜，一心应之，无偏无倚，始足以昭感化。然志壹则动气，气壹则动志，此皆意未能诚耳。……正朝廷以正百官，正百官以正万民，未尝不以修身示天下，而吾身之修，即莫不共揭于天下。"文宗皇帝咸丰三年（1853）在国子监"讲《中庸》'中和'一节，《尚书》'皇天无亲'四句。自王公大臣，以及有司百执事，自先圣先贤之裔，以及太学诸生，环集桥门璧水间以万计"。我们可见中国最后一个王朝的诸帝在以理学为治道方面，认真学习，大力推行，以期加强思想的统治，求得国祚之长存。

三

儒家政治伦理学说之创立，即是为统治阶级服务的，它经汉儒的讨论而形成理论系统，又经宋代新儒学家们的思辨而日臻精密。这无疑是古代最完备的政治学说。南宋以来的统治者选择它为统治思想，以有裨于治道。统治者要想使它成为社会普遍的价值观念，则必须依靠知识阶层的精英——士大夫。因为他们所具的文化知识足以理解理学的义理，在立言和著述中阐释，以便在社会上广泛地传播，从而使民众受到教化。自唐代实行科举考试制度，从士子中选拔人才，士子入仕后成为统治阶级成员。由此知识阶层的精英分子大量加入统治阶级，有利于优化国家管理的能力，并通过他们推行和加强统治思想。自南宋后期以来的科举考试开始以统治思想为标准选拔人才，此后在元、明、清朝代使此成为规范，并进一步程序化，以使统治思想不断地世代贯彻，保证统治阶级的成员树立牢固的统治思想。

元王朝在建国初年为培养人才，于京都国子监规定学生学习儒家经典《孝经》《小学》《论语》《孟子》《大学》《中庸》，继而学习《诗经》《尚书》《礼记》《周礼》《春秋》《周易》。这是贯彻统治思想的一种方式，但仅在少数贵族子弟之间贯彻，其规模与影响俱甚微。朝廷也试图恢复科举考试，可能受到蒙古贵族的反对而未能施行，直到建国三十余年之后的皇庆二年（1313）仁宗皇帝始决定开科取士，每三岁一次，诏书云：

> 惟我圣主以神武定天下，世祖皇帝设官分职，征用儒雅，崇学校为育才之地，议科举为取士之方，规模宏远矣。朕以眇躬，获承丕祚，继志述事，祖训是式。考稽三代以来，取士各有科目，试艺则以经术为先，词章次之。浮华过实，朕所不取。

经过准备，于延祐二年（1315）廷试取士。考试程序：汉人及南人第一场经问二题，于《大学》《论语》《孟子》《中庸》内出题，用朱熹集注，复以己意结之，限三百字以上；第二场经义一道，各治一经，《诗经》以朱熹注为主，《尚书》以蔡沈注为主，《周易》以程颐和朱熹注为主，《春秋》许用三传，《周礼》用古注疏，限五百字以上，不拘格律；第三场策论一道，于经史时务内出题，限一千字以上。考试以首场《四书》题最重要；这是发展南宋后期考试侧重理学思想而成为定制。元代自延祐开科以来，共举行七次考试，每次所取进士均在百人以下，故所取之士较唐宋为少，而且士子虽经此途入仕，亦不能如唐宋进士可以担任国家要职。虽然如此，毕竟给士子开通了一条仕路，在社会上发生了很大影响，以致州县书院和私塾，也以培养子弟学习举业。程端礼说："今制取士，以德行为首，经术为先，词章次之，盖因之也。况今明经，一元朱子之说，使理学与举业毕贯于一，以便志道之士自唐宋科目所未有也。诚千载学者之大幸，尚不自知，而忍弃之耶?"尽管元代取士很少，仍给士子以希望，又因这样的考试重《四书》文而使士子的学业与举业相结合了，有利于传播统治思想。士人景星自述学习举业的经过："星幼承父命，嗣儒业，而苦无常师。年十六始得出就伯父黄先生（元言）。先生曰:'汝欲为学，必先熟读《四书》以为之本，而后他经可读矣。'星于是画诵夜思，不敢少惰，居四年得初通大义。后欲明经习举之业，先生又引星进郡庠，俾受《春秋经》于勾秉杨先生。一时师友切偲问辩，资益为多。复得诸羽羽翼书，为之启发，然后益知《四书》奥义，不可不穷矣。"景星勤奋学习举业，但未考中进士。他用了十年的时间将学习心得编撰为《四书集说启蒙》，于私塾中教授子孙们，让子孙继续走向科举之路。《四书》文历来不为学界重视，散佚甚多，元代的今已无存。我们仅从元统二年（1334）殿试对策中可见到关于理学思想的论述。关于儒家之道与治道的问题，余阙回答说："陛下有颜渊明睿之资，可以致修身之功，有尧舜君师之位，可以推先王之泽，不宜狃于近功，安于卑下，而不以圣贤自期也。臣愿陛下万机之暇，取孔孟之言而深究之，体之于身，揆之于事，求其何者为欲，何者为理，知为理而必复之，明察其几，勇以断其决，日日而克之，事事而复之，则自心正身修，而仁不可胜用矣。"这发挥《大学》首章"自天子以至庶人，壹是皆以修身为本"之义，希望皇帝学习孔孟之道，克制私欲以复天理，修己以治人。罗谦在对策中则云："故臣以为日用常行之谓道，而数圣人皆斯道之主，行道有得谓之德，而数圣人皆至德之极。虚灵不昧谓之心，而数圣人皆以精一为宅心之本，文岂有其异乎？至于霸者则不然。圣人之道本于己，霸者则不修身而治人。圣人之德形于内，霸者则舍内而治外。圣人之心纯乎天理，而霸者之心则杂乎人欲，假仁义而已矣，恃土地军兵之大而已矣。"这以君主对待天理与人欲的态度而区分王道与霸道，奉劝皇帝修身。我们从这两份对策可见理学作为治道已是考试的重要内容，亦可说明统治者通过文教政策以宣扬统治思想是确有成效的。

明王朝建国之初，关于科举考试制度由太祖朱元璋与儒臣刘基制定，"专取四子书（《四书》）及《易》《诗》《书》《春秋》《礼记》五经命题试士"。考试之文通称"制义"，它略仿宋代经义文，以圣人语气为之，形成"八股"格式。考试程序大体依照元代的规定，但强调士子必须用永乐间朝廷颁布的《四书五经大全》所集理学之义理。在南宋人编的《论学绳尺》中所录经义文已出现定格的倾向，经元代的沿袭，至明代终于形成"八股文"的体式。"八股文"因题目取自《四书》，又称"四书文"，其文之发端为破题，承题，后为起讲，起讲分起股、中股、后股、末股，以发议论，每个段落都有两股相比偶之文字，合为八股。明代的八股文保存较多，兹录两篇：

孔子登东山而小鲁　　　　　　　　　　　　钱福

大贤于圣道之大，必先拟之，而后直言之也。夫道莫大于圣门也，游之斯知之矣。大圣拟之，而后直言之，有以哉？其意曰：孔子以天纵之资，承群圣之统。道莫有大焉者也。欲观圣人之道，胡不即登山者以观乎？蹑东山之巅，即鲁地之七百一览无余；履泰山之岩，则禹服之五千极目可及。何也？所处益高，而视下益小耳。夫登高既不足于下，视大必不足于小。欲观圣人之道，胡不即观海者以观乎？鼓楫于北溟，则河济孟津险，视若衣带；扬帆于东渤，则洞庭彭蠡之浩，渺若蹄涔。何也？所见既大，则小者不足观耳。圣人之门，妙道精义钟焉，犹地之有东山泰山也，犹水之有沧海也。游圣人之门，见圣人之道，然后知其可放可卷，而天下莫不能载；可行可藏，而天下莫不能容。百家之说，坐见其偏；诸子之论，顿觉其弊。其与登山观海者，何以异哉！

关雎乐而不淫　　　　　　　　　　　　　　陈际泰

圣人论诗，而极赞乎风之始焉。夫诗之可以托始《关雎》者，岂苟而已哉？哀乐之际，已纯乎诗之全矣。且后人之行，不侔乎天地，则无以配神灵之统，而理万物之宜如此者，盖以鲜矣。至用情而不过乎则，抑又难也。吾尝一论乎《关雎》，《关雎》殆风之正，而情之准也。何者？《关雎》止乎得配，鲜不眇焉，而诗人重言之，以致其哀乐之意，执贽为见小君之始，鲜不媚焉；而诗人重言之，以赴乎哀乐之节，温厚和平，诗人之则，顾自邶鄘而降，有递而变之者矣。《关雎》盖其发始者焉，风有初有中有晚，今令人读之，其哀乐犹然，隆古之际独此耳，国之气运为之也，邪正是非，风人可感，彼自江汉而遥，已有被而化之者矣；《关雎》尤其亲炙者焉，风自家自国自天下，今令人思之，其哀乐依然，圣贤之徒独此耳，国之德教为之也，计深思远，以

暂御而存卿大夫之虑，发乎情，止乎礼义，以小人女子
而有士君之行。嗟乎：至德之世，人皆知乎学问，而务
返于性情。生民之始，王道之原，皆在《关雎》。诗之
所托始于兹者，抑岂苟而已哉！

以上两文颇为典型，一题出自《孟子》，一题出自《论语》，
它们本无多大义理可以阐发，士子仅就诸家注释勉强敷衍成文。
士子虽认真探究理学精义，如果制义不合格，则不会录取。翟台
为嘉靖乙未进士，他认为科举考试的内容颇为全面，可以考见士
子之学养，因此志于举业，应尽到个人的努力，但考试是否成功，
则是个人命运。他说："夫人审于义利之辨，而消融其功利之念，
则心体清明，义理自著。以此读书，可以究圣贤之精也；以之作
文，可以发圣贤之蕴也。若是则举业自性中流出，未有不工者
矣。"明代以八股文取士，使士子受到知识、思想、文体的种种限
制，制义等同于文字游戏，其弊已明显呈现。曹于汴指责八股文
取士之流弊，以为国家集中优秀士子于学校，使他们探究理学的
奥义，穷理修身，以期用于世。其制义之文若能体现所学，由科
举而入仕，则国家人才众多，真能取得治国平天下的效用。然而，
八股文取士的结果，弄得所学与所为之文皆不必合于儒家义理，
出现大量抄袭装饰之文以博取功名。这种文章无一字可以济世。
他希望举业应以理学为根本："举业而不本之理学，虽极工巧，识
者多窥其微。庸人之腹，终不能仿圣人之口。亦未有理学彻而文
不精者，孔、孟、周、程之文不在兹乎？固可睹矣。"八股文的流
行，使理学在举业中异化了，不可能如曹于汴的期望。然而明代
统治者却真正实现了以理学为统治思想而起到禁锢士子思想的

作用。

清代科举承明代之制，仍以首场考试为重。首场《四书》三题，《五经》各四题，士子各占一经。《四书》以朱熹集注为主；《周易》以程颐传为主，兼朱熹本义；《尚书》以蔡沈传为主；《诗经》以朱熹集传为主；《春秋》以左传本事为文，参考公羊、谷梁之说。康熙二十九年（1690）之后兼用《性理大全》《太极图说》《通书》《西铭》《正蒙》等理学著作。康熙五十七年（1718）论题专用《性理大全》。其余两场仍依明代之制。从首场的试题范围，可见对理学思想的加强。高宗皇帝于乾隆元年（1736）上谕：

> 国家以经义取士，将使士子沉潜于《四子》《五经》之书，阐明义理，发其精蕴，因以觇学力之浅深，与器识之淳薄，而风会所趋，即有关于气运。诚以人心士习之端倪呈露者，甚微而征，应者甚巨也。顾时文之风尚屡变不一，苟非明示准的，使海内学者，于从违去取之介，晓然知所别择，而不惑于歧趋，则大比之期，主司何所操为绳尺，士子何所为矩矱？

高宗深感《四书》文于文体及内容应进一步规范，便于士子应试，亦便于考官阅卷有一定标准，特命儒臣将明代及本朝诸大家之制义，精选数百篇为《钦定四书文》以颁示天下，作为范本。乾隆四十四年（1779）谕内阁关于制义："务宜沉潜精义，体认先儒传说，阐发圣贤精蕴。务去陈言，辞达理举，以蕲合于古人立言之道，慎勿掉以轻心。"清代《四书》文，不仅很规范，而确实出现许多优秀的文章，兹谨录两篇：

心正而后身修　二句《大学》　　　　　　　　　　　　　方舟

　　由心而至家，而明新之事合矣。盖身以内之事，至
心而止；身以外之事，自家而起，而皆统于身，故身修
而明新之事合也。且明德之事归于身，而古大人不遽求
之身，而多方以事其心；新民之事起于家，而古大人不
遽求之家，而多方以事其心与身修。何也？凡以身之修
有定，其事于心正之中者，亦有益其事于心正之外者，
而皆于心正之后得之定；其事于心正之中者，则洁而合
之者也。盖其事于心正之外者，则因而饰之者是也。吾
身之物之足累吾身者，吾心中实无以与之将迎之倪，而
官骸气质之缘，绝于外而不入附；吾身之物之足为功于
吾身者，吾心中实见其有当然之则，而视听言动之习，
安于内而不驰。苟未至于心之正，则见为之所宜绝，而
心仍不绝者，虽力拒于形迹之间，而有挥之而不去者
矣；见为心之所宜安，而心仍有不安者，盖其事于身修
之外者，而皆于身修之后得之矣。其事于身修之中者亦
存，盖其事于身修之外者，而皆于身修之后得之定；其
事于身修之中者，则动之以诚者是也，盖其事于身修之
外者，则明之以公者是也。道立而家人之志肃焉，求吾
身而无可疵，则相反者有以形其丑，而燕私偷惰之气，
不作而自除；义和而家人之分谊平焉，对吾身而无所
觖，则生争者不自安于心，而怨思谿勃之风，不言而自
靖。苟未至于身之修，则吾求其肃，而彼先未尝见吾之
肃，作成以震之，而有狎用而不行者矣；吾欲其平，而

彼先不能信吾之平，遇事而调之，而将参差而自出者矣。修身而后家齐新民者，不可不务自也。

王者之迹熄　一章《孟子》　　　　　　　　李光地

作诗以寓王法，圣人之得统者然也。盖王者治天下之法存于诗，故迹熄而诗亡矣。孔子取其义，而以《春秋》继之，此可见其得统于文、武、周公，而文在兹乎？孟子意谓帝王之道，莫备于仲尼；删述之功，莫盛于《春秋》。何则？王迹之未熄也，诸侯述职于王，则有燕飨歌诗，而劝诫之义著：王者巡狩列国，则有陈诗贡俗，而黜陟之义行。及其后也，其主大号，虽好而迹熄矣，变风变雅虽兴，而诗亡之矣。孔子生于周末，伤王道之久废，故作《春秋》而始东迁，其殆继诗而存王者之迹者乎！何则？《春秋》，孔子因鲁史旧文而修者也。列国之史，晋有乘焉，取其备国家之记载：楚有梼杌焉，取其诛奸谀于既死：鲁有春秋，则文因天道以记人事焉。三者之书一也，所有则齐晋代兴，会盟娄伐之事而矣，非有王者之迹也；所垂则列国史官，掌记时事之文而矣，非昔诗之为经也。然则《春秋》之作，何所取乎？孔子尝曰：其义则丘窃取之矣。盖王者于诸侯有劝诫焉，义之所立也，《彤弓》《湛露》不可作矣，孔子则借王者之法，以示劝诫，此其大义之炳如日星者乎：王者于诸侯，既有黜陟焉，义之所在也，太师风谣，不可问矣，孔子则假南面之教，以明黜陟，此其分义之严于斧钺者乎？定桓、文之功罪，则事虽霸，而实王秉圣心之笔削，则文虽史，而实经矣。迹熄而未熄，诗亡而不亡，以一时之义，而惟万世列圣之道，不有孔子，人之异于禽兽者，诚几希哉！

在《四书》文中有的题目实无义理可发挥，例如"子在川上曰"（《论语》）、"棠棣之华"（《论语》）、"行夏之时"（《论语》）、"诗曰妻子好合"（《中庸》）、"陈其宗器"（《中庸》）、"天子适诸侯曰巡狩"（《孟子》）、"诗云雨我公田"（《孟子》）、"彻者彻也"（《孟子》）、"乡以下"（《孟子》）、"陈代曰不是诸侯"（《孟子》）。士子如遇上这类冷僻的怪题，仍得按八股文的格式成文，所以高宗皇帝虽发现许多应试时文毫无意义，要求认真发挥儒家义理，然而在此制度下，其弊是不可避免的。晚清时期，维新思潮已经兴起，西学东渐，封建王朝已岌岌可危，而统治者仍坚持维护统治思想。同治四年（1865）的殿试策问："唐臣韩愈，推原性道，拔起于贞元、元和之间，然其议论之未尽纯者何在？宋之大儒濂、洛、关、闽，专以发明心性之奥，至其得力之处，教人之术，能揭其大要欤？元儒首倡者何人，继起者何氏，其纯驳优劣，能详言之欤？明代理学录，孰为居首，其于诸子出处成就，又各不同，可一一悉数欤？"这要求回答理学史的系列问题。光绪三年（1877）的殿试策问："夫稽古好文，帝王切要之用也。历观往代，或会诸儒讲《五经》异同，或聚弘文馆书二十万卷讲论至夜分乃罢，或日进《太平御览》三卷，其勤若是。乃有谓以半部《论语》致太平者，有谓治道不出于《大学》一书者，果可为定论欤？三代以下，儒者以董仲舒为首正谊、明道二语，不涉功利，而《天人三策》后人犹有微词。王通著《中论》，学者拟之《论语》，后人斥以为僭妄。然则舍濂、洛、关、闽之学，皆不足为进德之阶欤?"这要求将汉代以来儒学与理学之政治伦理学说进行比较。从这两道策问来看，涉及的知识面较广，而于儒家的义理探讨也较深，如果对策予以展开发挥将是很好的论文，但从答卷来看，只要将问题的出处说清楚，略加敷衍，切近理学为治道即可了。纵观元、明、清三代统治阶级为贯彻统治思想，选拔符合政治需要的人才，采取八股文取士的方法束缚士子，使之就范于狭窄的僵化的程序；这真正有裨于治道。宋明理学家们皆认真探讨儒家义理，坚持修身进德，以期达于圣贤的至善的崇高的思想境界。然而统治者将理学作为治道，则仅是将它作为统治思想，通过文教政策使之在社会现实强化而已。

四

北宋王朝的建立结束了五代十国分裂割据的局面，加强了中央集权，在经济方面亦发生了变化，商业和手工业发展，市民阶层兴起，中国进入封建社会后期阶段。这时在学术界普遍出现对汉唐儒学传统的怀疑，进而发展为对儒家《五经》的怀疑；显然传统的儒家政治伦理学说已不适应社会发展的需要。新儒学者们从儒家圣人遗书中发现了真正的儒家之道，为传统儒家政治伦理学说重建了理论基础，形成了新的儒家政治伦理学说——理学。儒家的学说有理论、系统、经典、承传，易为中国各阶层人们接受。新儒学在理论上比传统儒学更加精密，更加理论化，适宜于自天子以至于庶人。近世傅斯年论及儒家学说在汉代独尊以后的情形说:

（儒家）一旦立足之后，想它失位，除非社会有大变动，小变动它是能以无形的变迁而适应的。从汉武帝到清亡，儒家无形的变动甚多，但社会的变化究不曾变到使它四方都倒之势。它之能维持二千年，不见得是它有力量维持二千年，恐怕是由于别家没有力量举出一个别家没有的机会。

理学在南宋后期上升为统治思想，经过儒家学说内部的调整以适应社会政治伦理的需要。历史上虽有诸家政治学说的出现，但在中国社会政治经济结构没有根本变化时，它们是没有力量与理学竞争的。南宋以来的统治集团所以将理学作为治道的理论，不仅因为理学为儒家之道重建了理论基础，不仅因为使伦理纲常合乎理性并可为民众之道德规范，也不仅因为提出了治国平天下的宏伟的政治理想，而是在于：

（一）统治者可以成为儒家道统的继承者。在儒家道统中，孔子之前有尧、舜、禹、汤、文王、武王、周公，他们皆是道德至善的圣贤君主。理学家虽然自以为承传了儒家之道，自孔子、孟子至周敦颐等统宗有承，但却在理论上要以古代圣贤君主为依托，以树立一个理想的治世。既然古代圣贤君主等统治者是儒家道统的理想人物，那么后世的帝王可以认为其文治武功等同于三代，故应直承古代圣贤君主的道统，或者认为他才是儒家之道的真正的施行者。这样道统即是治统了。朱熹曾经对宋孝宗说："帝王之学，必先格物致知，以极夫事物之变，使义理所有，纤悉必照，则自然意诚心正，而可以应天下之物。"儒家的义理可使帝王修身而平治天下，显然有利于弘扬儒家之道。宋孝宗对道统的意义尚缺乏认识，当时并未接受朱熹的意见。理学成为治道的理论基础后，帝王们渐渐认识到治道须依托道统。宋理宗即以理学恢复古帝王之治，元顺帝称自太祖至世祖乃继三代以来帝王之治统。明世宗于嘉靖二十六年（1547）殿试策问云：

> 朕惟人君受天之命而主天下，任君师治教之责，惟聪明睿智，足以自临。自古迄今，百王相承，继天立极，经世牧人，功德为大，是故道统属之有不得而辞焉者。唐韩愈氏乃谓尧、舜、禹、汤、文、武、周公、孔子之传，至孟轲而止。孟子则以尧、舜、禹、汤、文王为君，皋陶、伊尹、莱朱、太公望、散宜生为臣，各有闻见知见之殊。其详略异同，果何义欤？其授受之微，有可指欤？宋儒谓周敦颐、程颢兄弟、朱熹四子，为得孔孟不传之绪而直接。夫自古帝王若是班欤？其讲之道统，果求著述之功，果可与行道者并欤？抑门人尊尚师说，递相称谓，而忘其僭欤？

这已明确地表示帝王乃受天之命，兼君师之责，推行治道，其功德之大，担负起承传古代圣贤君主的道统。帝王是行道者，而理学家们对理学大师的尊崇，以之为儒家圣人之后道统的承传者，这是一种越次的僭妄。明世宗自认为他才是直接帝王之道统。清圣祖于康熙十六年（1677）说：

> 朕惟天生圣贤，作君作师，万世道统之传，即万世治统所系也……道统在是，治统亦在是矣。历代圣哲之君，创业守成，莫不尊荣表章，讲明斯道。朕绍祖宗丕基，孳孳求治，

留心问学，命儒臣撰为讲文，务使阐发义理，裨益政治，……庶几进乎唐虞三代文明之盛也夫。

圣祖认为道统的承传是以治统为依据的，道统即是治统。历代圣贤君主不仅承传道统，而且是儒家义理的阐发者，他们之为治即是期望臻于唐虞三代之治世的。我们由此可见理学成为统治思想后为统治阶级所利用，其性质已发生变化，这突出地表现在关于道统的认识方面。统治者以道统为治统，以自己为道统与治统的承传者，这样可达到美化的作用，即使平庸、昏乱或残暴的统治者也自称圣贤君主和儒家之行道者了。

（二）"兴天理，灭人欲"正是统治阶级宜于大力提倡的。新儒学诸派之间有种种分歧，但他们"兴天理，灭人欲"的主张是完全一致的。周敦颐说："欲，原是人本无的物。无欲是圣，无欲便是学。"程颐说："人之为不善，欲诱之也。诱而弗知，则至于天理灭而不知反。"朱熹说："人之一心，天理存则人欲亡，人欲胜则天理灭，未有天理人欲夹杂者。"王阳明说："吃紧在去人欲而存天理。"理学家以"理"沟通天人之际，建立一个形而上的先验的"道体"。这"理"实为"天理"，人性即天理的体现，自生以来为天所赋。人们发展本然之善，便是善，便是天理的复归；人们所禀受的天理，即是伦理规范的"三纲""五常"。在理学家看来，除了维持人的生命的基本需要——粗劣的饮食、传宗接代的夫妇生活、简陋的居住、遮体的衣服而外，任何较高级的或新的需要都属于人欲。他们将人的基本需要与发展需要，物质需要与精神需要，低级需要与高级需要，完全对立起来，假设它们互为消长，互相排斥，互相斗争。在个体生命中代表天理的善，代表人欲的恶，势不两立，因而必须克制或灭绝私欲，以达于道德至善的境地。灭人欲的理论在客观上非常有利于维持和巩固封建社会秩序，非常有利于统治阶级的政治利益。自宋代以来，社会经济发展，资本主义萌芽因素增加，市民阶层兴起，人们物质欲望强烈，这些皆会导致社会的不安定。因此"兴天理，灭人欲"的理论得到统治阶级的提倡，他们希望天理流行，民众归真返璞，退回到尧舜时代，人们凿井而饮，耕田而食，没有欲望，与世无争，自生自灭，易于统治。元顺帝在殿试中要求回答天理与人欲的关系；明孝宗认为帝王之治合于天理，主张禁止人欲。清圣祖则训诫说：

> 学问无他，惟在存天理去人欲而已。天理乃本然之善，有生之初，天之所赋予也。人欲是有生之后，因气禀之偏，动于物，纵于情，乃人之所为，非人之所固有也。是故闲邪存诚，所以持养天理，堤防人欲，省察克治，所以辨明天理，决去人欲。若能操存涵养，愈精愈密，则天理常存，而人欲尽去矣。

这完全接受了理学家的理论。清高宗从个人修养的角度谈复人性之天理的经验：

> 君子之治喜怒哀乐也，惟在涵养之功。涵养之功，曰存诚、主敬而已。诚则无妄，敬则无慢。存之于不睹不闻之地，而识之于莫见显之时，至于元而不已，则天理全，而人欲泯。

这位皇帝悟得为学之宗旨，拟从周敦颐主张的"存诚"和程颐倡尊的"主敬"作为入德之门。清代这两位皇帝对理学确有深切的理解，也试图克制私欲。然而许多帝王尽管并不懂得理学，但仍主张"兴天理，灭人欲"，他们却并不躬自实践。统治阶级的各种欲望得到了充分和过度的满足，而普通民众仅维持极简单和极低级的生存需要，本无人欲可灭。"兴天理，灭人欲"是统治阶级对民众而言的，这确实值得他们大力提倡。

（三）修身进德是统治阶级对社会所期望的。理学家发现《礼记》中之《大学》一篇为孔氏之遗书，将它作为做学问的次第，也作为努追求的政治伦理的理想。他们最关心的是个人的进德修业，通过格物、致和、诚意、正心、修身，进而齐家、治国、平天下。传统的儒者具有强烈的从政愿望，辅佐统治阶级施行德政，提倡礼教，制礼作乐。理学家则更关注个人的进德修业，阐发《大学》之"自天子以至庶人，壹是皆以修身为本"的义理。他们纯从主观愿望出发，以为从帝王到民众，大家均以修身为本，道德完善，天下就会不劳而治了。他们认为只要修身心正，则齐家、治国、平天下之事可以类推。朱熹说："学者须胸中义理明，以此去度量事物，自然泛应曲当……只是讲明义理，以淑人心，使世间识义理之人多，则何患政治之不举耶！"因此理学家主张的"修己以治人"，而实际上重在修己，通过讲学而弘扬儒家之道。在理学家看来，师道重于王道，进德重于政治，试图以个人至善的品德教育弟子，扩大社会影响；而且认为儒家之道体现于日常行事，洒扫应对，待人接物。这样，普通民众皆可成为道德完善之人。理学家"为己"的倾向是为统治者所欣赏和支持的，宋理宗即赞同择善修身。清高宗于乾隆五年（1740）谕内阁云：

夫"为己"二字，乃入圣之门。知为己，则可读之书，一一有益于身心。而日用事物之间，存养省察，暗然得修，世俗之纷华靡丽，不足动念，何患词章声誉之夺志哉！……诚能为己，则《四书》《五经》皆圣贤之精蕴，体而行之，为圣贤而有余。不能为己，则虽举经义治事，而督课之，立糟粕陈言，无裨实用，浮伪与诗文等耳。故学者莫先于辨志。志于为己者，圣贤徒也；志于为科名者，世俗之陋也。

理学家之学"尚己"，通过"修己"达于道之至善，以期成为圣贤。他们并不汲汲于为政，其学说为弟子们广泛传播，由此扩大社会影响。这不通过行攻的方式，而使儒家之伦理学说可以为社会各阶层人们所接受，在客观上间接地帮助了统治阶级推行统治思想，有助于教化。理学家的这种伦理观念确实值得统治阶级的支持与鼓励。

从上述可见理学家树立的儒家道统，兴天理、灭人欲的主张，修己进德的行为，皆对统治阶级的治道具有非常重要的意义，能为封建社会后期的统治思想提供合理的新的理论。新儒学家的政治伦理思想精密而有系统，有承传途径，可为社会各阶层人们建立道德伦理的规范，故南宋以来的统治者以之为统治思想。1911年中国辛亥革命的胜利，推翻了中国最后一个封建王朝，以理学为治道的统治思想也随之而遭到批判，代之以新文化思想了。然而任何社会意识形态既形成之后，又具有相对的独立性。理学也是如此，所以在辛亥革命后，作为统治思想的理学失去了依存的社会基础，仍难以彻底消失。国学运动中的国粹派学者们在新文化运动后依然将理学思想视为国粹。萧莫寒说："宋之理学诚为承五代以上学问家所研究之结晶，启元明清三代治国学之门径。故吾人研究国学者，得宋儒理学为辅佐，则无异获得第一把锁钥也。"何健说："我们今日研究国学，要抱着致用而读经的目的……其实程朱之学，重在内圣，陆王之学，重在外王。一个属精微，一个极广大。尽精微者偏于格物立诚这一方面，至广大者偏于修齐治平一方面。把两者结合起来，或可以内外兼到，后人何必强分异同呢？"国粹派学者们抱着通经致用、改变世道民心的目的来提倡理学思想，可见它作为传统文化思想即使在现代社会仍有其影响。这表明封建残余思想尚未完全清除。

儒家是否属于宗教

　　具有两千余年历史的中国儒家，包括现代新儒学，并不具备宗教的性质。然而二十余年来，西方神学家们都认定儒家是宗教，其影响及于汉学界和国内学术界。于是儒家是否宗教，就成为甚受关注的学术问题。在我们中国传统观念中，儒家与宗教是无关系的，但现在既然成了学术问题，探讨起来便非常复杂而困难了。

　　儒为学者之称。中国春秋后期，即公元前 5 世纪之末，在知识分子阶层中出现一种文化修养很高，熟悉历史典籍，懂得礼乐，志于为诸侯贵族服务的群体。孔子即是此群体中最杰出的学者。他的弟子很多，由此形成了儒家学说，并在诸子百家争鸣中成为一个重要的学派。他们以远古贤明帝王的治世为理想社会，以礼教区分尊卑贵贱的社会等级，以仁、义、忠、孝作为社会道德规范，而且特别注重个人的道德修养。儒者为统治阶级治理国家的积极入世的精神特别强烈，世俗性的特征非常显著。在春秋战国的乱世，其学说与法家、墨家、纵横家比较，则颇为迂阔而不适用，所以它的价值也不为各国的统治者所认识。公元前 140 年，汉武帝鉴于自秦王朝统一中国以来已经试用过法家、纵横家和道家学说为治国的理论，从政治上考虑，见到儒家礼教有利于巩固统治阶级的统治地位，其"仁"与"义"作为社会道德原则而易为民众接受，因而采纳了董仲舒"罢黜百家，独尊儒术"的建议。此后中国历代王朝皆以儒家学说为治国的指导思想和社会政治伦理的理论基础。汉代学者对儒学性质的认识是明晰的，所以《汉书·艺文志》述及先秦以来学术的"九流十家"中最有影响的而形成学派的九家，首为儒家，其次为道家、阴阳家、法家、名家、墨家、纵横家、杂家、农家。从孔子的时代至东汉永平四年（61）班固完成《汉书》初稿时，虽然有原始的迷信残存民间，以及阴阳五行与谶纬之说流行，但学术界尚无宗教的概念；这时儒家和道家皆仅为学派而已。欧洲、中亚和印度的许多民族都有自己的神话，而宗教则依附于神话，在这些民族初期的思想意识与社会生活中起到支配的作用。中国上古时期固然也有一些神话和原始迷信，可是它们在中华民族文明进程中并未起到什么作用。在佛教传入后，中国才有了真正的宗教，继而又衍生了本土的宗教。中华民族的思想与信仰变得复杂起来，以致出现了三教论争。

东汉明帝永平十年（67）印度僧人迦叶摩腾与竺法兰于中国洛阳白马寺译《四十二章经》一卷，标志着印度佛教开始在东土流传。东汉顺帝汉安元年（142）张陵吸收道家学说与方士神仙之说创立道教而与佛教对抗。此两教的宗教特征很明显，它们与儒家构成中国三大信仰体系。自东汉以来，无论帝王个人的信仰如何变化，儒家学说作为统治思想的地位则是稳固的，因为佛教和道教的出世精神使它们不可能成为治理国家的基本理论。这种利害关系，统治阶级是很清楚的。贞观元年（627）唐太宗于即位时曾说："戡乱以武，守成以文，文武之用，各随其时。"当平定社会战乱时，必须使用武力，即采取法家与兵家之说；治理社会必须倡导文治，即宣扬儒家之说。唐王朝虽然出自李姓而崇奉老子，但唐太宗表示："朕今所好者，惟在尧、舜之道，周、孔之教。"统治者最佳的政治选择是儒家学说。唐太宗认为，统治者崇尚儒家比如飞鸟有翼翅，游鱼依赖于水，失之必死。他的认识是很典型的，可以代表中国统治者对儒家的基本态度。

中国古代朝廷的重臣都是儒者，他们从社会政治、礼法及经济的角度考虑，经常主张排佛或灭佛，而对于道教因其是本土宗教则常常采取宽容的态度。每当道教与佛教论争时，道教往往借助儒家的政治势力。这便形成了中国宗教史上长期的三教论争。北周武帝宇文邕虽出身夷狄，但成为北方统治者后仍以为："儒教之弘政术，礼义忠孝，于世有宜。"他于天和四年（569）三月十五日召集名儒、众僧，道士及文武百官二千余人于正殿展开三教辩论。这场辩论经历数载，至建德三年（574），武帝诏令：沙门、道士并令还俗；三宝福财，散给臣下；寺观塔庙，赐给王公。三教辩论的结果是儒家的地位愈益稳固，而佛教与道教均被废除。此后在唐代武德五年（622）、武德九年（626）、贞元十二年（796）、大和元年（827）均有三教辩论。这些辩论主要是佛教与道教双方的论战，而道教总是在教理方面处于劣势。三教辩论中，儒家并非以宗教的角色参加；虽然有时也被称为"儒教"，但皆回避了三者的宗教性质，自然也未涉及"儒教"是否为宗教的问题。儒家仅是参加了佛教与道教之争，因其是三大信仰之一的重要势力，遂亦被称为"教"，然而并未因此改变其非宗教的世俗性质。北宋初年儒者孙复即以为将儒家列为"三教"之一是儒者的耻辱。他说：

佛、老之徒，横行于中国，彼以死生祸福、虚无报应为事，千万其端，绀我生民，绝灭仁义，屏弃礼乐，以涂塞天下之耳目。天下之人，愚众贤寡，惧其死生祸福，报应人之若彼也，莫不争奉而竞趋之。观其相与为群，纷纷扰扰，周乎天下，于是其教与儒齐驱并驾，峙而为三。吁，可怪也，去君臣之礼，绝父子之戚，灭夫妇之义，儒者不以仁义礼乐为心则已，若以为心，得不鸣鼓而攻之乎？

这代表了真正儒者的观点。它坚定地表明了儒家与佛教和道教在性质上的区别。

人类历史上的任何宗教皆崇拜超自然的东西，关注人的终极价值的追求，并相应有严格的宗教祭拜仪式——这三者是宗教的基本标志。中国的儒家是否具有这三个标志呢？这正是判断儒家是否属于宗教的理论依据。关于对超自然力的态度，儒家的态度较为含糊，而且不去深究它。中国殷周时期的先民已感到有一种超自然力的"天"，它主宰着宇宙万物的命运。儒家圣人孔子关于"天道"的具体见解，其弟子们并未听见。孔子从来不谈论怪异和鬼神等超自然物，对它们采取回避的态度。一次孔子患疾病，弟子请他向天地神祇祷告。他则以为自己平素行事是符合神明的，不必祷告。至于"天"，其一年四时运行，万物生长，均自有其规律。因此有学问的人应该对这种超自然力的意图——"天命"表示敬畏。如果人们的行为违背了社会道德规范便获罪于"天"，即使祷告也无济于事。儒家亚圣孟子以为圣人对于"天道"的尊崇是一种自然之性。儒者荀子关于"天"作有专论，亦认为"天"有自己的规律，并不因贤帝而存在，也不因暴君而消失。执政者只要重视农业，节用财物，则"天"是不会使之贫穷的；国民丰衣足食，勤劳而不误农时，则"天"是不会使之劳苦的。儒家观念中的"天"，在宋代新儒家的理解实为"理"，即至高的理性范畴。这种"天"是无形象，无人格，没有神秘的色彩，也非偶像。唐建中四年（783）朝廷重臣陆贽向德宗皇帝解释国家兴亡与天命的关系说：

> 臣闻天所视听皆因于人，故祖伊责纣之辞曰："我生不有命在天。"武王数纣之罪曰："乃曰吾有命，罔惩其侮。"此又舍人事而推天命必不可之理也。《易》曰："视履考祥。"又曰："吉凶者，得失之象。"此乃天命由人，其义明矣。然则圣哲之意，《六经》会通，皆谓祸福由人，不言盛衰有命。

陆贽的见解体现了真正儒者的"天命由人"的观点，其无神论的倾向是十分明显的。

关于对终极价值的追求问题，即生命必然有终极，但魂灵是否存在，它是否能到一个超自然的理想的地方？儒家对此问题的回答同对待"天"一样，态度仍较模糊。中国民间的原始迷信中对鬼神的崇奉即表示了人的魂灵的不灭，而且有一个鬼神的居所。这种迷信不仅在孔子的时代存在，而且此后亦长期存在。相比之下，儒家则主要关注现实社会，无暇也无思辨能力去探讨人的终极意识。孔子的弟子季路问关于奉祀鬼神的问题，孔子表示尚未做好关于人民的事，怎能去奉祀鬼神呢？弟子又问人死后的情形会是怎么样的？孔子回答说：我们对人生尚不知道，怎能知道人死后的情形呢？儒者执着于现实人生，不愿去探究不可验证的超自然的事物。儒者继承了中国先民祭祀祖先的传统，也参加统治阶级祭祀山川天地神祇的活动，但这些是否即说明儒者相信祖先的魂灵和神的存在呢？孔子很巧妙地避开实质性的问题而认为：当祭祀祖先时，人们心里好像它是存在的；当祭祀神时，人们心里好像它是存在的。这样，鬼神的存在就仅是人们于祭祀氛围下的一种心理，而并非真实的存在。儒家不能避免祭祀，因为它是礼仪的一种必要的形式，其政治意义远远大于玄理的意义。我们从儒家对待人的生死的态度和祭祀祖先的情形，很难作出儒家相信来世，或者相信在现实世界之外尚有一个超自然的天国的认识判断。儒家以祭祀祖先的方式教育下一代和没有文化的人，还以此表示继承祖先的事业的愿望和对祖先的敬重与缅怀之情。儒家"慎终追远"之义即在于此，它可使人民的道德风尚变得淳厚。宗教在关怀人的终极意识的同时，总是宣扬因果报应和原罪观念，使信徒对死后或来世产生恐惧的心理，因而不断在现世以善行来救赎自己的灵魂。儒家是无此种观念的。

关于儒家是否具有特定的宗教仪式？孔子学说的核心是"礼"，儒家以礼教来维持社会等级秩序，以礼制和礼仪体现礼教。孔子在回答弟子问孝道时说：父母在生时以礼侍奉，死后按丧礼安葬，祭祀时遵循礼制——这就是子女对父母应尽的孝道。在西周时期中国各种礼制已经建立。儒家不是礼制的创制者，却是礼教的倡导与维护者，而且他们熟悉种种烦琐的礼仪形式。儒家经典的《仪礼》《礼记》《周礼》称为"三礼"，其中《仪礼》是最古老的，孔子订正过。《仪礼》在汉代初年仅保存了《士礼》十七篇：《士冠礼》《士昏礼》《士相见礼》《乡饮酒礼》《乡射礼》《燕礼》《大射仪》《聘礼》《公食大夫礼》《觐礼》《丧服》《士丧礼》《既夕礼》《士虞礼》《特牲馈食礼》《少牢馈食礼》《有司彻》。它们可分为冠、婚、丧、祭、射、乡、朝、聘八类礼仪形式。西汉初年又获得《古仪礼》五十六篇,除去十七篇相同而外,尚有三十九篇逸礼。汉初朝廷设置"五经博士",《仪礼》即《五经》之一。古代礼制随着东周王室的衰微而残缺毁损。公元前 221 年秦王朝统一中国后参考六国之礼仪择善而从,汉王朝建国之初由儒士对秦朝礼仪加以增损。汉武帝时在独尊儒术的指导思想下,召集儒士共定礼仪,于太初元年(前 104)改正朔,易服色,封泰山,定宗庙百官之礼。从中国礼制形成的过程,可见这种礼仪是统治阶级制订的,而这正是儒家的专业范围,它的世俗性质是很显著的,并不具宗教的色彩。帝王有时祭天、祀山川、巡视诸侯,并无常制,只有在统一中国,天下安宁,造就盛德大业之际,才祝告天地山川以显示帝王的功业;因此这并非每位皇帝都必须去封禅的。封禅的政治意义远远大于祭祀天地山川的意义。唐贞观六年(632)群臣请求唐太宗封禅,太宗说:

> 卿辈皆以封禅为帝王盛事,朕意不然。若天下乂安,家给人足,虽不封禅,庸何伤乎?昔秦始皇封禅,而汉文帝不封禅,后世岂以文帝之贤不及始皇邪?且事天扫地而祭,何必登泰山之巅,封数尺之土,然后可以展其诚敬乎?

中国一些好大喜功的帝王每因封禅而巡视天下以炫耀文治武功,但贤明的帝王则更关注社会民生,而以为无必要去祀天。封禅的确有很烦琐的近于迷信的仪式,但在历代帝王不是普遍的,尤其并不代表中国社会普遍使用的礼仪。从上述可见儒家不崇拜超自然的事物,不关注终极价值,更无"天国"的观念,也不存在特殊的宗教仪式，因而儒家并非宗教。

中国儒家学说是关于社会政治伦理的学说，它在本质上是为现实政治服务的。儒者关注的是国家和社会的政治伦理的问题，希望通过个人的道德修养达到道德的自我完善，然后辅佐帝王治理国家，实现天下太平的最高理想。由于儒家不存在非现实的生活幻想，忽视人的终极价值的追求，这便在意识形态领域里留下一片空虚地带，让宗教信仰乘虚而入。人是作为个体生命而存在的，每个人有欲望和情感，而且努力追求幸福。然而人是受到诸多社会因素制约的，其欲望常常不能满足，情感得不到寄托，幸福的愿望常常遭到破灭。人们在现实生活中总是有许多烦恼、挫折、痛苦和失望，于是需要发出生命的叹息，在冷漠的社会里寻求同情和安慰，力图从政治精神的枷锁中解脱出来，去幻想远离现实的幸福境地，希望自己的善良愿望通过虔诚的祈祷而得到超自然的神的怜悯与帮助，憧憬着离开苦海而到一个美好的天堂。印度佛教的传入与中国道教的兴起正是适应了中国民众对宗教信仰的需要。

自从佛教和道教在中国流传以来，儒者与它们的关系就呈现很复杂的状态。宗教知识及其学说不可能不对儒者发生影响，于是儒者中有坚决排斥佛老的，有吸收佛理以丰富儒家学说的。有的儒者时而倾向于佛家，时而倾向于道家。统治者则在崇儒的基础上兼利用佛教与道教以满足民众的宗教信仰需要，求得社会的安定与和谐。然而这并不排除中国始终存在真正的儒者，真正的僧侣和真正的道士。他们之间仍然泾渭分明。这三者皆有各自的信仰。人们的信仰有两种：一是被证明由客观真理和科学知识所产生的思想观念；一是由未证实的理论和个人感受所产生的具有假定性的思想观念。后者属于宗教信仰。儒家关于社会的崇高的政治理想化为儒者的生活信念。他们为了道义而可以杀身成仁，舍生取义，犯颜直谏，为民请命，高风亮节，正气凛然，从而在历史上出现过许多仁人志士、清官直臣、国家栋梁、民族英雄，体现了中华民族的伟大精神。它是关于国家、社会、民族的政治理想所产生的崇高信仰，绝非狂热的宗教信仰。

汉武帝尊崇儒术，以儒家学说为治国理论，自此儒家学说成为中国两千年来的统治思想；但我们难以称之为"国教"。中国近世确有一些民族文化保守主义者试图建立国教以保存国粹。这发生在辛亥革命推翻了中国最后一个封建王朝之后的 1912 年 10 月 7 日的孔子诞辰纪念日。此日，康有为的弟子陈焕章及沈曾植、朱祖谋、梁鼎芬等数十人于上海成立"孔教会"，继而在北京设立总会，各省设立支会，各县及海外设立分会。陈焕章等联合社会各种尊孔势力要求国会确定孔教为国教，并请参议院和众议院给以支持。政府以为孔教会之国教主张与共和政体不相合，不予确认。虽然如此，国教运动却继续进行。1917 年，曲阜孔教大会宣布：力争国教建立，争取教育部立案规定小学生拜圣读经，定祀孔配天的礼仪，立昊天上帝神位、大成至圣先师孔子神位，以"大成至圣先师"六字为念圣辞，每年大成节于全国举行祀孔活动。这是参照西方天主教和佛教等宗教而妄图在中国成立一个新的国教。1936 年 2 月 1 日国民政府中央民众训练部决议："孔教总会"改名"孔学总会"，因孔子与一般宗教教主根本不同；若以孔子学说比拟佛教和耶稣等教，实属不伦不类。从此喧嚣一时的孔教会结束了。国教运动的历史经验表明：孔教会力图以孔教为国教是必然失败的；孔子的学说与其他宗教信仰有根本的区别。儒家在古代或近世皆未成为国教，因为它本质上不是宗教，而是无神论和理性主义。

黄宗羲与理学史体系之建构

    北宋中期兴起的新儒学——理学，或称道学和圣学，它重新阐释了儒学传统，着重探讨儒学的义理，形成了新的儒家学说。新儒学派为了儒学的纯正，将辞章之学和训诂之学的儒者排斥于儒林之外，以为义理之学才是真正的儒学。新儒学创始者之一的伊川先生程颐说："今之学者歧而为三，能文者谓之文士，谈经者泥为讲师，惟知道者乃儒学也。"他将当时的学者分为三类，认为汉唐以来的经师和唐代古文运动以来的文士，他们皆非儒者，唯有深知儒家之道的理学家才是真正的儒者。明道先生程颢谈到文士与儒者的区别说："学者须学文，知道者惟进德而已。"学者求学问，了解事实；知道者关注个人道德修养，学习古代圣贤立身处世，增进道德。新儒学派在宋代迅速发展壮大，理学成为时代思潮，并在南宋后期上升为统治思想。理学家们特别注重内圣成德的道统传承，认为儒家之道在孟子之后失传，自北宋濂溪先生周敦颐等才发现了儒学不传之秘，承继了儒家道统。因理学家提倡讲学之风，强调师承渊源，于是在南宋后期理学成为统治思想时，他们建立了新的道统。理学大师朱熹的弟子熊节的《性理群书句解》，受到其师《伊洛渊源录》的启发，列出理学家传道的派系渊源。黄幹在《圣贤道统传授总叙说》里总结儒家道统承传关系：尧、舜、禹、汤、文王、武王、周公、孔子、颜子、曾子、子思、孟子、周敦颐、二程、朱子。宋以后的理学家们皆宗奉此儒学传统。明代末年孙奇逢著的《理学宗传》较详而系统地记述宋明理学十一家——周敦颐、程颢、程颐、张载、邵雍、朱熹、陆九渊、薛瑄、王守仁、罗洪先、顾宪成的宗传系统。这样，儒学道统在理学发展中得以承传，渊源有自。在理学家的观念中，理学即真正的儒学。明末清初著名学者黄宗羲（1610—1695）的儒学观念源于明末理学家刘宗周。他向刘宗周学习理学，继承了理学家的道统。刘宗周，字起东，浙江山阴人，曾讲学蕺山，也称蕺山先生，有《刘子遗书》与《刘蕺山集》传世。其学远绍程朱，近宗王阳明之学。刘宗周于明崇祯八年至十四年（1635—1641）在家乡闲居讲学时，黄宗羲已是壮年，邀约名士数十人前往受业，自此深得蕺山之学。理学家们特别注重个人的道德修养，讲求为学的工夫，以主诚、持敬、致知或穷理作为道德修养的门径，它们是各家传授的心法。明代中期以来，王阳明的心学盛行，成为理学的一个支派。王阳明提倡"致良知"，以为每个人皆自然存在判断事物善恶是非的天赋能力，道德伦理的标准存在于每个人的心中。这发展了孟子的"良知"说。《孟子·尽心上》："人之所不学而能者，良能也；所不虑而知者，其良知也。"王阳明以"致良知"为进入圣学的门径，在当时具有反对权威学说的意义。刘宗周受王阳明心学的影响，于崇祯十二年（1639）从王氏著作中辑出要语三卷为《传习录》，以传阳明之学。他说："先生特本程朱之说而求之，直接孔孟之传曰'致良知'，自此人人皆知吾之心即圣人之心，吾心之知即圣人之无不知，而作圣之功，初非有加于此也。"刘宗周虽接受王学,却主张以"慎独"为入德之门。《中庸》第一章:"道也者,不可须臾离也,是故君子戒慎其所不睹,恐惧乎其所不闻。莫见乎隐,莫显乎微,故君子慎其独也。"此是认为学习儒家之道,应以戒惧的心理遏止人欲,才能对道持专一的态度。刘宗周乃是理学之儒,他的慎独宗旨及理学观念,皆对黄宗羲的学术思想产生了非常重要的影响。

黄宗羲理解的儒学实即"理学之儒",以"知道""进德"为儒学的宗旨,承继了自宋代以来理学家所传的儒学道统。因此他反对《宋史》从"儒林"列传中分出"道学":

> 以邹鲁之盛,司马迁但言《孔子世家》《孔子弟子列传》《孟子列传》而已,未尝加"道学"之名也。《儒林》亦为传经而设,以处乎不及为弟子者,犹之传孔子之弟子也。历代因之,亦是此意。周、程诸子,道德虽盛,以视孔子则犹在弟子之列,入之《儒林》,正为允当。今无故而出之为《道学》,在周、程未必加重,而于大一统之义乖矣。

道学——理学是宋代新出现的儒学派别,《宋史》在《儒林列传》之外别立《道学》是符合学术发展实际情况的。黄宗羲之所以反对,是因坚持其理学观念,认为只有理学才是真正的儒学。北宋中期兴起的新儒学派原称道学,在南宋中期发展为理学与心学两派。明代末年言心学的学者不去读书穷理,言理学的学者又专注于章句训诂。因此黄宗羲主张严格以理学宗传为线索以认定儒学,将心学从理学中分出。理学家最讲求道统,将理学从中国传统学术中分别出来,然而从学术的发展来看,汉唐的许多儒者同时又是著名的文章大家，特别是宋代以来的欧阳修、王安石、曾巩和三苏等人皆以文章称著，而理学家则于文章方面相形见绌。这在明代末年因有"学统"之争，它涉及儒者与学者、文章家的区别。关于这个问题，黄宗羲认为：

> 余近读宋元文集数百家，则两说似乎有所未尽。夫考亭（朱熹）、象山（陆九渊）、伯恭（吕祖谦）、鹤山（魏了翁）、西山（真德秀）、勉斋（黄幹）、鲁斋（许衡）、仁山（金履祥）、静修（刘因）、草庐（吴澄）非所谓承学统者耶？以文论之，则皆有《史》《汉》之精神包举其内。其他欧、苏以下王介甫（安石）、刘贡父（敞）之经义，陈同甫（亮）之事功，陈君举（傅良）、唐说斋（仲友）之典制，其文如江海，大小毕举，皆学海之川流也。其所谓文学家者，宋初之盛，如柳仲涂（开）、穆伯长（修）、苏子美（舜钦）、尹师鲁（洙）、石守道（介），渊源最远，非泛然成家者也。苏门之盛，凌厉见于笔墨者，皆经术之波澜也。晚宋二派，江左为叶水心（适），江右为刘须溪（辰翁）。宗叶者以秀峻为揣摩，宗刘者以清梗为句读，莫非为微言大义之散殊。

黄宗羲以为凡能传学统而善于文者如自南宋的朱熹，迄于元代理学家吴澄，而其他北宋欧阳修等和南宋陈亮等学者虽善于文，但仅是儒学的支流，并非学统的正宗。他反对理学家而不善文，文章家而失于理；学统与文学应该是统一的。黄宗羲显然是以宋元理学家为学统的正宗，并以他们区别于其他学者和文章家的。这里他将学统和儒家的道统等同了，补足了他关于理学之儒的观念。黄宗羲晚年撰著的《明儒学案》和《宋元儒学案》，正是依据其儒学观念阐述理学宗传的学术渊源，并由此建构理学史体系。

清代康熙十五年（1676），黄宗羲完成了《明儒学案》六十二卷，这年他已六十七岁。《明儒学案》实为明代理学史，它以著名理学家为个案，对每家之学术宗旨作总述，介绍其生平事迹与治学情况，汇录其语录并辑其要著。刘宗周曾著《有明道统录》，汇列明代理学家的言行，以显示儒家之道的传承。他对黄宗羲说："阳明之后不失其传者，邹东廓（守益）、罗念庵（洪先）耳。"黄宗羲秉承师说，又针对明末以来周汝登的《圣学宗传》和孙奇逢的《理学宗传》的疏失，重新撰著反映明代理学成就之书。清代初年学术界鉴于明代学术空疏之失，批判王阳明心学末流，兴起考据之学与经世之学。黄宗羲这时从学术发展的高度重新客观地评价明代理学。他说："尝谓有明文章事功，皆不及前代，独于理学，前代之所不及也，牛毛茧丝，无不辨晰，真能发先儒之所未发。"他肯定明代理学的成就超越了宋元理学，特别表现在反对佛家的理论方面的辨析最为深刻。黄宗羲关于明代理学史之著是为了更全面地总结明代理学的成就。他按照理学之儒的观念，全面考察明代理学发展过程之后，特别推崇王阳明之学。他说：

> 有明学术，从前习熟先儒之成说，未尝反身理会，推见至隐，所谓"此亦一述朱（朱熹之学），彼亦一述朱"耳……自姚江（王阳明）点出"良知人人现在，一反观而自得"，使人人有作圣之路。故无姚江，则古来之学脉绝矣。然"致良知"一语，发自晚年，未得与学者深究其旨，后来门人各以意见掺和，说玄说妙，几同射覆，非复立言之本意。先生格

物，谓"致吾心良心之天理于事事物物，则事事物物皆得其理。以圣人教人只是一个行，如博学、审问、慎思、明辨，皆是行也。笃行之者，行此数者不已是也"。先生致知于事物，"致"字即行字，以救空空穷理。

王学是自宋以来理学的创新，影响明代中期后理学的发展。黄宗羲在《明儒学案》里以王学为中心，由此上溯吴与弼（康斋）、陈献章（白沙）、薛瑄（敬轩）、吕柟（泾野）、王恕（石渠）。王学门下形成浙中、江右、南中、楚中、北方、粤闽各派，其末流则是泰州学派。明末又出现以顾宪成为首的东林学派，而刘宗周则是明代理学的终结者。所以《明儒学案》实为明代理学宗传史。

在完成《明儒学案》之后，黄宗羲又撰著《宋儒学案》和《元儒学案》，因后者篇幅不多，遂合为《宋元儒学案》。他在八十二岁患重病之前，此稿已基本上完成，但为未定稿。此后经其子黄百家及全祖望修订增补，又经过王梓材与冯云濠依据各种稿本校勘整理，于道光十八年（1838）刊刻传世，这就是今之百卷本《宋元学案》。王梓材与冯云濠的《校刊宋元学案条例》云：

> 梨洲（黄宗羲）原本无多，其经谢山（全祖望）续补者十居六七。故有梨洲原本所有，而为谢山增损者，标之曰"黄某原本，全某修定"；有梨洲原本所无，而为谢山特立者，则标之曰"全某补本"；又有梨洲原本，谢山唯分其卷第者，则标之曰"黄某原本，全某次定"；亦有梨洲原本，谢山分其卷第而特为立案者，则标之曰"黄某原本，全某补定"。

他们在校刊《宋元学案》时，在每个学案下皆标明"原本"或"补本"等情况，并在每个学案引用的资料后亦注明补者为谁，所附关于每家之案语也详为注明。这样，我们依据《校刊宋元学案条例》所提供的线索，查核各学案，黄氏原本计有三十二个学案：安定—胡瑗，泰山—孙复，百源—邵雍，濂溪—周敦颐，明道—程颢，伊川—程颐，横渠—张载，上蔡—谢良佐，龟山—杨时，鹰山—游酢，和靖—尹焞，紫微—吕本中，武夷—胡安国，豫章—罗从彦，横浦—张九成，艾轩—林光朝，晦翁—朱熹，南轩—张栻，东莱—吕祖谦，梭山复斋—陆九韶陆九龄，象山—陆九渊，勉斋—黄幹，潜庵—辅广，木钟—陈埴，北溪—陈淳，鹤山—魏了翁，西山—真德秀，北山四先生—何基等，双峰—饶鲁，介轩—董梦程，鲁斋—许衡，草庐—吴澄。黄宗羲按照严格的理学之儒的观念完成了《宋元儒学案》的初稿。他于每个学案编集了基本的资料，写了一些序录和评论，将宋元理学的宗传关系已指示得较为清晰。宋代理学创自北宋中期的周敦颐，黄宗羲追溯其源而认为："言宋儒者必冠濂溪，不复思夫有安定（胡瑗）、泰山（孙复）之在前也。"故《宋元儒学案》首列安定学案，继列泰山学案。自程颐大兴讲学之风，程门弟子众多，使理学得以承传和发展。黄宗羲认为："程门高弟，予窃以上蔡（谢良佐）为第一，《语录》尝累手录之。语者谓道南一派，三传而出朱子（朱熹），集诸儒之大成，当等龟山（杨时）于上蔡之上。不知一堂功力，岂因后人轩轾。且朱子之言曰：'某少时妄志于学，颇借先生之言以发其趣。'则上蔡固朱子之先河也。"关于朱熹的学术渊源，黄宗羲说："龟山三传得朱子，而其道益光。豫章（罗从彦）在及门中最无气焰，而传道卒赖之。先师（刘宗周）有云：'学脉甚微，不在气魄上承当。'岂不信乎！"因此黄宗羲以二程和朱子为中心，备述其学术的渊源和承传关系，建立了宋代理学的宗传系统。全祖望在对《宋元儒学案》进行整理和补订时，因他本是史学家，对黄宗羲原著的宗旨有不同的理解，便大量增补了许多非理学系统的学者，如欧阳修、陈襄、司马光、范镇、刘安世、范祖禹、晁说之、赵鼎、汪应辰、唐仲友、楼昉等学案，又将王安石的新学与三苏（苏洵、苏轼、苏辙）的蜀学作为附录。由此虽然可以体现有宋一代的学术，但毕竟违背了黄宗羲的原意，使今本《宋元儒学案》的学术价值大大低于《明儒学案》。因此我们探讨黄宗羲与理学史体系的建构，应以《宋元儒学案》原本和《明儒学案》为依据。我们将这两部著作合观，可见宋代理学发创于胡瑗，经周敦颐和二程的创立，至南宋朱熹集濂洛之学的大成，经许衡与吴澄在元代的发展，到明代由吴与弼和陈献章再传程朱之学，继有王阳明的心学盛行，明末刘宗周将心学与程朱之学统一，遂成为理学的终结。黄宗羲对七百年理学发展过程进行渊源的探究，宗派的辨别，宗旨的论述，建立了理学史体系。

《宋元儒学案》和《明儒学案》之所以具有学术史的典范意义，是因为黄宗羲在著述中关于理学诸家学术宗旨有确切的判断，对理学诸概念有深刻的阐释，对争论的问题有合理的评判，尤其对理学发展中的弊端有严厉的批评。理学家为学的宗旨各不相同，对他们学术的认识，首先是了解其宗旨。黄宗羲说："大凡学有宗旨，是其人之得力处，亦是学者之入门处。天下之义理无穷，苟非定以一二字，如何约之，使其在我。故讲学而无宗旨，即有嘉言，是无头绪之乱丝也。"理学家的为学宗旨概括得很简要，它是个人道德修养的途径，也是其论学的主张，表现出其学术的基本特征。这是理学家与汉唐儒者的相异之处，黄宗羲非常注重对各家宗旨的探讨。关于理学创始者周敦颐的学术宗旨，黄宗羲说："周子之学，以诚为本。从寂然不动处握诚之本，故曰主静立极，本立而道生，千变万化皆从此出。化吉凶悔吝之途，而反复其不善之动，是主静真得力处。"先秦儒家以为儒者修身，"先正其心，欲正其心者，先诚其意"。诚意则须主静，用功于静中默察不善意念之动，使之归于静。王阳明之学是明代理学的高峰，其学经过三次变化，晚年提出"致良知"，标志其心学的成熟。黄宗羲说："先生以圣人之学，心学也。心即理也，故于致知格物之训，不得不言'致吾心良知之天理于事事物物，则事事物物皆得其理'。夫以知识为知，则轻浮而不实，故必以力行为功夫。良知感应神速，无有等待。本心之明即知，不欺本心之明即行也，不得不言'知行合一'。"这对王学的宗旨概括得简明确切，成为理解其学的关键。理学家们从传统儒学中发掘出许多新的概念，它们的内涵丰富，往往是一个哲学范畴。诸家对这些概念并无一致的解释，以致造成研究理学的一层障碍。黄宗羲对于涉及的重要概念都有简明的解释，例如"心"与"性"，他说："夫在天为气者，在人为心；在天为理者，在人为性。理气如是，则心性亦如是，决无异也。人受天之气以生，只有一心而已，而一动一静，喜怒哀乐，循环无已。当恻隐处自恻隐，当羞恶处自羞恶，当恭敬处自恭敬，当是非处自是非，千头万绪，感应纷纭，历然不能谓者，即是所谓性也。初非别有一物，立于心之先，附于心之中也。"这是以王阳明的心学来解释"心"与"性"的关系，并且继承了宋代理学家将自然与人之心性联系，用以指示完善个人道德修养之路。关于"敬"，理学家发挥《周易·坤》"敬以直内，义以方外"之意，特为程颐所提倡。"敬"的意义有两层：一是由"敬"入"诚"，用于治学主张专致；一是尊师重道，对师长尊敬。黄宗羲说："此即'涵养用敬，进学致知'宗旨所由立也……敬只是主一，主一则不东，又不西，如是则只是中，既不之此，又不之彼，如是则只是内。存此则自然天理明白。"他又补充说："自周元公（敦颐）主静，立人极开宗，明道（程颢）以静字稍偏，不若专主于敬，然亦恐以把持为敬，有伤于静，故时时提起。伊川（程颐）则以敬字未尽，益以穷理之说，而曰'涵养须用敬，进学在致知'，又曰'只守一个敬字，不知集义，却是都无事也'。然随曰'敬以直内，义以方外，合内外之道'，盖恐学者作两项工夫用也。"理学家们从儒家典籍中寻求到一些关于性理与道德的概念加以发挥，注重治学的门径。黄宗羲探讨诸家宗旨时对它们阐释，并比较诸家异同，使学者便于理解诸家之学的宗旨。关于理学家之间的一些争论的问题，黄宗羲认为理学思想的发展是一个扬弃的过程，在更高的理学意义上看待争论的是非。南宋中期陆九渊与兄陆九龄约朱熹相会于鹅湖寺，以诗唱和，展开治学方法之争，黄宗羲作了长篇的评论，他最后说："且夫讲学，所以明道也。道在撙节退让，大公无我，用不得好勇斗狠于其间，以先自居于悖戾。二先生同植圣人，矧夫晚年又志同道合乎！"这从整个新儒学的宗旨来看，朱陆之争是异中有同的，他们共扶儒家之道，其异同之辩，使儒家之道更明于天下后世。宋代理学家与禅学存在极隐微的关系，明代学者更认为王阳明之学出自禅学。黄宗羲辨析说："儒、释界限只是一个理字。释氏于天理万物之理，一切置于度外，更不复讲，而只守此明觉；世儒则不恃乎明觉，而求理于天地万物之间，所以绝异。然其归理于天地万物，归明觉于吾心，则一也。向外寻理，终是无源之水，无根之木，纵使合得，本体上已费转手，故沿门乞火与合眼见暗，相去不远。先生（王阳明）点出心之所在为心，不在明觉而在天理，金镜已坠而复收，遂使儒、释疆界渺若山河，此有目者所共也。"在对待"理"的态度上，儒家与佛家是不同的。王阳明致良知于事物，事物皆得其理的见解，使儒、释相区别了。黄宗羲的许多评论在学理上是很深刻的，能启发我们对理学问题的认识。

儒家的最高政治目的在于"治国平天下"，求学强调经世致用，具有入世的积极的进取态度。理学家则更关注个人的"修身"，提高道德修养，以"圣人气象"为最高的道德境界。他们一般将学问限于人生日用，具有退避社会的倾向，而且重在传道，忽视对学术的追求。这在明代王学盛行之后，它的弊端尤为显著。黄宗羲的哲学思想属于理学的范畴，然而他清楚地见到理学的缺陷，并给予批判。他批评王学的末流泰州学派说：

　　阳明先生之学有泰州（王艮）、龙溪（王畿）而风行天下……泰州之后，其人多能以赤手搏蛇，传至颜山农（钧）、何心隐（梁汝元）一派，遂复非名教之所能羁络矣。顾端文（宪成）曰：'心隐辈坐在利欲胶漆盆中，所以能鼓动得人，只缘他一种聪明，亦自有不可到处。'羲以为非其聪明，正其学术也。所谓祖师禅者，以作用见性。诸公掀翻天地，前不见古人，后不见来者。释氏一棒一喝，当机横行，放下挂杖，便如愚人一般。诸公赤身担当，无有放下时节，故其害如是。

这些理学家自以为圣人，以小慧自矜，流为狂禅，善于掩饰其愚人的一面，给晚明学术带来巨大危害。黄宗羲批判晚明学风说："儒者之学，经天纬地，而后世乃以语录为究竟，仅附问答一二条于伊洛门下，便厕儒者之列，假其名以欺世。治财者则目为聚敛，开阃扞边者则目为粗材，读书作文者则目为玩物丧志，留心政事者则目为俗吏。徒以生民立极，天地立心，万世开太平之阔论钤束天下。一旦有大夫之忧，当报国之日，则蒙然张口，如坐云雾。世道如此潦倒泥腐，遂使尚论者以立功建业，别是法门，而非儒者所与也。"明王朝灭亡的原因复杂，但由王学而导致的空疏狂怪的学风，却因此在清初受到清算，从而提倡经世之学与考据之学。黄宗羲是蕺山先生刘宗周的传人，他在全面考察理学七百年的历史后，对它有较客观而合理的认识。当理学在中国学术史上终结之时，他肯定了理学在儒学发展中的意义，从理学各派的纷歧而见到其整体的共同性，在高度评价各派的理论创新时又清醒地批评其流弊。因此由他的《宋元儒学案》和《明儒学案》所建构的中国理学史体系对理学的学术总结，是最为深刻的专学的学术史。我们读这两部巨著时，常常能见到高度的理性思辨以及所蕴含的对真理的探索精神。

国学与理学

　　中国儒家学说发展至北宋中期，在特定的历史文化条件下形成了一个新学派——理学。它自产生以来便有较大的社会影响，成为时代思潮并在南宋中期上升为中国的统治思想，之后尤为明清两代统治者大力提倡，代表了中国传统文化的核心价值。新儒学派特别注重师承关系，富于理性思辨；他们所学的是儒家圣人之道，以求臻于自我道德之完善，从日常生活实践中培养道德情操，发扬本性之善，其最高的理想便是复现古代的治世。当我们回顾传统文化时，理学精神与反理学精神，各有积极的与消极的因素，它们无不带着东方文化的特征，而且它们异常顽强地成为一种民族文化心理，深深地影响着现代的人们。

　　理学是国学的重要对象，但它是国粹，或者是学术的对象呢？国学家们是将它作为传统伦理道德学说予以提倡，或者仅仅作为学术探讨的问题呢？理学与国学是存在密切关系的，但它在什么条件下成为国学研究的一个有机部分呢？这些是目前国学热潮再度兴起时不应回避的问题。我们从国学的历史考察中发现，20世纪前期的国学运动中国粹派与新潮派对国学与理学的关系的认识是完全不相同的。

国粹派学者认为中国学术的精华——国粹是儒学，他们力图提倡儒学，以儒家的伦理道德来改变世道人心，抵制西学和新学，担任起重大的社会使命。章太炎是最有影响的国学前辈，他从保存国粹的观念提倡国学。民国初年，他极力反对国民政府言治兴学皆取法于西方文化的取向。他认为，中国的儒家经籍是立国的根基，是国民道德之源，因此在中华民国成立之际，主张宣扬国学。章太炎对国学深有研究，关于国学基础学习，他主张："以讨论儒术为主，取读经而会隶之。"关于儒术和读经，他提出一个简明的纲领，以之进入国学之门，这就是"国学之统宗"：

> 周孔之道，不外修己治人，其要归于六经。六经散漫，必以约持之道，以为统宗。……今欲卓然自立，余以为非提倡《儒行》不可。《孝经》《大学》《儒行》之外，在今日未亡将亡而吾辈亟需保存者，厥惟《仪礼》中之《丧服》。此事于人情厚薄，至有关系。中华异于他族即在此。余以为今日而讲国学，《孝经》《大学》《儒行》《丧服》，实万流之汇归也。

章太炎以为学习这四种儒家经典，可以树立儒家政治理想，接受儒家伦理道德观念，了解古代封建礼制，这样能恢复古代儒家的传统教育。但是，此"国学之统宗"在国学运动中并未受到国学们的支持。在许多国粹学者看来，儒学是国粹，而宋代兴起的新儒学——理学才是国粹的核心。《国粹学报》的创办者邓实认为自西汉独尊儒学以来，所谓"神州之学"即是儒学。儒学的派别众多，邓实特别强调宋代理学才使原始儒家之说发扬光大。他说："宋中叶周敦颐出于舂陵，乃得圣贤不传之学，作《太极图说》《通书》，辨明阴阳五行之理。张载作《西铭》，又极言理一分殊之情。仁宗明道初年，程颢弟程颐生，及长受业周氏，已乃扩大所闻，表章《大学》《中庸》二篇，与《论》《孟》并行。迄南渡，新安朱熹得程氏正传，其学加亲切焉。大抵以格物致知为先，名善诚身为要。凡《诗》《书》六艺之文，与夫孔孟之遗言，至是皆焕然而大明。"

邓实虽然很重视理学，但它仅是儒学派别之一，尚未将国粹等同于理学。国粹思潮发展的过程中，宋明理学的价值逐渐得以发扬。

范丽海将国学分为两派，他说："国学有两派，一派是重知的，一派是重行的。大约说来，所谓汉学家，大概属于知的方面；所谓宋学家，大概属于行的方面。汉学家终身孳孳于声音训诂名物的考订，但是这种学问，无论怎样淹博，返诸自己的身心，没有什么益处。宋学家以为那是玩物丧志。为学须鞭辟入里，作身心上的工夫，方是圣贤学问。"这种两派的分法是沿袭清代的学术观念。清代学者将儒学中的古文经学派称为汉学，注重考据之学；将儒学中的今文经学派称为宋学（实指宋代理学），注重义理之学。范丽海认为注重义理之学的宋学是关于个人道德修养之学，并是社会实践之学，因而是传统儒家的圣贤之学。在比较两派之后，他是主张承传注重个人社会实践的重行一派，即国粹派。国学运动中这种思潮的发展终于出现以宋代理学作为治国学的途径的结果。萧莫寒鲜明地表示："宋之理学诚为承五代以上学问家所研究之结晶，启元明清后代治国学之门径。故吾人研究国学者，得宋儒理学为辅佐，则无异获得第一把锁钥也。"治国学以学习宋代理学为途径，在国粹派学者看来，这是最正宗最便捷的途径，因格物致知，修身养性，参与社会道德实践，便可做到通经致用，实现儒者的最高理想。何健在湖南国学专修学校开学典礼上发表的训词云：

> 我们今日研究国学，要抱着"致用而读经"的目的，处处都抱读经书应用到应事接物上，才能算得通经，也才能算确实提倡国学。……其实程朱之学重在内圣，陆王之学重在外王。一个属精微，一个极广大。尽精微者是偏于格物之诚正一方面，致广大者是偏于修齐治平一方面。把两种结合起来，或可以内外兼到，后人何必强分异同呢？

宋明理学可分为程朱（程颐与朱熹）一派，为理学正宗，而陆王（陆九渊与王阳明）一派盛行于明代中期以后。前者关注个人的道德修养，后者关注社会的事功。将内圣与外王统一起来是晚清以来的一种学术倾向，试图使知行合一，以发挥儒学在社会中的作用。何健以为这是研究国学的目的，国学既是弘扬国粹，国粹既是宋明理学，那么研究国学便是去实现"通经致用"的儒家理想。

宋明理学是新潮国学家的学术研究对象之一，研读宋明理学著作必然是国学研究的基础。1923年，胡适答清华学校同学关于怎样学习国学知识时，发表了《一个最低限度的国学书目》，他认为读了他所拟书目的著作是进入国学的门径。胡适说："国学在今日还没有门径可说。那些国学有成绩的人大都是下死工夫笨干出来的。死工夫固然重要，但究竟不是初学的门径。对初学人说法，须先引起他的真兴趣，他然后肯下死工夫。在这个没有门径的时候，我曾想出一个下手的方法来：就是用历史的线索做我们的天然系统，用这个天然继续演进的顺序，做我们治国学的历程。"这个书目计收典籍一百八十一种，除所收儒家经典和小学原典而外，所列之宋明理学著作有：

朱熹《四书集注》；黄宗羲、全祖望《宋元学案》；黄宗羲《明儒学案》；程颢、程颐《二程全书》；朱熹《朱子全书》；王懋竑《朱子年谱》；陆九渊《陆象山全集》；陈亮《陈龙川全集》；叶适《叶水心全集》；王守仁《王文成公全书》；罗钦顺《困知记》；王艮《王心斋先生全集》；罗洪先《罗文恭全集》；胡直《胡子衡齐》；张伯行《正谊堂全书》；王夫之《张子正蒙注》

此书目发表后引起许多批评。梁启超以为："我认定史部书为国学最主要部分。除先秦几部经书几部子书之外，最要紧的便是读正史、《通鉴》《宋元明纪事本末》和《九通》中之一部分，以及关系史学之笔记文集等，算是国学常识，凡属中国读书人都要读的。"梁启超在答《清华周刊》记者问时，又拟了一个《国学入门书及其读法》，他虽然主张史学典籍为国学基本书，但在其所列一百二十六种典籍之内，除去儒家经典而外，仍列有下列宋明理学著作：

朱熹《四书集注》；程颐《程氏易传》；朱熹《近思录》；王懋竑《朱子年谱》；程颢、程颐《二程遗书》；王守仁《传习录》；黄宗羲、全祖望《宋元学案》；黄宗羲《明儒学案》；

朱熹《朱子语类》；王艮《王心斋先生全集》

20 世纪 20 至 40 年代，商务印书馆支持国学运动，特刊行《国学基本丛书》，陆续出版国学典籍计二百八十七种，其中仅关于宋明理学的著述即有：

朱熹《四书集注》；朱熹编《河南程氏遗书》；朱熹编《二程语录》；张伯行辑《濂洛关闽书》；张载《张子全书》；朱熹编《近思录》；江永《近思录集注》；张伯行集解《续近思录》；黄宗羲、全祖望《宋元学案》；黄宗羲《明儒学案》；王守仁《王文成公全书》；周敦颐《周濂溪集》；陆九渊《象山先生全集》；杨时《杨龟山集》；金履祥《仁山集》；罗从彦《罗豫章集》；朱熹《朱子文集》；张栻《南轩集》；陈亮《龙川文集》

以上各家所列宋明理学典籍的选择与详略大同小异，但它们都是研究中国学术思想史和国学的基本典籍，新潮派国学家亦是将它们作为了解国学基本知识的必读书籍。我们仅从以上书目可见新潮派国学家并不特重程朱理学精神，已将理学研究的范围扩大到宋明的各派与各家，提供了全面认识宋明理学的历史线索。我们如果阅读了以上理学著作，可以认识理学家各家各派的真实面目，由此才可能进一步去研究。

国学研究的确仅注重考据，仅对中国文献与历史上存在的若干狭小而困难的学术问题以科学考证方法去解决。它为各学科提供事实的依据，若涉及理论的探讨则超出了国学的范围而属于其他学科了。在此意义上，宋明理学自然是国学研究的对象，但不是从哲学或学术思想史的角度去研究，而是仅仅关注宋明理学中存在的若干狭小的困难的学术问题，它们必须用科学考证方法才能解决。例如国学论文中涉及宋明理学的课题：

《理学字义通释》，刘光汉，《国粹学报》第1卷8—10期，1905年；

《宋末朱熹的〈诗经集注〉和〈诗序〉辨》，傅斯年，《新潮》第1卷4号，1919年4月；

《庐山白鹿洞书院沿革考》，陈东原，《民铎杂志》第7卷1—2号，1926年1—2月；

《朱子著述考》，吴其昌，《国学论丛》第1卷2期，1927年9月；

《陈同甫生卒年考》，颜虚心，《国学论丛》第1卷1期，1927年6月；

《闽中理学名臣诗学名家考》，孙克刚，《厦大周刊》第15期，1931年1月；

《朱子与吕成公书年月考》，叶渭清，《北平图书馆馆刊》第6卷1期，1932年1月；

《朱子著述分类考略》，牛继昌，《师大月刊》第1卷6期，1933年9月；

《慈湖著述考》，张寿镛，《光华半月刊》第4卷3—4期，1935年；

《周敦颐〈通书〉多采晋人说考》，但值之，《制言》第21期，1936年；

《龙川文集版本考》，何格思，《民族》第 4 卷 2 期，1936 年 2 月；

《陈亮狱事考》，邓广铭，《天津益世报·读书周刊》第 39 期，1936 年 3 月 12 日；

《朱子学禅期考》，邓梅羹，《文化与教育》第 122 期，1937 年 4 月；

《宋周元公墨刻考》，周肇祥，《古学丛刊》第 1 期，1938 年 12 月；

《关洛学说先后考》，张德钧，《图书月刊》第 1 卷 6 期，1941 年 9 月；

《宋代哲学史料丛考》，吴其昌，《文史哲季刊》第 7 卷 1 期，1941 年 10 月；

《朱陆两派直觉思维异同考》，张达愚，《学术界》第 2 卷 3 期，1944 年 4 月；

《影宋本〈晦庵朱侍讲先生韩文考异〉补正》，杨勇，《新亚学术年刊》第 1 期，1959 年 10 月；

《朱子行谊考》，费海玑，《大陆杂志》第 29 卷 9 期，1960 年 5 月；

《朱子升配考》，昭晴，《建设》第 10 卷 9 期，1962 年 2 月；

《〈宋元学案〉辨微录》，马联络，《建设》第 14 卷 9—11 期，1966 年 6 月；

《朱熹〈八朝名臣言行录〉的原本与删本》，郑骞，《中央图书馆馆刊》新第 1 卷 2 期，1967 年 10 月；

《朱子门人性行考》，费海玑，《东方杂志》第 6 卷 1 期，

1972 年 7 月；

《南宋九经考》，阮廷焯，《孔孟学报》第 26 期，1973 年
9 月；

《周敦颐〈太极图说〉及考述》，徐宗兴，《孔孟月刊》第
19 卷 12 期，1981 年 1 月。

以上论文涉及的学术问题均是末代理学中狭小的问题，却又是
理学研究中的一些基本的事实依据。它们不属于哲学或思想史研究
的课题，亦非用哲学、史学或文学的研究方法可以解决的，而是属
于国学研究的课题，这些课题正是中国文献与历史上存在的狭小而
困难的学术问题。我们从宋明理学中可以发现尚有许多关于理学家
的生卒年问题，理学家的事迹考，理学著作的成书年代和真伪问
题，理学著作的版本源流，理学家的文学作品的系年与本事，学侣
的交游与渊源，理学术语考释，理学史上历史公案的线索，理学著
作辑佚与考证，各家学说的流变，学案的辨误，等等。它们都是理
学研究的基础，需要国学研究来解决的。这些问题都是狭小而烦琐
的，只能用科学考证方法才能解决。因此，国学家们对理学基本事
实的考证是能促进理学研究的进一步发展的。

读经问题的历史反思

近十余年来国学热潮渐渐兴起，它与当代新儒学之成为国际性的文化思潮似乎存在一种联系，以致往往将国学等同于儒学，并赋予它以改变世道人心的重任。为了普及此种国学，随之而提倡读经，因读经非常困难，遂有一些学者以通俗的方式讲解儒家经典，于是"一场国学热、经典热席卷中华大地"。在我们现代的文化生活中各种热潮不断涌现，以此填补大众文化的某些空虚，造成大众文化的"繁荣"。如果我们冷静地进行历史的反思，不难见到现在提倡"读经"是多么的不适宜，甚至是颇为荒谬的。

儒家的基本经典《诗经》《尚书》《周易》《周礼》和《春秋》是中国古代典籍，儒家圣人孔子读过它们。后世的文献里记述孔子著《春秋》，删订《诗》《书》，赞《易》；今文经学家们竟认定"六经"是孔子作的。西汉时期独尊儒术，"五经"被认为是儒家经典，儒学自此成为中国两千余年的统治思想的理论基础。唐代科举考试明经科规定《周礼》《仪礼》《礼记》《左传》《公羊传》《穀梁传》《周易》《尚书》《诗经》为必习的"九经"。唐代中期朝廷刻石经增加了《孝经》《论语》和《尔雅》三经，至宋代又增入《孟子》，于是成为"十三经"。北宋理学家程颐是真正认识儒学的。他为便于普及儒学，引导"初学入德之门"，特从《礼记》选取了《大学》和《中庸》两篇，将它们与《论语》和《孟子》并行。南宋理学大师朱熹将它们定名为《四书》并为集注，广为流传。大致儒家的基本经典是《五经》，全面研究儒学则应穷治《十三经》，普通初学者读《四书》即可。儒经包括各种传注与论述在内，据《四库全书总目》所录共有一千七百余部，此外《四库全书》未收录者尚多，可谓浩如烟海。

孔子在春秋时代是新学说的创立者，主张以积极的人生态度入世，提出"为政以德"的德治理论，以礼制严格区别贵贱尊卑的社会等级；以"克己复礼"的"仁"和以礼为行为准则的"义"为其学说的特点，而核心是礼教，由此构成其政治伦理的基本体系。在汉武帝时代，中国统治阶级已经试用过刑名家、纵横家、法家和道家等学说作为治国理论，而儒家的学说经过董仲舒附会神秘主义的阐释之后非常适合中国封建社会的政治经济结构。汉代统治者从政治上考虑而见到儒家礼教有利于巩固封建统治阶级的统治地位，其"仁"与"义"作为社会伦理原则有极大的欺骗性并易为民众所接受，因而决定罢黜百家、独尊儒术。东汉建初四年（79）章帝诏令"褒显儒术，建立五经……使诸儒共正经义"，召集儒臣于白虎观讨论经义，统一对儒家经典涉及的制度、礼教、伦理等重大问题的认识。史学家班固根据议论的总结著成《白虎通德论》四卷。这次议论为儒家政治理论作出"天人合一"的神学阐释，将儒经染上宗教性的神圣色彩，确立了帝王的至尊；尤其在社会伦理道德方面正式建立了"三纲六纪"的规范。"三纲"指君臣、父子、夫妇的主从关系，"六纪"指诸父、兄弟、族人、诸舅、师长、朋友间相处的关系。它们服从于礼教所规定的原则。这样使从天子到庶民能各安于自己在礼法中的秩序，以期整个社会的安定稳固。此后中国虽历经改朝换代，儒学作为社会统治思想却是不变的。理学家们又以"兴天理，灭人欲"发展和巩固了这种统治思想。它们是中国人民身上沉重的精神枷锁，使人民没有个性，失去自由，只有繁重的义务和被奴役的命运。

中国有识的学者曾经激烈地抨击过儒家的仁义道德，深刻地揭露过礼教的罪恶，然而均属死水微澜。一直到中国新文化运动，才以猛烈的力量打倒"孔家店"，人民争得了思想的解放。儒学既然不再是统治思想，其典籍已无神圣的宗教的"经"的意义，它仅是中国文献的一部分，是中国传统文化研究的对象之一，因此我们阅读它时不能称之为"读经"。然而近百年以来却又不断有些政客或学者总是寻求机会鼓吹"读经"。

辛亥革命以后，康有为从维新主义者沦为封建制度的保卫者，他首先提倡尊孔读经。1912年即民国元年，康有为的弟子陈焕章及张勋、麦孟华、沈曾植、朱祖谋、梁鼎芬等建立"孔教会"。他们为了"挽救人心，维持国教"，以"宗祀孔子以配上帝，诵读经传以学圣人"为宗旨。康有为作的《孔教会序》云："中国立国数千年，礼义纲纪，云为得失，皆奉孔子之经，若一弃之，则人皆无主，是非不知所定，进退不知所守，身无以为身，家无以为家，是大乱之道也。"次年袁世凯发布"学校祀孔"的命令。国学大师廖平著有《孔经哲学发微》予以响应，宣称"经为孔子所立空言，垂法万世"。国学大师章太炎发表《论读经有利而无弊》，以为若求处社会、理国家、立民族、正风气之道，"舍读经末由"。国民政府重建共和后，教育部曾通令各学校废止读经，但民国十五年（1926）江苏教育厅于8月8日发出省立各学校"特重读经"的训令，认为"读经一项，包括修齐治平诸大端，有陶冶善良风俗作用，似应由各校于公民科或国文内择要选授，藉资诵习"。这表示国民政府教育部门为兼顾国粹势力而采取折中态度，在学校的公民课和国文课里适当选讲儒家经典。可见即使旧的科举制度废除了，最后一个封建王朝被推翻了，中国封建残余与国粹主义纠结起来仍然有顽强的潜在势力。每次读经尊孔的浪潮掀起时，都曾遭到学术界的抵制与反对。当孔教会大肆活动时，《新青年》杂志陆续发表了陈独秀的《复辟与尊孔》《再论孔教问题》和吴虞的《儒家主张阶级制度之害》，给予严厉的批评。胡适、鲁迅以及远在成都的刘咸炘等众多学者皆纷纷发表文章，反对读经。其中颇具代表性的是周予同、傅斯年和郭沫若的意见。周予同是经学史家，对儒学经典深有研究。他于1926年写了一篇激烈的长文《僵尸的出祟——异哉的所谓学校读经问题》，从经的定义、经的领域、经与孔子的关系等方面，说明如果没有弄清这些经学史上的学术问题则没有资格来提倡读经。他以为儒家经典可以让少数学者去研究，如医学家检查粪便一样，但绝不可让大多数民众，尤其是青年学生去崇拜。他最后警告说："如果你们顽强的盲目的来提倡读经，我敢作一个预言家大声地说：经不是神灵，不是拯救苦难的神灵！只是一个僵尸，穿戴着古衣冠的僵尸！它将伸出可怖的手爪给你或你们的子弟以不测的祸患。"史学家傅斯年于1935年关于学校读经问题发表了三点意见：一、中国历史上的伟大朝代创业都不靠经学，在国力衰弱时才提倡经学的；二、经学在古代社会里仅有装点门面之用，并无修齐治平的功效；三、我们今日要想根据"五经"来改造时代思想是办不到了。郭沫若于1943年发表《论读经》，认为要读懂儒经是很困难的，这些困难并不易克服；儒经是研究古代社会的重要资料，是值得读的，但不希望青年去读，"特别希望那些提倡读经的先生们认真地读"。他最后带着嘲讽的意味表示："我并不反对读经，而且我也提倡读经。"这些意见是从中国历史经验里总结出来的，代表了现代新文化观点对中国传统文化所采取的态度。现在读经问题再度出现时，它们仍然对我们有着启发的意义。

光绪二十九年（1903）清廷已废除旧的教育体制，普遍设立各级学堂，但《教务纲要》规定中小学堂仍要读经，以为："学堂不读经，则尧、舜、禹、汤、文、武、周公、孔子之道，所谓三纲五常，尽行废绝，中国必不能立国。无论学生将来所执何业，即由小学改业者，必须曾诵经书之要言，略闻圣教之要义，以定其心性，正其本源。"这正体现了"中学为体"的理念。清王朝在濒于危亡之际仍然幻想以儒家之道立国，但这并不能挽救其必然覆亡的命运。中国自近代以来，许多先进的知识分子已经发现儒家的政治伦理学说救不了中国，他们才努力向西方寻求真理。儒学作为中国传统文化的重要组成部分，它是与中国封建社会的政治经济结构相适应的。当中国进入现代社会，以儒学为代表的旧的意识形态，不仅与现代社会不相适应，甚至成为阻碍社会前进的力量。历史的巨大变革对国粹主义者来说是痛苦的，他们抱残守缺地试图守卫旧的伦理道德，慨叹人心不古，这都是徒劳无益的。西方社会的中世纪对人性的禁锢大大甚于中国，其黑暗残酷程度亦甚于中国，然而自文艺复兴之后迅速地以新的政治伦理思想取代了旧的东西，促进了文明的进程。中国的新文化运动来得太迟了，新民主主义革命也来得太迟了，但古老的中华民族却从传统文化中吸取了理性主义、变革精神和开放态度，以博大的胸怀向西方求得真理，因而使民族复兴。这些均非传统的儒学、新儒学或国粹思想所能为力的。

当代国粹学者在世纪之初面临东西两种文化的激烈冲撞，深感人们的物质欲望急剧膨胀，人类价值观念彻底扭曲，传统道德沦丧，人性堕落，他们欲以国学——儒学——读经来挽救世道人心，拯救人类于现代文明设置的罪恶陷阱之中。他们相信在国学中能够高扬人类至善至美的人格典范，并以数千年的历史证实其创造永久和平的基本素质，确定人类健康发展的方向。他们仅看到我们现实社会的某些负面现象，同时极端夸大了儒家伦理道德的作用。每当社会转型时期，在出现新观念新道德的同时，都可能产生一些不良现象。在这种情形下只有提倡和完善新的道德以促进人的个性的全面发展，而不是回到旧道德的故辙上去。儒家圣人所谈的温、良、恭、俭、让、诚、信以及好学、友爱、谦逊等，这是任何民族、任何时代的一般的普遍的德行，并非儒家专有，即使未读过经的善良民众都知道的，因而用不着必须通过读经来学习和领悟。而事实上，一些讲经者往往口是心非，并未从儒经里学得这些品德。儒家伦理道德的基本内容是礼、义、仁、忠、孝，它们在本质上是维护封建统治阶级而压抑、禁锢人性的，使人民处于不平等不自由的卑贱的地位。我们且以儒家关于义利之辩为例。儒家重义轻利，但北宋学者苏洵即指出："义者所以宜天下，而亦所以拂天下之心，苟宜也宜乎拂天下之心也。求宜乎小人邪，求宜乎君子邪？求宜乎君子者，吾未见其不以至正而能也，抗至正而行，宜乎其拂天下之心也。然则义者，圣人戕天下之器也……利在则义存，利亡则义丧。"这对儒家"义"的本质揭示得极深刻。我们当代提倡读经者可能还未达到苏洵的认识水平。

儒经是特定历史条件下的产物，其性质是历史上形成的，我们不可能改变它，也不可能抽象地去接受它；但它作为国学的对象，则是可以研究的。从提高国民文化素质考虑，确有必要让民众认识传统文化，懂得传统文化知识，但是这不应由读经的途径来完成，应由学习现代学者关于中国的历史、文化史、思想史、文学史等著述来完成，而最迫切的是学习新的知识，提高国民的人文与科学水平。

20世纪之初，国学运动的兴起即与国粹派联系在一起。国粹派的学者们认为中国文化的精华是儒家伦理道德学说。国学是什么？这在当前学术界是有歧义的。我们若从国学思潮的产生、整理国故的进行、文史研究的开展和考据方法的使用来考察，可以认为：国学以研究中国古代文献与历史中存在的狭小的疑难的学术问题为对象。这些问题虽然狭小，但只有具备关于中国文化的广博知识并采用传统的考据学的方法才能解决。它应是一个中国学术综合的涉及哲学、历史、文学、文字、音韵、文献、版本、校勘、训诂的边缘性学科。它即是新中国成立以来的文史研究。国学研究与国学基础是两个层面，不能淆混。国学是独立而纯粹的学术，不负担其他政治的、伦理的、社会的以及普及的任务。国学在弘扬中华优良传统文化的过程中有其重要意义，即"中国学术问题需由中国人自加论定"。然而由于国粹思想在国学运动中的根深蒂固，以致2005年中国人民大学组建国学院时认为："国学可以理解为是参照西方学术对以儒学为主体的中华传统文化与学术进行研究和阐释的一门学问。"这样国学就主要是指儒学了。当年章太炎创办国学会时即主张"以儒术为主，取读经而会隶之"，并以学习儒家经典《孝经》《大学》《儒行》《丧服》为"国学之统宗"。此非从学术观念来理解国学，而是借国学以推行儒家伦理道德价值，使国学负担学术之外的重大社会使命。国学并不等于儒学，儒学所涉及的文献与历史的若干学术问题才属于国学研究的范围。国学的对象比儒学广泛得多，所以不能以儒学来偷换国学的概念。我们研究国学绝不等于研究儒学，更不等于提倡读经。当前之所以出现"国学"与"读经"的联系，如果以为是"僵尸的出祟"固然是言重了，它应是学术的媚俗的一种炒作而已。我们从国学运动的历史来看，真正的国学家都是反对读经的。